Nils Alexander Kemna
Vanessa Mosch

AF630545

Reiserouten durch Thailand

„Same same but different"

Geläufige, überraschend vielschichtige Redewendung in Thailand

Vorwort

Entlang und abseits der verzweigten touristischen Pfade Thailands erwarten einen faszinierende Orte, herzensgute Menschen und authentische Einblicke in die vielfältige Kultur des Landes.

Die pulsierende Metropole Bangkok, traumhafte Inselwelten, einzigartige Sehenswürdigkeiten, spektakuläre Natur, prächtige Tempel, eine unfassbare kulturelle und kulinarische Palette sowie die schier unendliche Auswahl an kontrastreichen Reisezielen machen Thailand zu einem Sehnsuchtsort, den man auf jeder Reise neu kennenlernen kann.

Dementsprechend wirkt Thailand für viele Reisende wie das Land der unbegrenzten Möglichkeiten. Eben diese Vielfalt führt jedoch häufig zu hochkomplexen Reiseplanungen, die vor allem Erstbesucher des Landes überfordern können. Mit diesem Buch möchten wir euch deswegen vor und während eurer Reisen durch Thailand dabei helfen, das Land des Lächelns besser zu verstehen und individuell zu erkunden.

Anhand unserer langjährigen, persönlichen Reiseerfahrungen haben wir zehn Reiserouten konzipiert, die ganz unterschiedliche Reisen durch Thailand ermöglichen. Mit Hilfe unserer persönlichen Empfehlungen und ausführlichen Informationen zu Orten und Sehenswürdigkeiten entlang der Routen möchten wir dazu inspirieren, eigene Reisen und Abenteuer zu gestalten, intensiv in das Land des Lächelns einzutauchen und Thailand ganz individuell zu erleben – denn jeder nimmt das Land des Lächelns unterschiedlich wahr!

Eine Reise nach Thailand gut vorzubereiten, ermöglicht es den Kopf vor Ort freizuhalten, die häufig begrenzte Reise-

AlexAsia

Das Autorenpaar betreibt die Webseite **www.AlexAsia.de.** Dort stellen die beiden ihren Lesern ausführlich vor Ort recherchierte Informationen und Empfehlungen über Thailand, Kambodscha und große Teile Südostasiens zur Verfügung. Auf **Facebook** und **Instagram** sind sie ebenfalls unter AlexAsia zu finden.

Der idyllische Than Sadet Beach auf Koh Phangan

zeit gänzlich auszukosten und mehr Freiräume für spontane Erlebnisse zu schaffen. So kann jede Reise nach Thailand ihre eigenen Geschichten schreiben und zahlreiche Gelegenheiten bieten, Land und Leute bewusst kennenzulernen.

Für uns ist Thailand mittlerweile zu einer zweiten Heimat geworden, deren Wunder wir mit großer Leidenschaft immer und immer wieder erleben möchten. Wir wünschen allen Thailand-Reisenden außergewöhnliche Begegnungen, nachhaltige Erinnerungen und das im Anschluss an die Reise nachwirkende Gefühl, erneut nach Thailand reisen zu müssen – denn so geht es uns glücklicherweise seit vielen Jahren!

Alex & Vanessa

Nils Alexander Kemna
Vanessa Mosch

Inhalt

Frische Kokosnuss mit Ausblick – so entspannt geht es auf Koh Ngai zu

Strandbar am Charlie Beach auf Koh Mook

3 Die Routen entdecken 66

4 Die Regionen entdecken 124

Hinweise zur Benutzung

Unser Tipp

Besondere Autorentipps erkennt man an der **grünen Markierung.**

GPS-Koordinaten

Die GPS-Koordinaten in diesem Buch sind als geografische Koordinaten (Breite und Länge, Lat./Lon.) in Dezimalgrad angegeben, also z.B. so: **GPS N 52.00017, E 8.49119.** Weitere Infos zum Thema unter www.reise-know-how.de/gps.

Auf der Produktseite dieses Buches im Internetshop stehen die GPS-Daten im Format gpx zum kostenlosen Download bereit.

Preiskategorien

Die Preiskategorien für empfohlene Unterkünfte sind immer ortsspezifisch zu betrachten.

€	günstig
€€	Mittelklasse
€€€	gehobene Mittelklasse
€€€€	gehoben-luxuriös

Updates nach Redaktionsschluss

Auf der Produktseite des Buches in unserem Internetshop finden Sie zusätzliche Informationen und wichtige Änderungen.

Reisezeiträume

Die Routen sind an die geläufigen Reisezeiträume von zwei bis vier Wochen angepasst. Die angegebene Aufenthaltsdauer an den einzelnen Routenpunkten sollte entsprechend eingeplant werden und stellt einen sinnvollen Mindestrichtwert dar. Zeitliche Erweiterungen, Kombinationen, langsameres Abreisen und Abänderungen der vorgestellten Routen sind gut möglich.

Transferoptionen

Abseits der empfohlenen Transportmittel gibt es in der Regel mehrere alternative Transferoptionen. Die Verfügbarkeit empfohlener Transfers kann sich kurzfristig ändern und sollte im Zuge der eigenen Routenplanung überprüft werden.

Die Regionen

Grossraum Bangkok | 126

Thailands **Hauptstadt Bangkok (S. 128)** ist eine faszinierende Metropole voller erstaunlicher Kontraste zwischen Tradition und Moderne. Beeindruckende Wolkenkratzer, schier unendlicher Reichtum, wildes Nachtleben und prachtvolle, jahrhundertealte buddhistische Tempel liegen hier in direkter Nachbarschaft zu ursprünglichen Holzhäusern, verwinkelten Gassen und auch Blechhütten. Trotz rasanter Modernisierung hat das Straßenleben in Bangkok seine herrliche Authentizität bewahrt und in den Gassen der Stadt erwarten einen häufig unerwartete Impressionen und Geschichten. In Bangkok und der weitläufigen Umgebung der Stadt befinden sich viele der bedeutendsten Sehenswürdigkeiten des Landes und zahlreiche Ausflugsziele wie beispielsweise die ehemalige **Königsstadt Ayutthaya (S. 154).** Bangkok liegt im Zentrum des Landes, an den Ufern des Chao Phraya Flusses.

Nordthailand | 158

Nordthailand besticht durch wunderschöne Berglandschaften, prächtige Tempel sowie starke kulturelle und kulinarische Kontraste zum Süden des Landes. Dennoch ist der große touristische Andrang in weiten Teilen des Nordens bisher ausgeblieben. Die bekanntesten Reiseziele des Nordens sind die Städte **Chiang Mai (S. 160)** und **Chiang Rai (S. 172).** Die gewundenen Straßen des Nordens sind bei Motorrad- , Roller- und Autofahrern sehr beliebt und führen abseits der Städte zu beeindruckenden Berggipfeln und in abgelegene Dörfer. Vielgereiste bevorzugen die prächtigen Landschaften des Nordens und die Vielzahl an authentischen Einblicken sogar häufig gegenüber den Inselwelten des Südens.

Andamanensee und Südthailand | 206

In der südwestlich gelegenen Andamanensee befindet sich eine vielfältige Inselwelt. Türkises Wasser, traumhafte Sandstrände und beeindruckende Felsformationen bieten unzählige Postkartenmotive und die aus den Medien bekannte, vermeintlich typisch thailändische Szenerie. Ein dichtes Netz an Bootsverbindungen verbindet die große Urlaubsinsel **Phuket (S. 208)** und die angrenzenden Festlandküsten mit bekannten Inseln wie beispielsweise **Koh Phi Phi (S. 233),** den touristisch wenig erschlossenen Inseln **Koh Yao Yai (S. 229)** und **Koh Mook (S. 263),** den Inselparadiesen **Koh Kradan (S. 266)** und **Koh Lipe (S. 270)** und zahlreichen weiteren kleinen und größeren Inseln. Die Andamanensee wird östlich durch die **Provinz Krabi** und nördlich durch die **Provinz Phang Nga** begrenzt. Auch hier erwarten einen beeindruckende

MYANMAR (BURMA)
Mae Sai
Chiang Rai
Pai
Nordthailand
Chiang Mai
VIETNAM
LAOS
Udon Thani
THAILAND
Ubon Ratchathani
Großraum Bangkok
Ayutthaya
Bangkok
Rayong
KAMBODSCHA
Trat
Koh Chang
Koh Mak
Östlicher Golf
Koh Kood
GOLF VON THAILAND
VIETNAM
Koh Tao
Westlicher Golf
Koh Phangan
Koh Samui
Ranong
Surat Thani
Khao Sok NP
Nakhon Si Thammarat
Phang-Nga
Phuket
Krabi
Koh Yao Yai
Koh Phi Phi
Koh Lanta
Andamanensee und Südthailand
Songkhla
Koh Lipe
ANDAMANENSEE
MALAYSIA
100 km

Kalksteinberge und beliebte Badeorte. Nördlich von Phuket und der Andamanensee liegt der beeindruckende **Khao Sok Nationalpark (S. 224, 227)**. Im tiefen Süden der Andamanensee verläuft die Grenze zum Nachbarland Malaysia. Westlich öffnet sich die Andamanensee zum Indischen Ozean.

Westlicher Golf | 278

Im westlichen Golf von Thailand liegen die Inseln Koh Samui, Koh Phangan und Koh Tao. **Koh Samui (S. 280)** ist vor allem bei Pauschalreisenden beliebt, **Koh Phangan (S. 295)** ist für die regelmäßig stattfindende Full Moon Party bekannt und **Koh Tao (S. 307)** ist ein bevorzugtes Reiseziel für Taucher. Die drei westlichen Golfinseln sind jedoch deutlich kontrastreichere Reiseziele als häufig propagiert. Jede Insel hat ihren eigenen Charme und häufig kehren Besucher nach dem ersten Vergleich der drei Inseln zu ihrer persönlichen Lieblingsinsel zurück. Die nahegelegenen, unbewohnten Inseln des **Mu Ko Ang Thong Nationalparks (S. 295, 306)** gehören zudem zu den sehenswertesten Ausflugszielen des gesamten Landes.

Östlicher Golf | 318

Vor dem östlichen Ufer des Golfes von Thailand liegen die Inseln der **Provinz Trat,** an der Grenze zu Kambodscha. Die Inseln **Koh Chang (S. 320), Koh**

Die Landschaften im Norden …

... und im Süden Thailands unterscheiden sich stark voneinander.

Mak (S. 329) und **Koh Kood (S. 337)** beherbergen einige der schönsten Strände des Landes, faszinierende Unterwasserwelten und gelten bei vielen Reisenden als ruhige Alternativen zu den Inseln der Andamanensee und des westlichen Golfes von Thailand. Aufgrund der etwas schwereren Erreichbarkeit entwickelt sich der Tourismus auf diesen Inseln langsamer als in anderen touristisch beliebten Landesteilen.

Abseits dieser fünf Regionen befinden sich der landwirtschaftlich geprägte **Isaan** im Osten des Landes, die östlichen und westlichen Küsten des Golfes von Thailand mit Badeorten wie beispielsweise **Hua Hin** und der berühmt-berüchtigten Stadt **Pattaya (S. 351),** der muslimisch geprägte tiefe Süden und die Provinzen Zentralthailands, mit Reisezielen wie **Kanchanaburi** oder **Sukhothai.** Auch diese Regionen stellen vor allem für erfahrene Thailandreisende interessante Reiseziele dar.

Die Flagge Thailands

Willkommen in Thailand

Das Königreich Thailand ist das am stärksten bereiste Land Südostasiens. Unzählige große und kleine Inseln, traumhafte Strände, dichte Regenwälder, beeindruckende Berglandschaften, eine vielfältige Flora und Fauna sowie eine faszinierende kulturelle und kulinarische Diversität locken jährlich bis zu 40 Millionen Touristen in das **Land des Lächelns.** Der Buddhismus prägt große Teile des Landes. Je weiter man nach Süden reist, desto verbreiteter wird der Islam. In Thailand erlebt man als Tourist ein einzigartiges Lebensgefühl, dass sich kaum in Worte fassen lässt. Die ***landschaftlichen und kulturellen Kontraste*** im Land überraschen sogar viele erfahrene Reisende bei jeder Reise von Neuem.

Thailand ist bei Individualreisenden, Backpackern, Pauschalurlaubern, Familien, Luxusreisenden, Langzeitreisenden, Auswanderern und digitalen Nomaden gleichsam beliebt. Westliche Touristen werden in Thailand als Farang bezeichnet. Die am stärksten wachsenden Touristengruppen stammen mittlerweile jedoch aus anderen Regionen der Welt. Die ***touristische Infrastruktur*** des Landes ist größtenteils sehr gut ausgebaut. Selbst Erstbesucher des Landes können Thailand leicht und günstig bereisen und merken schnell, dass benötigte Waren und Dienstleistungen häufig wie von Geisterhand am richtigen Ort verfügbar sind. Trotz des zunehmend ausgebauten gehobenen Tourismussektors und steigender Preise hat Thailand seine ***Authentizität*** weitestgehend bewahrt und bietet für jeden Geschmack und jedes Budget unzählige Möglichkeiten, um traumhafte Rundreisen und Urlaube zu erleben.

Insbesondere die Metropole Bangkok, die nordthailändische Stadt Chiang Mai, die Inseln Phuket und Koh Samui sowie die Badeorte Ao Nang und Pattaya werden stark bereist. Übermäßiger Tourismus stellt auch in Thailand ein Problem dar. Das große Land unterteilt sich jedoch in ***77 Provinzen*** und selbst während der Hochsaison lassen sich auf und abseits der Touristenpfade ruhige Orte finden.

Der Wohlstand in Thailand hat durch den Tourismus stark zugenommen und dennoch klafft die Schere zwischen Arm und Reich weit auseinander. Hinter der häufig idyllischen touristischen Fassade wird das Alltagsleben vieler Thais durch Familienhierarchien, Tabus, Aberglaube und Religion geprägt. Die ***wirtschaftliche Entwicklung*** unterscheidet sich im Vergleich unterschiedlicher Provinzen stark, der demographische Wandel schreitet voran und die innenpolitischen Verhältnisse sind Gegenstand fortlaufender Diskussionen. Übertourismus, Luftverschmutzung, Wassermangel und ein ausgeprägtes Müllproblem stellen Städte und Inseln vor große Herausforderungen.

Länderfakten

Einwohner:
Ca. 72 Millionen

Fläche des Landes:
513.000 km² (ca. 40 % größer als Deutschland)

Nord-Süd-Ausdehnung:
Ca. 1800 km

Klima:
Äquatorialklima

Amtssprache:
Thailändisch

Währung:
Thai-Baht (THB)

Wechselkurs:
1 € = ca. 38–40 THB

Staatsgründung:
1939 (vor 1939 Siam)

Staatsform:
Konstitutionelle Monarchie

Ethnien:
75 % Thai, 14 % Chinesen, 4 % Malaien, 7 % Khmer, Bergvölker, Burmesen und Vietnamesen

Hauptstadt:
Bangkok (Thai: *Krung Thep Maha Nakhon*)

Religion:
ca. 94 % Buddhisten, ca. 5 % Muslime, ca. 0,6 % Christen, ca. 0,1 % Hindus, ca. 0,4 % Atheisten

Zeit:
GMT +7 Stunden. +5 Stunden Zeitverschiebung zu Deutschland während der Sommerzeit; +6 Stunden während der Winterzeit

Jährliche Touristen:
Bis zu 40 Millionen (bis zu 900 Tausend aus Deutschland)

Neujahr (01.01., offizieller Feiertag)
Das westliche Neujahrsfest wird von Thais und Touristen vor allem in beliebten Reisezielen ausgiebig gefeiert. Gemäß des thailändischen Kalenders beginnt das neue Jahr allerdings erst im April (Songkran).
Unser Tipp: Rund um Weihnachten, Silvester und Neujahr steigen die Buchungszahlen in vielen Reisezielen sehr stark an! Mit der Reiseplanung sollte rechtzeitig begonnen werden.

Chinese New Year (am Neumondtag zwischen dem 21.01. und dem 21.02.)
In chinesischen Tempeln und chinesisch geprägten Bezirken, wie beispielsweise Bangkoks Chinatown, werden rund um das chinesische Neujahrsfest sehenswerte Drachentänze, Zeremonien, Prozessionen und Veranstaltungen abgehalten.
Unser Tipp: Buchungen sollten rund um Chinese New Year weit im Voraus erfolgen!

Makha Bucha (am Vollmondtag im Februar; gelegentlich erst im März, offizieller Feiertag)
Der buddhistische Feiertag erinnert an die Predigt Buddhas vor 1250 Schülern. Am Abend werden rund um viele Tempel Prozessionen abgehalten.

Neujahr — Chinese New Year — Makha Bucha

Januar | Februar | März

Chakri Memorial Day (06.04., offizieller Feiertag)
Der Feiertag erinnert an die Gründung der bis heute bestehenden Chakri-Dynastie.

Coronation Day (04.05., offizieller Feiertag)
Der Coronation Day erinnert an die Krönungen Königs Maha Vajiralongkorn (Rama X; 2019) und seines Vaters König Bhumibol Adulyadej (Rama IX; 1950).
Unser Tipp: Aufgrund des vorangehenden Feiertags steigen die Buchungszahlen durch Inlandstouristen in beliebten Reisezielen an. Buchungen sollten etwas weiter im Voraus erfolgen.

Songkran (13.04.–15.04., offizieller Feiertag)
Anlässlich des thailändischen Neujahrsfests finden im ganzen Land ausgeprägte Feierlichkeiten statt. Abseits zeremonieller Reinigungsrituale verwandeln sich viele Straßen in mehrtägige Wasserschlachten. Insbesondere in touristischen Regionen wird das Fest häufig ausschweifend begangen. Ausgelassenheit und erhöhter Alkoholkonsum gehen leider alljährlich mit einer erhöhten Anzahl an Unfallopfern einher. Abseits der beliebtesten Reiseziele geht es ebenfalls freudig, aber deutlich ruhiger zu. Songkran wurde 2023 in die UNESCO-Liste des immateriellen Kulturerbes der Menschheit aufgenommen. Rund um die Feierlichkeiten kommt es zum sprunghaften Anstieg der touristischen Einreisen.
Unsere Tipps: Buchungen sollten rund um Songkran weit im Voraus getätigt werden. Mitgeführte Elektronik muss gut vor Wassermassen und Schmutz geschützt werden!

Thailand Inside, Seite 356

Visakha Bucha (am Vollmondtag im Mai, teilweise auch im Juni, offizieller Feiertag)
Das bedeutendste buddhistische Fest erinnert an Buddhas Geburt, seine Erleuchtung und seinen Tod. In buddhistischen Tempeln werden am Vorabend und am Festabend Prozessionen abgehalten.

Chakri Memorial Day

Songkran

April

Tag der Arbeit (01.05., offizieller Feiertag)

Coronation Day

Visakha Bucha

Mai

Geburtstag von Königin Suthida (03.06., offizieller Feiertag)

Juni

Phuket Vegetarian Festival (Ende September – Mitte Oktober)
In Abhängigkeit des chinesischen Mondkalenders finden auf der Insel Phuket ausgeprägte Feierlichkeiten statt. Ausgehend von chinesischen Tempeln beginnen täglich Prozessionen, deren Teilnehmer teilweise bizarr anmutende Selbstreinigungsrituale durchführen (Durchstechen der Wangen mit Nadeln, Messern, Schwertern und Alltagsgegenständen; Barfußlaufen über glühende Kohlen; Erklimmen von Leitern mit scharfen Sprossen).
Unser Tipp: Rund um das Phuket Vegetarian Festival steigen die Buchungszahlen auf der Insel sehr stark an! Inlandsflüge sind häufig kurzfristig ausgebucht.

Exkurs, S. 223

Geburtstag von Königin Sirikit (12.08., offizieller Feiertag)
Der Geburtstag der Königsmutter gilt als Muttertag.

Todestag von König Bhumibol Adulyadej (13.10., offizieller Feiertag)
Sollte der Feiertag auf ein Wochenende fallen, gilt der folgende Montag als arbeitsfreier Tag.

Asanha Bucha (am Vollmondtag im Juli, gelegentlich im August, offizieller Feiertag)
In Erinnerung an Buddhas erste Predigt, vor fünf Schülern, werden in vielen Tempeln Blumen- und Lichterprozessionen abgehalten. Am Folgetag werden die buddhistische Fastenzeit und für buddhistische Mönche eine dreimonatige Meditationsphase eingeläutet. Viele junge Männer treten während dieser Zeit in Klöster ein.

Awk Phansa (am Vollmondtag)
Zeremonien und Veranstaltungen in Tempeln erinnern an Buddhas Rückkehr aus dem Himmel, nachdem er dort seine Mutter unterrichtet haben soll. Der Feiertag beendet die buddhistische Fastenzeit und wird mit diversen regionalen Veranstaltungen begangen.

Chulalongkorn Day (23.10., Offizieller Feiertag)
Todestag von König Rama V.

Geburtstag von König Maha Vajiralongkorn (28.07, offizieller Feiertag)

Asanha Bucha

Geburtstag von Königin Sirikit

Phuket Vegetarian Festival

Juli | August | September

Loy Krathong (am und um den Vollmondtag im November, gelegentlich schon im Oktober)
Das Lichterfest Loy Krathong ist weltweit bekannt. Handgefertigte Körbchen („Krathongs") werden mit Kerzen bestückt und auf Flüssen, Seen und Kanälen abgesetzt, um für Glück und Erfolg im folgenden Jahr zu bitten. Rund um die zwei- bis dreitägigen Feierlichkeiten entsteht in vielen Orten eine magische Atmosphäre. Sukhothai, Ayutthaya und insbesondere Chiang Mai sind beliebte Reiseziele rund um Loy Krathong. In Chiang Mai findet zeitgleich das Lanna-Fest Yi Peng statt. Hierbei werden unzählige schwebende Fackeln in den nächtlichen Himmel aufsteigen gelassen.
Unser Tipp: Der touristische Andrang rund um Loy Krathong ist in vielen Landesteilen sehr groß! Buchungen sollten weit im Voraus erfolgen. Aufgrund der teilweise deutlich schwankenden Veranstaltungsdaten sollte man sich rechtzeitig über das Fest informieren.

Thailand Inside, S. 356

Geburtstag von König Bhumibol Adulyadej (5.12., offizieller Feiertag)
Der Geburtstag des Königsvaters gilt als Vatertag.

Rund um Weihnachten
Weihnachten wird in Thailand nicht gefeiert und dennoch werden viele Geschäfte und Restaurants in touristischen Regionen teilweise prächtig weihnachtlich geschmückt. Die Weihnachtszeit markiert in vielen Regionen den Beginn der touristischen Hochsaison.

Silvester (31.12., offizieller Feiertag)
Der Silvesterabend wird vor allem in beliebten Reisezielen mit ausgeprägten Feierlichkeiten und Feuerwerk begangen.
Unser Tipp: Rund um Weihnachten, Silvester und Neujahr steigen die Buchungszahlen in vielen Reisezielen sehr stark an! Mit der Reiseplanung sollte rechtzeitig begonnen werden.

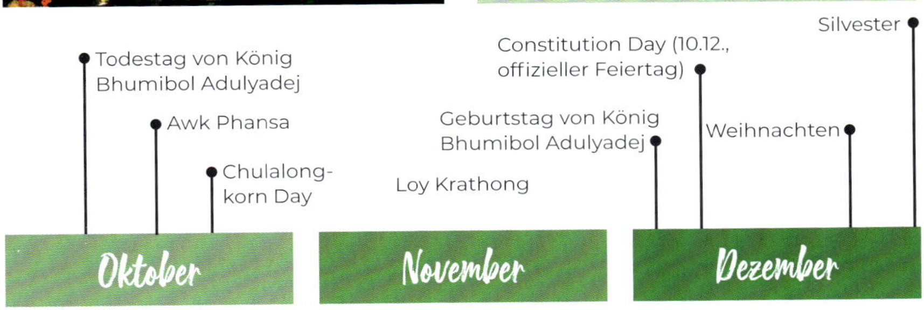

Fünf persönliche Tipps

Bangkoks China Town | 138

China Towns Straßen, Gassen und Hinterhöfe bilden ein dichtes Labyrinth, das zum Umherstreifen einlädt. Abseits der modernen Wolkenkratzer der Stadt lassen sich hier faszinierende Orte, Traditionen und Geschichten entdecken. Am Abend wird die zentrale Yaowarat Road zu einem Paradies für Streetfood-Liebhaber.

Dragon Crest Mountain | 247

In der Provinz Krabi liegt der über 560 m hohe Berg Khao Ngon Nak. Die Silhouette des Berges erinnert aus der Ferne betrachtet an den Rücken eines Drachens. Eine mehrstündige, anstrengende Wanderung führt hinauf zur Bergspitze. Belohnt wird man mit einem spektakulären Ausblick auf die Kalksteinberge der Provinz.

Chiang Rais Walking Street | 174

Jeden Samstagabend findet im Zentrum der Stadt Chiang Rai ein ausgedehnter Nachtmarkt statt. Obwohl dieser zu den größten Veranstaltungen dieser Art in Thailand zählt, richtet er sich weiterhin vor allem an die Bewohner der Stadt und bietet ein authentisches Erlebnis für Liebhaber der thailändischen Küche.

Wat Tham Chiang Dao Cave | 204

Die Tham Chiang Dao ist eine beeindruckend große Tropfsteinhöhle, in der Nähe des Ortes Chiang Dao. Große Teile der Höhle können nur mit Guides besichtigt werden. Die beeindruckenden Steinformationen im Schein kleiner Gaslampen zu besichtigen ist ein einmaliges Erlebnis und dennoch verschlägt es nur wenige Touristen hierhin.

Bottle Beach Viewpoint | 301

Dieser Aussichtspunkt auf der Insel Koh Phangan ermöglicht, ausgehend von einem Felsvorsprung, einen beeindruckenden Ausblick auf die Bucht des unterhalb gelegenen Bottle Beach und große Teile der Nordküste. Der Felsvorsprung ist breiter als er wirkt. Dennoch eignet sich der Weg zur Spitze nur für schwindelfreie Personen.

Fünf Traumstrände

Ko Kham Beach | 336

Unmittelbar vor der Küste der ostthailändischen Insel Koh Mak liegt die kleine Insel Ko Kham. Weißer Sand, türkises Wasser, schwarzes Lavagestein und eine bunte Unterwasserwelt bilden eine wunderschöne Kulisse. Der Strand wurde aufgeschüttet. Das einzige Hotel der Insel wurde jedoch nie eröffnet.

Tarutao Nationalpark | 272

Die südthailändische Insel Koh Lipe und die größtenteils unbewohnten Inseln der näheren Umgebung bilden den Tarutao Nationalpark und gelten als „Malediven Thailands“. Heller, feiner Sand und türkises Wasser bieten unzählige Postkartenmotive. Abseits der belebten Hauptstrände befinden sich hier kaum besuchte Traumstrände.

Aow Luek Beach | 313

Die kleine Bucht Aow Luek liegt an der Ostküste der Insel Koh Tao und ist eine von zahlreichen sehenswerten Buchten der Insel. Türkises Wasser und runde Steinformationen erinnern viele Reisende an die Seychellen. Trotz der guten Erreichbarkeit geht es hier häufig ruhig zu.

Railay Beach | 251

Der Railay Beach liegt auf einer vom Festland abgeschotteten Halbinsel. Monumentale Kalksteinformationen rahmen den Strand ein. Der Strand ist zudem optimal in Richtung Sonnenuntergang ausgerichtet. Die Szenerie des Strandes sucht ihresgleichen. Der touristische Andrang ist vor allem tagsüber entsprechend stark.

Bang Bao Beach | 340

Der Bang Bao Beach auf der ostthailändischen Insel Koh Kood kommt der Idealvorstellung eines Traumstrandes sehr nahe. Der weiße Sandstrand wird von den angrenzenden Landzungen malerisch eingerahmt. Ausgehend von den Holzstegen im türkisen Wasser hat man schöne Ausblicke auf die unzähligen Palmen entlang des Strandes.

Fünf Natur-Highlights

Phu Chi Fah | 184

Die Klippe Phu Chi Fah befindet sich in der Provinz Chiang Rai, auf einer Höhe von über 1400 m. Zum Sonnenaufgang erhält man hier einen beeindruckenden Ausblick auf das Nachbarland Laos. Häufig stauen sich unterhalb der Klippen Wolken und bilden den berühmten „Sea of Fog" (Thai: *Talay Mok*).

Cheow Lan Lake | 227

Der Cheow Lan Lake ist ein Stausee in der Provinz Surat Thani und gehört zum Khao Sok Nationalpark. Der ca. 185 km² große See wird durch monumentale Kalksteinberge begrenzt, die eine vielfältige Flora und Fauna beheimaten. Eine Übernachtung in schwimmenden Bungalows auf dem See ist ein außergewöhnliches Erlebnis.

Samet Nangshe Viewpoint | 221

Der Samet Nangshe Viewpoint liegt in der Provinz Phang Nga, nordöstlich der Insel Phuket. Hier genießt man einen wunderschönen Ausblick auf die Kalksteininseln der Phang Nga Bucht und die vorgelagerten Mangrovenwälder.

Pai Canyon | 188

Der Pai Canyon ist eine natürliche Sandsteinformation, in der Nähe des nordthailändischen Backpacker-Ortes Pai. Der Canyon stellt einen starken landschaftlichen Kontrast zu den Bergen der Umgebung dar. Schmale Wege führen entlang der Abhänge. Am Abend versinkt die Sonne atmosphärisch hinter den Bergen am Horizont.

Koh Hong | 231

Die Kalksteininsel Koh Hong liegt nordwestlich des Badeortes Ao Nang, in der Provinz Krabi. Auf Koh Hong erwarten einen weiße Strände, türkises Wasser, faszinierende Kalksteinformationen, eine beeindruckend große Lagune und einen der schönsten Aussichtspunkte des Landes.

Fünf beeindruckende Ausflüge

Mu Ko Ang Thong Nationalpark | 295, 306

Die unbewohnten Inseln des Nationalparks liegen im westlichen Golf von Thailand. Der ausgedehnte Archipel begeistert durch zahlreiche schöne Strände und beeindruckende Felsformationen. Der Pha Jun Jaras Aussichtspunkt auf der Insel Ko Wua Ta Lap bietet einen spektakulären Ausblick auf die weitläufige Inselgruppe.

Bua Tong Sticky Waterfall | 166

Nordöstlich der Großstadt Chiang Mai, inmitten des Dschungels, liegen die Bua Tong Sticky Waterfalls. Die Kaskaden des Wasserfalls werden von einer griffigen Calciumcarbonatschicht überzogen. Die stumpfe Oberfläche ermöglicht es, die Ebenen des Wasserfalls leicht hinaufzulaufen.

Die ehemalige Königsstadt Ayutthaya | 154

Nördlich von Bangkok befindet sich die ehemalige Königsstadt Ayutthaya. Die Tempelruinen von Ayutthaya sind UNESCO-Welterbe. Ein Besuch in Ayutthaya bietet hochinteressante Einblicke in die bewegte Vergangenheit Thailands. Insbesondere der „Buddha im Baum" im Wat Mahathat ist ein faszinierendes Fotomotiv.

Doi Inthanon Nationalpark | 170

Südwestlich von Chiang Mai befindet sich der Doi Inthanon. Der 2565 m hohe Berg ist die höchste Erhebung Thailands. Während der Wintermonate kann es hier sogar zu Frost kommen. Entlang der Straße zum Gipfel befinden sich Wasserfälle, Aussichtspunkte, Reisterrassen und die bekannten Zwillingspagoden Phra Mahathat Napapon Phumsiri Chedi und Phra Maha Dhatu Chedi.

Emerald Pool und Blue Pool | 248

Der Emerald Pool ist ein natürliches Schwimmbecken im Khao Nor Chu Chi Forest, in der Provinz Krabi. Warmes Quellwasser speist den Emerald Pool. Bei direkter Sonneneinstrahlung leuchtet das Becken faszinierend hellblau. In direkter Nachbarschaft befindet sich der intensiv-blaue Blue Pool.

1

Reiseplanung

Wieviel Zeit benötigt man für ein Reise nach Thailand?

Mit ***drei, vier oder auch mehr Wochen*** können kontrastreiche Routen geplant werden, die es ermöglichen Land und Leute kennenzulernen. Bei kürzeren Reisen steigen der zeitliche und finanzielle Aufwand der An- und Abreise und der häufig erhebliche Zeitaufwand für Inlandstransfers in Relation zur Reisezeit überproportional an. Dennoch ist es möglich, auch innerhalb von ***zwei Wochen*** Rundreisen durch mehrere Regionen zu planen. Für einen reinen Erholungsurlaub sollte man sich grundsätzlich auf wenige Reiseziele beschränken.

Was kostet eine Rundreise durch Thailand?

Thailand ist weiterhin ein ***vergleichsweise günstiges Reiseland*** und dennoch scheinen den möglichen Ausgaben nach oben hin keine Grenzen gesetzt zu sein. Die Reisekosten werden maßgeblich durch Flug, Übernachtungs-, Verpflegungs- und Transportkosten sowie die Anzahl und Art gebuchter Ausflüge bestimmt. Aufgrund des breit gefächerten Angebotes an Unterkünften, Transportmitteln und Verpflegungsmöglichkeiten sowie den ***saisonal stark schwankenden Preisen für Flüge und Übernachtungen*** können vergleichbare Reiserouten für Budgetreisende und Luxusurlauber zugleich geplant werden.

Zudem ist ein ***durchmischter Reisestil*** auf Reisen durch Thailand üblich. Nicht selten übernachtet man nach einigen Tagen in einem Resort in einem einfachen Bungalow aus Holz, nutzt private Taxis und lokale Busse im Wechsel und isst sowohl in günstigen Garküchen als auch in teureren Restaurants.

Dementsprechend empfiehlt es sich, bei der Reiseplanung mit durchschnittlichen, individuellen Tageskosten zu rechnen. Grundsätzlich sollte das Reisebudget ***großzügig kalkuliert*** werden. Während der Hauptsaison, rund um die Feierlichkeiten zu Loy Krathong im November (gelegentlich schon am 31. Oktober), dem chinesischen Neujahrsfest im Februar, Songkhran im April sowie rund um Weihnachten und Neujahr können sich Zimmerpreise vervielfachen. Auf Inseln und in touristischen Ballungszentren ist das durchschnittliche Preisniveau insgesamt erhöht.

Info

Preisbeispiele

1 € = ca. 38–40 THB (Stand 2024)

Hostels und Gasthäuser:
300–900 THB pro Nacht
Günstige Unterkünfte:
900–1500 THB pro Nacht
Mittelklasse Hotels:
1200–3000 THB pro Nacht
Gehobene Unterkünfte:
2500–8000 THB pro Nacht
Luxuriöse Unterkünfte:
4000–14000+ THB pro Nacht
Trinkwasser:
15–80 THB für 1½ Liter, in Abfüllautomaten deutlich günstiger
Einfache Hauptgerichte:
40–180 THB
Curry:
70–220 THB, häufig ohne Reisbeilage
Motorroller:
250–400 THB pro Tag
Mietwagen:
900–2000 THB pro Tag
Benzin:
30–50 THB pro Liter, Tankstellen sind günstiger als Automaten und Benzin in Flaschen
Inlandsflüge: 1200–10000+ THB, stark schwankend in Abhängigkeit der Strecke und der Jahreszeit
Nachtzugfahrt über 700 km:
900–1500 THB
Taxi vom Flughafen in Bangkok in die Stadt:
300–400 THB
Privater Transfer von Bangkok nach Koh Chang:
3500–4200 THB
Bus und Fähre von Krabi nach Koh Phangan:
700–1200 THB
Bootstransfer von Phuket nach Koh Phi Phi:
500–1000 THB
Gruppenausflug (6 Std.):
800–2000 THB
Privatausflug (6 Std.):
2500–6000+ THB
Eintritt zu Sehenswürdigkeiten:
50–500 THB
Eintritt Nationalpark:
100–500 THB, für Kinder und Thais weniger
T-Shirt:
40–200 THB
Hose:
100–300 THB

Flughafen Suvarnabhumi in Bangkok

Reise-vorbereitungen

Flüge

Ausgehend von zahlreichen Flughäfen in Europa fliegen täglich verschiedene Fluggesellschaften direkt (ca. 11 Stunden) oder mit Zwischenlandungen (ca. 14-20 Stunden) zum ***Suvarnabhumi Airport in Bangkok.*** Direkte Verbindungen nach Phuket werden ebenfalls angeboten. Nach Zwischenlandung in Bangkok kann Gepäck bis zu den Flughäfen Chiang Mai (CNX), Chiang Rai (CEI), Phuket (HKT), Hat Yai (HDY), Krabi (KBV), Koh Samui (USM) und Trat (TDX) durchgecheckt werden. Hierfür müssen alle Flüge gemeinsam gebucht werden („Auf einem Ticket"). Bei Ankunft am Abend in Thailand empfinden viele Reisende den ***Jetlag*** als milder. Ein möglichst später Rückflug bietet Vorteile bei der Planung der letzten Reisetage.

Flugpreise steigen zur Hauptsaison stark an. Auch wenn es weiterhin günstige Angebote und gelegentliche Rabattaktionen gibt, geht eine ***rechtzeitige Buchung*** häufig mit Preisvorteilen einher. Es empfiehlt sich, Flüge ***direkt bei der gewählten Fluggesellschaft*** zu buchen, sodass diese als unmittelbarer Ansprechpartner bei eventuellen Rechtsansprüchen dient. Optionen zur Umbuchung und Stornierung des Fluges bieten in Anbetracht der häufig hohen Flugkosten zusätzliche Flexibilität.

Oneway-Flüge nach Thailand sind im Verhältnis zu kombinierten Hin- und Rückflügen teuer. Bei Einreise ohne vorab beantragtes Visum muss zudem bereits bei Abflug ein ***Ausreisenachweis*** bis zum Ende der genehmigten Aufenthaltsdauer vorliegen. Ohne entsprechenden Nachweis kann einem der Check-In in Europa verwehrt werden.

Einreisebestimmungen und Visum

Vor Antritt einer jeden Reise nach Thailand sollte man sich beim ***Auswärtigen Amt*** und den ***thailändischen Behörden*** über aktuelle Visa- und Zollregularien informieren. Eine ***Eintragung in nationale Krisenvorsorgelisten*** (z.B. ELEFAND in Deutschland) ist sinnvoll.

Im Rahmen touristischer Reisen ist die Einreise nach Thailand für Deutsche, Österreicher und Schweizer in der Regel unkompliziert möglich. Der ***Reisepass*** muss bei Einreise eine ***Gültigkeit von mindestens sechs Monaten*** vorweisen und ermöglicht im Rahmen des Visa Exemption Programmes einen ***60-tägigen Aufenthalt*** in Thailand (Stand Juli 2024; kurzfristige Änderungen möglich). Hierbei muss vorab kein Visum beantragt werden. Ein ***Nachweis über die Ausreise*** zum Ende der visafreien Aufenthaltsgenehmigung muss bereits beim Check-In in Europa vorliegen. Hierfür eignen sich Rückflugtickets. Alternativ können gemietete „Onward-Tickets" genutzt werden, die jedoch nicht eindeutig rechtssicher verwendet werden können. Gemäß ***offizieller Regularien*** muss bei Einreise per Flug auch die Ausreise mit dem Flugzeug erfolgen. Ausreisenachweise über Landesgrenzen und über den Seeweg werden in der Regel dennoch von Fluggesellschaften toleriert. Diese Regelungen sind Gegenstand fortlaufender Diskussionen und sind vor allem Auslegungssache der einzelnen Fluggesellschaften. Zudem müssen umgerechnet ***10.000 THB pro Person*** an Bargeld mitgeführt werden (20.000 THB als Familie). Bargeld kann in Euro mitgeführt werden. Diese Regelung wird stichprobenartig durchgesetzt.

Die ***Aufenthaltsgenehmigung*** kann vor Ort, in den zahlreichen Büros der thailändischen Einwanderungsbehörde, einmalig gegen Gebühr um weitere ***30 Tage verlängert*** werden (Stand Juli 2024; auch hier sind kurzfristige Änderungen möglich). Bei erneuter Einreise auf Rundreisen durch Südostasien wird eine neue Aufenthaltsgenehmigung ausgestellt. Einreisen per Flugzeug werden nicht begrenzt. Einreisen auf dem Land- und Seeweg werden auf zwei Einreisen pro Kalenderjahr begrenzt. Innerhalb von sechs Monaten darf die Aufenthaltsdauer im Rahmen des Visa Exemption Programmes ***nicht mehr als 90 Tage*** betragen (Stand Juli 2024; kurzfristige Änderungen ebenfalls möglich).

Vorab online beantragte ***Visa*** ermöglichen auch deutlich ***längere Aufenthalte*** im Land. Die jeweils geltenden Anforderungen sollten im Zuge des Antrages beachtet werden (z.B. notwendige Mitnahme bestimmter Bargeldsummen). Bei Einreise mit vorab beantragtem Visum wird in der Regel kein Ausreisenachweis benötigt.
Ein ***Überziehen der Aufenthaltsgenehmigung*** (Overstay) ist ***illegal*** und sollte unbedingt vermieden werden. Geldstrafen, bürokratischer Aufwand, Nachteile bei zukünftigen Einreisen und sogar Gefängnisstrafen sind möglich.

Auslandskrankenversicherung

Der Abschluss einer ***privaten Auslandskrankenversicherung*** ist dringend empfehlenswert. Eine Auslandskrankenversicherung sichert gegen das potenziell existenzbedrohende Risiko intensivmedizinischer Behandlungen und notwendiger Rücktransporte finanziell ab. Hierbei können unter Umständen Kosten von mehreren hunderttausend Euro entstehen. Die gesetzlichen Krankenversicherungen und auch viele private Krankenversicherer übernehmen keine Behandlungskosten in Thailand. Eine Krankenversicherungspflicht für Touristen besteht dennoch nicht. Auslandskrankenversicherungen müssen in der Regel ***vor Abflug nach Thailand abgeschlossen*** werden, um gültig zu sein. Krankenversicherungen für Reisen von bis zu 8 Wochen sind günstiger als Krankenversicherungen für Langzeitreisen. Auf eine Abdeckung „medizinisch sinnvoller Rücktransporte" sollte geachtet werden.

In der Regel werden die Kosten medizinischer Behandlungen auf Antrag erstattet. Bei zu erwartenden hohen Kosten, wie beispielsweise nach Unfällen, sollte nach Möglichkeit vor Behandlungsbeginn Kontakt zur Auslandskrankenversicherung aufgenommen werden. Die meisten Versicherer betreiben internationale Rufnummern. Gelegentlich rechnen Kliniken direkt mit Versicherungsunternehmen ab. Nach medizinischen Behandlungen werden Kosten in der Regel nur gegen ***Vorlage von Belegen*** erstattet. Diese sollten folgende Angaben beinhalten:

- Name, Vorname und Geburtsdatum des Patienten
- Behandlungsort
- Behandlungszeitraum
- Befunde und Diagnosen
- Erbrachte ärztliche Leistungen
- Kosten für einzelne Leistungen und Gesamtkosten

Info

Internetadressen für Reisehinweise

- **Auswärtiges Amt Deutschland:** www.auswaertiges-amt.de/de/ReiseUndSicherheit/thailandsicherheit/201558
- **Bundesministerium für Europäische und internationale Angelegenheiten Österreich:** www.bmeia.gv.at/reise-services/reiseinformation/land/thailand
- **Eidgenössisches Departement für auswärtige Angelegenheiten Schweiz:** www.eda.admin.ch/eda/de/home/vertretungen-und-reisehinweise/thailand/reisehinweise-fuer-thailand.html
- **Krisenvorsorgeliste ELEFAND:** krisenvorsorgeliste.diplo.de/signin
- **Thailändische Botschaft Berlin:** berlin.thaiembassy.org
- **Thailändische Botschaft München:** munich.thaiembassy.org
- **E-Visum beantragen:** www.thaievisa.go.th/

- Name des behandelnden Arztes/der behandelnden Klinik
- Unterschrift des Arztes
- Dokumente sollten idealerweise mit einem offiziellen Stempel versehen werden.

Unterkünfte in Thailand

Die Auswahl an Unterkünften in allen Preiskategorien ist sehr groß und bietet von Zelten, Homestays und simplen Bambushütten über Mittelklassehotels bis hin zu modernen Glaspalästen und luxuriösen Resorts für jeden Geschmack passende Angebote. Das ***Preis-Leistungs-Verhältnis*** ist häufig gut, variiert jedoch stark. Übernachtungspreise schwanken in Abhängigkeit von Region und Jahreszeit erheblich. Während der Hauptsaison, an Wochenenden, zu Feiertagen sowie während internationaler und thailändischer Ferien steigen Übernachtungspreise deutlich an und beliebte Unterkünfte sind meistens ***weit im Voraus ausgebucht.*** Bei größerer Kompromissbereitschaft, während der Nebensaison und abseits der Touristenpfade sind kurzfristige Buchungen jedoch grundsätzlich möglich. Die überwiegende Mehrheit an Unterkünften kann online über die bekannten Buchungsplattformen, Webseiten der Unterkünfte und über deren Profile auf den sozialen Medien gebucht werden. Die persönliche Buchung vor Ort bietet mittlerweile selten Preisvorteile.

Übernachtungen in Hostels und Gasthäusern kosten unter 10 € bis 30 € pro Nacht. Gute Mittelklassehotels berechnen 40 € bis 80 € pro Nacht. Gehobenere Unterkünfte kosten 90 € bis 140 € pro Nacht, wobei nach oben hin keine Grenzen gesetzt werden. Standard und Sternekategorien entsprechen nicht immer westlichen Klassifikationen. Ältere Unterkünfte sind häufig durch den klassischen Thai-Stil, mit viel Teakholz geprägt. Moderne Unterkünfte sind vorwiegend minimalistisch elegant gestaltet. Trotz der in Thailand geläufigen Nutzung von Bidetduschen ist Toilettenpapier in der Regel vorhanden. Gemeinschaftsbäder gibt es lediglich in Budgetunterkünften. All-Inclusive-Angebote sind unüblich und in Anbetracht des vielfältigen kulinarischen Angebotes auch nicht empfehlenswert.

Beste Reisezeit

Jahreszeitlich wechselnde Monsunwinde bestimmen Klima und Wetter in Thailand. Die ***kühlere Trockenzeit*** beginnt in Abhängigkeit der Region ab November bis Ende Dezember und stellt die beste Reisezeit dar. Während der Hochsaison erwarten einen viele Sonnenstunden, häufig klarer Himmel, seltene Schauer und eine geringe Luftfeuchtigkeit, die dafür sorgt, dass auch Temperaturen von 30 bis 35 °C als angenehm empfunden werden. Schauer und sogar Schlechtwetterperioden sind dennoch selten möglich. Im Norden des Landes können die nächtlichen Temperaturen vor allem im Dezember und Januar auf unter 15 bis 20 °C fallen. In den Bergen kann es noch kühler werden.

Im Laufe des März und vor allem im April und Mai ist die ***heiße Trockenzeit*** zu erwarten, während der Temperaturen von über 40 °C erreicht werden können, viele Wasserfälle trockenfallen und vor allem in Zentral- und Nordthailand große Teile der Vegetation stark austrocknen können. Zwischen Ende Mai und August setzt die **Regenzeit** ein und wird durch fortlaufend steigende Niederschlagsmengen gekennzeichnet. Nach den regionalen Höhepunkten der Regenzeit, zwischen September und Dezember, beginnt der erneute Übergang zur Hochsaison. Die ***Übergänge zwischen den Jahreszeiten*** verlaufen fließend und können sich im Jahresvergleich deutlich unterscheiden. ***Wetterextreme*** kommen auch in Thailand mit zunehmender Häufigkeit vor.

Die **Hochsaison** für kombinierte Rundreisen durch große Teile des Landes beginnt ab Ende Dezember und endet im Februar. In Anbetracht der regional teilweise deutlich variierenden Übergänge zwischen den Jahreszeiten, Besonderheiten wie beispielsweise der Rauchsaison in Nordthailand und den häufig guten Wetterverhältnissen in Übergangsmonaten, muss die Frage nach der ***besten Reisezeit*** für jede Region getrennt und häufig im Einklang mit persönlichen Präferenzen betrachtet werden.

Kurz und knapp:

- Während der ***regional besten Reisezeiten*** ist das Wetter in der Regel sehr gut. Eine Garantie gibt es jedoch nicht.

Info

Reise- und Regenzeit

Region	Gute Reisezeit	Regenzeit (Höhepunkte)
Großraum Bangkok	Mitte November–Ende März	Mitte August–Ende Oktober
Nordthailand (Rauchsaison von Ende Februar bis Mai)	Mitte Oktober–Ende Februar	Anfang Juli–Mitte September
Westlicher Golf	Mitte Januar–August	Mitte September–Ende Dezember
Östlicher Golf	Mitte November–Mitte April	Mitte Juni–Ende Oktober
Andamanensee	Anfang Dezember–Mitte April	Ende Mai–Ende Oktober

- In den ***Übergangszeiten*** ist das Wetter häufig durchmischt bis gut, gelegentlich hervorragend, aber teilweise auch sehr schlecht.
- Die regionalen Höhepunkte der ***Regenzeit*** gehen häufig mit sehr hohen Niederschlagsmengen einher.
- Während der heißen ***Trockenzeit*** werden teilweise Temperaturen von über 40 °C erreicht. Auf Inseln ist es dann erträglicher als am Festland.
- Alle Reisezeiten gehen mit ***spezifischen Vor- und Nachteilen*** einher.
- Die Wahl der Reisezeit muss sich immer nach ***individuellen Bedürfnissen*** richten. Viele Reiseziele können bei entsprechender Planung und Vorbereitung nahezu ganzjährig bereist werden.

Rauchsaison in Nordthailand

Ab Ende Februar bis in den Mai kommt es vor allem durch das Abbrennen landwirtschaftlich genutzter Felder zu einem deutlichen Anstieg der Feinstaubwerte in Nordthailand. Vor allem im März und April sind massive Einschränkungen hinsichtlich Luftqualität und Sicht möglich. Die Luftwerte übersteigen häufig Grenzwerte zum Schutz vor kurz- und langfristigen Gesundheitsschäden. Beginn, Ende und Ausprägung der Rauchsaison schwanken im Jahresvergleich. Gelegentlich steigen die Feinstaubwerte bereits im Januar zunehmend an und sorgen im Verlauf der kommenden Wochen sogar für Einschränkungen in weiteren Landesteilen. Mit den steigenden Niederschlagsmengen im Laufe des Monats Mai bessert sich die Situation in der Regel.

Info

Reisen während der Regenzeit

Thailand kann auch während der Regenzeit bereist werden. Während die regionalen Höhepunkte der Regenzeit nach Möglichkeit bei der Reiseplanung vermieden werden sollten, können sich die **angrenzenden Übergangsmonate** sogar hervorragend für Rundreisen eignen.

Während der Regenzeit ist es empfehlenswert, zunächst nach Bangkok zu fliegen und die nächsten Reiseziele kurzfristig, in Abhängigkeit der regionalen Wetterlage, festzulegen. Die zahlreich auffindbaren **Webcams** eignen sich zur **Überprüfung regionaler Wetterverhältnisse** häufig besser als Wettervorhersagen. Bei der Buchung von Unterkünften, Transfers und Ausflügen sollten **Angebote mit Stornierungs- oder Verlegungsoptionen** bevorzugt werden, um bei regionalen Schlechtwetterperioden flexibel zu bleiben.

Impfungen

Die vom Robert-Koch-Institut empfohlenen ***Impfungen für Reisen nach Thailand*** ergänzen die Impfungen des Impfkalenders, um vor potenziell lebensbedrohlichen Infektionserkrankungen zu schützen. Für manche Reisende können auch weitere Impfungen, wie beispielsweise Impfungen gegen Tollwut, sinnvoll sein.

Vor- und Nachteile der Reisezeiten

	Trockenzeit/Hauptsaison	Regenzeit/Nebensaison
Vorteile	• Häufig sehr gutes Wetter • Sehr seltene Schauer • Kaum Schlechtwetterperioden • Alle Nationalparks und Inseln sind geöffnet • Kaum Wellengang • Wenige Winde • Häufig schöne Sonnenuntergänge • Bessere Sicht beim Tauchen und Schnorcheln	• Deutlich weniger Touristen • Übernachtungs- und Flugpreise fallen häufig stark • Kurzfristige Buchungen von Unterkünften, Transfers und Ausflügen sind grundsätzlich leicht möglich • Mit Glück erlebt man Gutwetterphasen • Bewölkte und sonnige Phasen wechseln sich in der Regel ab • Prächtig grüne Vegetation • Wasserfälle führen viel Wasser
Nachteile	• Deutlich mehr Touristen • Übernachtungs- und Flugpreise steigen teilweise deutlich • Kurzfristige Buchungen von Unterkünften, Transfers und Ausflügen sind schlechter möglich • Gelegentliche Schauer und mit viel Pech sogar Schlechtwetterphasen • Ab März trocknen Wasserfälle zunehmend aus und die Vegetation in Zentral- und Nordthailand kann austrocknen • Zum Ende der Trockenzeit kann es vor allem mittags sehr heiß werden	• Häufig schwül-warm • Ein- bis zweimal täglich schnellaufziehende Schauer und/oder Gewitter für 1–2 Std. • Schlechtwetterperioden (selten) • Häufig durchmischte Wetterverhältnisse • Häufiger aufgewühltes Meer • Stärkere Winde • Überschwemmungen kommen vor • Mehr Mücken • Steigende Anzahl an Dengue-Infektionen • Einige Nationalparks, Höhlen und Inseln werden geschlossen • Mehr Baustellen

Insbesondere vor Antritt der ersten Reise nach Thailand ist eine ***Beratung durch einen Tropen- oder Reisemediziner***, im Gesundheitsamt oder in einem Tropeninstitut empfehlenswert. Ärzte mit entsprechenden Qualifikationen können bei der Deutschen Gesellschaft für Tropenmedizin, Reisemedizin und Globale Gesundheit gefunden werden. Im Zuge der Beratung werden ***Impfempfehlungen, notwendige Auffrischungsimpfungen und Gesundheitsmaßnahmen*** im Bezug zu individuellen Reiseplänen besprochen. Diese Beratung sollte mindestens ***16 Wochen vor Reiseantritt*** erfolgen, um eventuell benötigte Impfungen abschließend durchführen zu können. Möglichkeiten der Kostenübernahme für Reiseimpfungen sollten im Voraus mit den gesetzlichen Krankenkassen und privaten Versicherungsunternehmen abgestimmt werden. Eine ***Impfpflicht*** gegen Gelbfieber und andere Erkrankungen existiert für Einreisende aus Europa nicht. Aus einem vorherigen Aufenthalt in einem afrikanischen oder südamerikanischen Land kann jedoch eine Pflicht zum Nachweis einer Gelbfieberimpfung resultieren.

Sonnenschutz

Konsequenter Sonnenschutz ist zur Vorbeugung von ***kurzfristigen und langfristigen gesundheitlichen Schäden*** essenziell. Sonnencremes für Körper und Gesicht

Typischer Sonnenuntergang während der Hauptsaison

Während der Regenzeit können Straßen kurzzeitig überflutet werden

Regenponchos schützen Händler und …

… Rollerfahrer vor dem starken Regen

Die rote Flagge zeigt Lebensgefahr beim Baden an

An den Wasserfällen können die Wege bei Regen sehr rutschig werden

Das Meer ist während der Regenzeit häufiger stark aufgewühlt und teilweise nicht zum Baden geeignet

mit ***Lichtschutzfaktor 50*** sind empfehlenswert. UV-Lippenbalsam schützt empfindliche Schleimhäute. Lange Kleidung, Sonnenbrillen und Hüte bieten zusätzlichen Schutz. Vor allem beim Schwimmen, Schnorcheln und auf langen Rollerfahrten ist ***UV-Schutzkleidung*** sinnvoll. Die Mittagssonne sollte gemieden werden. Zur Vermeidung von ***Hitzschlägen*** muss zudem auf ausreichende Flüssigkeitszufuhr geachtet werden.

Pro Person benötigt man ungefähr eine größere Tube Sonnencreme pro Reisewoche. Eine Tube Sonnencreme für das Gesicht reicht häufig für zwei bis drei Wochen aus. Der individuelle Bedarf an Sonnencreme schwankt allerdings stark in Abhängigkeit geplanter Aktivitäten, der einzucremenden Hautoberfläche, den verwendeten Produkten und der Frequenz, mit der nachgecremt werden muss.

Aufgrund der ***hohen Preise für Sonnencremes in Thailand*** empfiehlt es sich, bei Reisen von bis zu 30 Tagen Sonnencremes bereits vor Reiseantritt zu kaufen. Viele thailändische Sonnencremes enthalten zudem Stoffe, die die Haut bleichen können. Bei Reisen mit Handgepäckrucksäcken gestaltet sich der Transport von Sonnencreme nach Thailand als schwierig. In Thailand sind Sonnencremes mit den Inhaltsstoffen Oxybenzon (Benzo phenon-3, BP-3), Octinoxat (Ethylhexyl Methoxycinnamate), 4-Methylbenzylid Campher (4MBC) und Butylparaben verboten, um Korallen besser zu schützen.

Info

Links zum Thema Impfungen

Hinweise beim Auswärtigen Amt:
www.auswaertiges-amt.de/de/, Suchbegriff: Thailand

Informationen zu Reiseimpfungen beim Robert-Koch-Institut:
www.rki.de/DE/Content/Infekt/EpidBull/Archiv/2023/14/Art_01.html

Informationen über den Impfkalender beim Robert-Koch-Institut:
www.rki.de/DE/Content/Kommissionen/STIKO/Empfehlungen/Aktuelles/Impfkalender.html

Deutsche Gesellschaft für Tropenmedizin, Reisemedizin und Globale Gesundheit:
www.dtg.org/index.php/liste-tropenmedizinischer-institutionen.html

Insektenschutz

Mücken können schwere Krankheiten übertragen. Das Malaria-Infektionsrisiko ist ganzjährig sehr niedrig. Das Infektionsrisiko mit durch Tigermücken übertragenem ***Dengue-Fieber*** ist im Vergleich deutlich höher. Die Anzahl an Infektionen schwankt im Vergleich urbaner, ländlicher und bewaldeter Regionen. Zum Morgen-

Info

Hilfreiche Apps und Online-Dienste

- **Navigation:** Google Maps (Online und Offline Navigation im Alltag), MAPS.ME (Präzise Offline-Navigation für Wanderungen)
- **Kommunikation mit Unterkünften und Dienstleistern:** Facebook-Messenger, WhatsApp, LINE
- **Übersetzer:** Google Übersetzer, Apple Übersetzer
- **Taxi-Apps für viele Reiseziele:** Bolt, Grab, inDrive
- **Lieferdienste:** Foodpanda, Grab
- **Vegane und vegetarische Restaurants finden:** Google Maps, HappyCow
- **Finanzen:** Banking Apps, PayPal, Splitwise (Gruppenreisen)
- **Dokumente und Tickets sichern:** Cloud-Dienste
- **Kontakt zur Touristenpolizei:** Tourist Police i lert u
- **Auskunft über Flut und Ebbe:** Gezeiten-Apps
- **Flugpreise vergleichen:** www.skyscanner.de
- **Inlandstransfers buchen:** www.12go.com
- **Zugtickets buchen:** https://dticket.railway.co.th oder www.12go.com
- **Übersichtliche Zugfahrpläne:** www.thaitrainguide.com
- **Ausflüge online buchen:** www.getyourguide.de
- **Hotels und Unterkünfte buchen:** www.booking.com, www.agoda.com, www.airbnb.de (alternativ über Facebook/direkt bei den Unterkünften)
- **Infos über regionale Feinstaubwerte:** www.iqair.com

grauen, zur Dämmerung, in Wäldern und in der Nähe von stehenden Gewässern verstärkt sich der Mückenflug. Während der Regenzeit steigt das ***Infektionsrisiko*** teilweise stark an.

Sprays und Lotionen mit dem ***Wirkstoff Diethyltoluamid (DEET)*** bieten den besten Schutz vor Mücken und auch Sandfliegen. Präparate mit einer ***Wirkstoffkonzentration ab 50 %*** bieten langanhaltende Wirkung. Zum Schutz vor Sandfliegen empfiehlt sich bei Bedarf vor Ort verfügbares Kokosnussöl. Es empfiehlt sich, Mückenschutzmittel für mindestens die erste Reisewoche bereits vor Reiseantritt zu besorgen. Vor Ort sind vergleichbare Produkte breit verfügbar. Aufgrund der häufig niedrigeren Wirkstoffkonzentrationen müssen diese häufiger aufgetragen werden. Bei ***Allergien*** und für Kleinkinder eignen sich Produkte mit dem Wirkstoff **Icaridin.** Der Wirkstoff ist in Thailand allerdings ***kaum verfügbar***. Elektronische Stichheiler lindern Juckreiz

Checkliste

Vor der Reise

- Ungefähres **Budget** festlegen
- Regionale **Wetterverhältnisse** zur Reisezeit beachten
- **Reiseroute** ausarbeiten
- **Langstreckenflüge** rechtzeitig buchen
- **Unterkünfte** und **Inlandstransfers** in Abhängigkeit der Reisezeit rechtzeitig vorab buchen. Während der Hauptsaison ist die Vorabbuchung von Inlandsflügen sowie von Unterkünften an beliebten Reisezielen dringend empfehlenswert. Hierbei sollten Buchungen mit Stornierungsmöglichkeiten bevorzugt werden. Ganzjährig sollte zumindest die erste Unterkunft vorab gebucht werden.
- **Mindestens 5–6 Monate vor Abflug:** Gültigkeit des Reisepasses überprüfen (mind. 6 Monate Gültigkeit bei Einreise nach Thailand sind erforderlich), Internationalen Führerschein auf Gültigkeit überprüfen beziehungsweise beantragen
- **Mindestens 16 Wochen vor Abflug:** Auslandskrankenversicherung abschließen, mindestens zwei Kreditkarten (oder Debitkarten) beantragen, sinnvolle Impfungen mit Reisemediziner besprechen
- **Mindestens 6 Wochen vor Abflug:** Über Pausierungsmöglichkeiten nicht benötigter Verträge informieren (Mobilfunk, Fitnessstudio etc.)
- **Mindestens 5 Wochen vor Reiseantritt bei mehrwöchigen Reisen:** Visum online beantragen oder über die Verlängerungsmodalitäten vor Ort informieren. Achtung: Auch bei Einreise ohne Visum muss ein Ausreisenachweis zum letzten Tag der Reise bereits beim Check-In in Europa vorliegen!
- **Mindestens 2–3 Wochen vor Abflug:** Gepäck zusammenstellen und eventuell zusätzlich Benötigtes besorgen
- **Eine Woche vor Abflug:** Gepäck und Dokumente überprüfen, Anreise zum Abflughafen und Anreise zur ersten Unterkunft planen

schnell und zuverlässig, aber bieten keinen Schutz vor Infektionserkrankungen.

Lange, luftige Kleidung, lange, enganliegende oder sogar stichfeste Socken, Abstand von stehenden Gewässern, eine Dusche am Nachmittag, Mückenschutzgitter vor Fenstern, Raumsprays, Klimaanlagen, Rauchspiralen, Moskitonetze und gegebenenfalls eine Imprägnierung von Textilien bieten zusätzlichen Schutz. In Rücksprache mit einem Reisemediziner sollte vor allem bei geplanten Aufenthalten in Risikogebieten, im Dschungel und häufigen Übernachtungen in simplen Unterkünften ein ***hochwertiges Moskitonetz*** und geeignetes Befestigungsmaterial (Haken, Gewebeklebeband) mitgeführt werden. Bei Bedarf sind vor Ort nur teilweise Moskitonetze verfügbar, deren Qualität und Zustand zudem nicht immer ausreichend sind. Die Anbringung von Moskitonetzen gestaltet sich jedoch häufig als kompliziert.

Nachhaltiges Reisen

Eine Reise nach Thailand möglichst nachhaltig zu gestalten ist herausfordernd, aber sinnvoll und vor allem notwendig. Langstreckenflüge und Bootsfahrten, aber auch die individuelle Fortbewegung vor Ort, führen zur ***Emission hoher Mengen an Treibhausgasen.*** Der Verbrauch an größtenteils nicht recyclebarem Kunststoff kann manch einen Reisenden erschrecken und leider gelangen viele Abfälle ins Meer und an Strände. Viele Reiseziele haben mit ***übermäßigem Tourismus*** zu kämpfen und die ***Luftverschmutzung*** stellt ein zunehmend größer werdendes Problem dar. Natürlich nimmt auch in Thailand das Bewusstsein für notwendige Umstrukturierungen der Wirtschaft und des Alltagslebens zu. Eine steigende Anzahl an Unterkünften, Restaurants und Dienstleistern versucht ***umweltschonendere Konzepte*** zu etablieren. Dieser Prozess verläuft jedoch schleppend und ***Greenwashing*** ist verbreitet. Dennoch ist es möglich, den eigenen ökologischen Fußabdruck so klein wie möglich zu halten.

Nachhaltigkeits-Tipps

- Der ***Kohlenstoffdioxidausstoß*** von Flügen kann bei zahlreichen Anbietern ***kompensiert*** werden. Es ist jedoch dringend empfehlenswert, vorab ausführliche Informationen zu dieser Thematik einzuholen.

Aufräumaktionen helfen teilweise, die Strände sauber zu halten

- ***Inlandsflüge*** und ***private Überlandtransfers*** können, mit teilweise deutlich erhöhtem Zeitaufwand, in der Regel durch Busse und Züge ersetzt werden.
- ***Sammeltaxis*** und ***Busse*** sind in vielen Reisezielen verfügbar.
- Eine ***übermäßige Motorisierung*** von Motorrollern, Motorrädern und Mietwagen ist in der Regel nicht notwendig.
- Vor allem an ruhigeren Reisezielen und auf kleineren Inseln können ***Fahrräder*** eine gute Alternative darstellen. Geführte Fahrradtouren sind auch in großen Städten möglich.
- Touristen können an zahlreichen Reisezielen an ***Aufräumaktionen*** teilnehmen. Die bekannteste Organisation ist ***Trash Hero*** (trashhero.org). Aber auch das Aufsammeln kleiner Müllmengen hat einen positiven Effekt!
- An Automaten ***auffüllbare Flaschen*** und größere Wasserkanister helfen dabei, den Verbrauch an Plastik deutlich zu reduzieren.
- Einige Tauchschulen bieten sogar ***Unterwasser-Clean-Ups*** an und züchten Korallen.
- Beim Schwimmen, Tauchen und Schnorcheln auf ***Abstand zu Korallen*** achten. Bei Berührung werden sie sehr leicht beschädigt.
- Möglichst ***korallenfreundliche Sonnencreme*** verwenden.

Sonnenschutz, Seite 33

- Unterstütze die Arbeit von ***Tierauffangstationen*** und ***Kliniken.*** Persönliche Empfehlungen für entsprechende Organisationen finden sich in verschiedenen Kapiteln dieses Buches.
- Auf die häufig ausgegebenen ***Plastiktüten*** und ***Trinkhalme*** sollte verzichtet werden. Der Verzicht auf Einwegverpackungen ist jedoch bei Weitem nicht immer möglich.
- Iss vorwiegend in ***kleinen Restaurants*** oder ***Garküchen*** und unterstütze inhabergeführte Geschäfte, Dienstleistungsunternehmen und Unterkünfte.

Korallen dürfen beim Tauchen nicht berührt werden

Gepäck

Rucksack oder Koffer?

Grundsätzlich empfiehlt es sich, ***wenig Gepäck*** mitzuführen (ca. 7–15 kg). ***Rucksäcke*** gehen gegenüber Koffern mit größerer Flexibilität auf Rundreisen mit mehreren Ortswechseln einher. Für den Großteil der Reisenden empfehlen sich Rucksäcke mit einem ***Volumen von 50 bis 65 Litern***. Minimalisten reichen Handgepäckrucksäcke mit einem Volumen von 40 Litern. Vor Abflug sollte das Gepäck für den Fall eines Verlustes fotografiert werden. Die Regeln für das ***Aufgeben von Gepäck*** unterscheiden sich bei verschiedenen Airlines mitunter deutlich.

Packliste

Gepäck

- Rucksack oder Koffer (vor Abflug fotografieren)
- AirTag, SmartTag o.ä. (darf im Aufgabegepäck verbleiben)
- Stabile Rucksackhülle
- Tagesrucksack (und Regenhülle)
- Brustbeutel für Geld, Kreditkarten und Dokumente
- PacSafe 12l, Zahlenschloss und Zurrgurt zum Verstauen
- Kurzes Stahlseil zum Anbinden des Gepäcks im Nachtzug
- Gepäckanhänger mit E-Mail/ Handynummer
- Packwürfel für die Kleidung

Packliste

Kleidung

- Weiße, neue und hochwertige Kleidung leidet beim Reisen in Thailand teilweise stark
- Kleidung für 7 bis 12 Tage (vorwiegend leicht und luftig, lang und kurz, im Einklang mit geplanten Aktivitäten)
- Nachtkleidung
- UV-Schutz-Longsleeves
- Festes Schuhwerk
- Ein Paar offene Schuhe
- Badeschuhe
- Badekleidung
- Pullover und Regenjacke zum Zusammenrollen (dient dem Zwiebellook bei Abflug im Winter)
- Hut
- Sonnenbrille und Brillenetui
- Wäschebeutel

Packliste

Elektronik

- Elektronik nach Bedarf (Kameras, E-Reader, Kopfhörer etc.)
- Ladegeräte, Kabel, Speichermedien, Adapter und Zubehör
- Smartphone und stabiles Case
- Wasserfeste Smartphone-Hülle
- Powerbank
- Stirnlampe
- Elektronik-Tasche

Packliste

Zubehör

- Ein Karabiner
- Kleine Rolle Gewebe-Klebeband (Reparaturen, Moskitonetze/Fenster abdichten, störende Lichter abdecken)
- SIM-Karten-Werkzeug
- Kompaktes Nackenkissen
- Schlafmaske
- Ohrstöpsel
- Taschenmesser
- Kleines Nähset
- Mikrofaserhandtuch
- Kleiner Schraubenzieher für Brillenscharniere
- Robuster Drybag

Packliste

Kulturbeutel

- Persönlich benötigte Dinge (z.B. Zahnschiene, Make-Up, Haargel, Haargummis)
- Waschbeutel zum Aufhängen
- Zahnbürste
- Zahnpasta
- Zahnseide
- Deodorant
- Kleine Haarbürste
- Nagelschere und Feile
- Pinzette
- Festes Shampoo mit Hülle
- Seife
- Rasierer
- Damenhygieneartikel

Packliste

Dokumente und Bezahlen

- Sicherung aller benötigten Dokumente in einem Cloud-Speicherdienst und Offline-Sicherung auf dem Smartphone
- Reisepass (min. 6 Monate Gültigkeit bei Einreise)
- Mindestens zwei Kreditkarten (alternativ Debitkarten)
- Schutzhülle mit RFID-Blocker
- Wasserfeste Dokumententasche
- Einige hundert Euro Bargeld pro Person
- Führerschein
- Internationaler Führerschein
- Krankenversichertenkarte
- Englischer Nachweis der Auslandskrankenversicherung
- Notfallkontakte, Blutgruppe und Krankengeschichte (laminierte Karte oder Notfall-App)
- Impfpass
- Aktivierungs-Daten für Banking-Apps, falls das Smartphone abhandenkommt
- Hotelbuchungen und Tickets in digitaler Form
- Falls benötigt: Visum
- Falls vorhanden: Studentenausweis/Schwerbehindertenausweis
- Für Brillenträger: Brillenpass
- Für Taucher: Zertifikate und digitales Logbuch

Packliste

Reiseapotheke

Bei der Einfuhr verschreibungspflichtiger Medikamente sollte eine **ärztliche Verordnung** auf Englisch mitgeführt werden. Die Einfuhr von Betäubungsmitteln und Psychopharmaka muss vor Reiseantritt beim **thailändischen Gesundheitsministerium** angemeldet werden. Auf maximale Einfuhrmengen ist genauestens zu achten. Besonderes Augenmerk sollte auf den korrekten Transport und die Lagerung von Medikamenten gelegt werden.

- **Formular Einfuhr verschreibungspflichtiger Medikamente:** www.adac.de/-/media/pdf/dko/formular-aerztliches-attest_texteingabe_290174.pdf
- **Antrag auf Einfuhr von Betäubungsmitteln und Psychopharmaka:** https://permitfortraveler.fda.moph.go.th/nct_permit_main/

- Persönlich benötigte Medikamente und Hilfsmittel
- Schmerzmittel nach Wahl (kein ASS, da Gefahr bei Dengue besteht!)
- Reisekaugummis oder Reisetabletten
- Loperamid gegen akuten Durchfall
- Mittel gegen Magen-Darm-Beschwerden
- Mückenschutzspray für die erste Woche (150–300 ml)
- Elektronischer Stichheiler
- Korallenfreundliche Sonnencreme für Körper und Gesicht (bei Reisen bis 30 Tagen für die gesamte Reisedauer)
- Fieberthermometer
- Kleines Erste-Hilfe-Set
- Wunddesinfektion
- Verhütungsmittel
- Meerwasser-Nasenspray
- 3 Zip-Beutel
- Bei Bedarf: Moskitonetz und Befestigungsmaterial

Wer in Thailand Roller oder Auto fahren möchte, darf den Führerschein nicht vergessen

2

Unterwegs in Thailand

Herumkommen

Ein dichtes Netz aus Flughäfen, gut ausgebauten Straßen für Busse, Nachtbusse und Taxis, zahlreiche Bootsverbindungen und das weitreichende Schienennetz für Züge und Nachtzüge machen das Herumkommen in Thailand ***leicht und häufig günstig.*** Für die meisten Strecken stehen mehrere ***Transferoptionen*** zugleich zur Verfügung. Während der Nebensaison werden weniger und dennoch ausreichend Inlandstransfers angeboten. Allerdings werden manche Bootsverbindungen eingestellt.

Direkte und kombinierte Transfers mit unterschiedlichen Verkehrsmitteln können zwischen den meisten Reisezielen auch über lange Strecken unkompliziert online, in Unterkünften und bei lokalen Reisebüros organisiert werden. Während der ***Hauptsaison*** sollten vor allem Inlandsflüge und Fahrten mit dem Nachtzug weit im Voraus gebucht werden. Transfertage sollten als verlorene Reisetage eingeplant werden. Verzögerungen kommen häufig vor. Mit ein wenig Vertrauen in das teilweise unkonventionelle Organisationstalent ***lokaler Transportunternehmen*** kommt man in der Regel entgegen jeglichen Widerständen an seinem Ziel an. Bunte Sticker sorgen in der Regel dafür, dass Mensch und Gepäck am richtigen Ort ankommen.

Transfers über Land sind häufig zeitintensiver, aber dafür günstiger, nachhaltiger und sehenswerter als Inlandsflüge. Nachtzugfahrten sind Abenteuer für sich, sparen Reisezeit und ersetzen Hotelübernachtungen. Die Betten in Nachtzügen sind für europäische Verhältnisse kurz. Kabinen der ersten Klasse bieten mehr Komfort und Ruhe. Tagsüber erhält man auf Zugfahrten schöne Impressionen der vorbeiziehenden Landschaften. ***Fernzüge***

Fahrradrikschas findet man nur noch vereinzelt …

... sie wurden größtenteils von Tuk Tuks (Bild 1) und Songthaews (Bild 2) abgelöst.

können in der Regel 90 Tage im Voraus online gebucht werden. Teilweise schalten ***Buchungsplattformen*** Tickets auch deutlich früher frei. Beliebte Strecken, wie beispielsweise die Nachtzugfahrt von Bangkok nach Chiang Mai, sind teilweise innerhalb kürzester Zeit ausgebucht. Bei der Online-Buchung ist zu beachten, dass die Verfügbarkeit zwischen der Webseite der thailändischen Bahn und Buchungsplattformen sich teilweise unterscheiden kann.

Info: Hilfreiche Apps und Online-Dienste, Seite 37

Direkt am ***Bahnhof*** können alle Verbindungen gebucht werden, beliebte Verbindungen sind im Zweifel aber schnell ausgebucht.

Bei der Buchung von Inlandstransfers ist eine ***Hotelabholung*** üblich. Ausgehend von Bahnhöfen, Busbahnhöfen, Pieren und Flughäfen kann der Transfer zur Unterkunft in der Regel unkompliziert mit Taxis und Tuk Tuks organisiert werden. Ankunfts- und Absetzorte können sich teilweise kurzfristig ändern.

Roller, Motorräder, Taxis, Sammeltaxis (*Songthaews*), Fahrräder und Tuk-Tuks sind in nahezu allen Reisezielen ***leicht verfügbar*** und ermöglichen es lokal mobil zu sein. Auf Inseln sind Taxis häufig teuer. Am Festland und auf großen Inseln können Autos gemietet werden. International agierende ***Autovermieter*** betreiben ihre Filialen häufig an ***Flughäfen*** und ermöglichen die Anmietung und Abgabe an unterschiedlichen Standorten. Lange Überlandfahrten mit Autos und Motorrädern stellen für geübte Selbstfahrer kein großes Hindernis dar. Überlandfahrten bei Nacht sollten jedoch vermieden werden.

Bangkoks alte Busse werden zunehmend durch elektrische Busse ersetzt.

Mietwagen sind vor allem außerhalb von Großstädten empfehlenswert – dort kann es nämlich eng werden

Fahrchip für Bangkoks MRT

Am Flughafen in Bangkok warten Taxis auf Fahrgäste

Bushaltestellen sind mit blauen Schildern gekennzeichnet

Elektrisches Tuk Tuk in Bangkok

Auf manchen Inseln wird vorwiegend an Automaten (Bild 1) und mit Benzin aus Flaschen getankt (Bild 2)

Führerschein

Beim ***Fahren ohne Fahrerlaubnis*** in Thailand geht man im Falle eines Unfalles und damit einhergehenden Kosten für medizinische Versorgung und Rücktransporte ein potenziell ***existenzbedrohendes Risiko*** ein. Private Auslandskrankenversicherungen können bei Unfällen ohne entsprechende Fahrerlaubnis jegliche Leistungsübernahme ablehnen. Sollten Thailänder bei Unfällen zu Schaden kommen, sind hohe Strafen möglich. Dennoch ist die Anmietung von Motorrollern ohne geeignete Fahrerlaubnis häufig problemlos möglich.

Ein ***europäischer Führerschein,*** in Kombination mit einem ***gültigen internationalen Führerschein*** sowie einem ***gültigen Reisepass,*** erlaubt es Touristen, Kraftfahrzeuge entsprechend ihrer Fahrerlaubnisse zu fahren. Ein Führerschein der Klasse B berechtigt nicht zum Fahren eines Motorrollers in Thailand. Ein ***Führerschein der Klasse A*** (oder eine entsprechende, alte Führerscheinklasse) ermöglicht das rechtssichere Roller- und Motorradfahren in Thailand. Die Rechtslage bezüglich A1- und A2-Führerscheinen ist nicht eindeutig. In der Regel werden sie aber beim Führen entsprechender Fahrzeuge toleriert.

Bei Aufenthalten ab drei Monaten ist eine ***thailändische Fahrerlaubnis*** erforderlich. Nationale Führerscheine können vor Ort umgeschrieben werden. Alternativ kann auch ein thailändischer Führerschein innerhalb weniger Tage absolviert werden.

Bei der ***Anmietung von Autos*** sollten international agierende Vermieter und Angebote mit ***Vollkaskoversicherung*** bevorzugt werden. Motorroller und Motorräder sind über unzählige Vermieter und in den meisten Unterkünften verfügbar, aber in der Regel nicht versichert. Bei der Anmietung von Fahrzeugen sollte deren ***Zustand und Funktionalität*** genaustens geprüft und mit Fotos und Videos dokumentiert werden.

Straßenverkehr

Thailand hat eine der höchsten jährlichen Verkehrstodeszahlen weltweit. Linksverkehr, das häufig ausgeübte Recht des stärkeren Verkehrsteilnehmers, Missachtungen von Verkehrsregeln, starker Regen, unaufmerksame Fahrer, Trunkenheit am Steuer, unbefestigte Straßen und überhöhte Geschwindigkeit machen den Straßenverkehr in Thailand ***gefährlich.***

Selbstfahrer sollten ihr fahrerisches Können demütig einschätzen und unnötige Risiken vermeiden. Grundsätzlich sollte eine ***zurückhaltende Fahrweise*** an den Tag gelegt werden, die ein Mitschwimmen im Verkehr ermöglicht. Konstant hohe Aufmerksamkeit und Beobachtung der gesamten Umgebung sind fortlaufend notwendig.

Grundlegende Verkehrsregeln

Es herrscht ***Linksverkehr.*** Es besteht ***Gurt- und Helmpflicht.*** Die ***zulässige Höchstgeschwindigkeit*** beträgt in Ortschaften 50 km/h (31 mph), auf Landstraßen 90 km/h (56 mph) und auf Autobahnen 120 km/h (75 mph). Viele Verkehrsteilnehmer missachten diese Grenzen. Die maximal zulässige ***Blutalkoholkonzentration*** beträgt 0,05 Promille. Mobiltelefone am Steuer sind verboten. Den Weisungen von Verkehrspolizisten ist Folge zu leisten. Fahrzeuge sollten nach Möglichkeit nur auf dafür zugelassenen Flächen geparkt werden und beim Abstellen kein Hindernis für Verkehr und Fußgänger darstellen. Häufig markieren rot-weiß gestreifte Bordsteine ***Parkverbote.*** Mietfahrzeuge sollten über Nacht nach Möglichkeit auf gesicherten Parkplätzen abgestellt werden. ***Tanken*** ist an zahlreichen Tankstellen, Tankautomaten oder mit Benzin aus Flaschen möglich.

Umgangsformen und Gesetze

Einige Aspekte der thailändischen Etikette sollten von Touristen unbedingt beachtet werden. Entsprechend bemühte Touristen sind bei vielen Thais hoch angesehen. Die vollständige und immer korrekte Umsetzung der teilweise komplexen Umgangsformen wird nicht erwartet. Grundlegende Kenntnisse der Landessprache und ein freundliches Lächeln öffnen zudem häufig ungeahnte Türen.

- Grundsätzlich sollte die ***Teilhabe an jeglichen illegalen Aktivitäten*** unterbleiben. Die Strafen für Drogenkriminalität und weitere Verbrechen können drakonisch ausfallen.
- In ***buddhistischen Tempeln*** und anderen religiösen Stätten ist ***ruhiges, respektvolles Verhalten*** sowie ***lange, nicht aufrei-***

zende Kleidung angebracht. Sarong-Tücher helfen dabei, die Knie und Schultern zu bedecken. In touristischen Reisezielen werden in vielen Tempeln Tücher ausgegeben oder verkauft. Die Schuhe müssen vor dem Betreten von Tempelgebäuden ausgezogen werden. Hinweisschilder und das Verhalten anwesender Thailänder helfen häufig bei der korrekten Umsetzung. Man sollte, aufgrund des Glaubens an die dort lebenden Schutzgeister, nicht auf Türschwellen treten. Verbotsschilder bezüglich des Fotografierens und des Fliegens von Drohnen müssen beachtet werden. Es ist üblich, dass bestimmte Orte in buddhistischen Tempeln nicht für Frauen zugänglich sind. Rauchen ist in Tempeln verboten.

- ***Mönchen und Buddhabildnissen*** sollte grundsätzlich mit ***Respekt*** gegenübergetreten werden. Physischer Kontakt sollte vermieden werden und ist zwischen Mönchen und Frauen strikt untersagt. Gespräche zwischen Touristen und Mönchen sollten seitens der Mönche initiiert werden. Viele Tempel bieten Gesprächsstunden mit Mönchen an. Persönliche Fragen sollten hierbei vermieden werden. In öffentlichen Verkehrsmitteln sollten Plätze für Mönche freigemacht werden. Mönche dürfen nicht ohne deren Einverständnis fotografiert werden. Fotoshootings mit Buddhabildnissen sind unangebracht.
- Gegenüber der ***Königsfamilie*** ist ebenfalls ***respektvolles Verhalten*** angebracht. Negative Kommentare gegenüber dem Königshaus und auch das Treten auf Geldscheine und Münzen stehen unter Strafe. Geldscheine sollten nicht zerrissen oder zerdrückt werden. Diskussionen mit Thailändern über die Königsfamilie verbieten sich, können schnell als potenziell strafbare Majestätsbeleidigung interpretiert werden und führen nicht selten zu unangenehmen Situationen für alle Beteiligten.
- Im ***Umgang mit Thais*** sollte ein ***ruhiger Ton*** gepflegt werden. Lautes Rufen und Streiten in der Öffentlichkeit ist unangebracht. Die Füße gelten als unrein. Der Kopf gilt als heilig. Mit den Fußsohlen sollte nicht auf Menschen gezeigt werden und der Kopf anderer Menschen sollte nicht berührt werden. Beim Betreten einer Wohnung werden Schuhe grundsätzlich ausgezogen. Gelegentlich werden die Schuhe auch beim Betreten von Geschäften ausgezogen. Bereits ausgezogene Schuhe vor der Eingangstür dienen hier als Indikator. Die Füße werden nicht auf Tische gelegt. Gegenstände und Bargeld sollte immer mit der rechten oder besser beiden Händen überreicht werden. Die linke Hand gilt als unrein. Gegenstände sollen nicht zugeworfen werden.
- In der ***Öffentlichkeit*** sollte von übermäßigen ***Gesten der Zuneigung*** wie beispielsweise Küssen und Umarmungen abgesehen werden. Anstatt des Zeigefingers sollte mit der Handfläche in Richtungen gezeigt werden. Es sollte nie mit dem Finger oder dem Fuß auf andere Personen gezeigt werden. Einheimische sollten nie ohne deren Einverständnis fotografiert werden. Übermäßig aufreizende Kleidung sollte auch im Alltag vermieden werden.
- Der ***traditionelle Gruß „Wai“*** kann zur

In Tempeln, wie diesem in Mae Hong Son, sollte man die Verhaltensregeln respektieren

Begrüßung, zum Abschied und zur Danksagung verwendet werden. Die korrekte Ausführung des Grußes, bei dem die Handflächen vor dem Körper aufeinandergelegt werden, richtet sich nach der gegenüberstehenden Person. Beim Gruß von Kollegen und Freunden werden die Daumen ans Kinn gelegt. Ältere und sozial höhergestellte Personen werden mit Daumen in Höhe der Nase gegrüßt. Beim Gruß des Buddhas, des Königs und von Mönchen werden die Daumen an die Stirn gelegt. Für die Mehrheit der Touristen empfiehlt es sich, den Wai lediglich zu erwidern, um Missverständnissen zuvorzukommen. Im Zweifel verhält man sich korrekt, wenn man die ***Hände in Höhe der Brust zusammenführt*** und sich ***mit einem Lächeln leicht verbeugt.*** Ein freundliches Lächeln, in Kombination mit einer leichten Verbeugung und/oder ein freundliches Winken reichen in der Regel ebenfalls aus. Hände sollten nur geschüttelt werden, wenn Thais dies von sich aus anbieten.

Medizinische Versorgung

Die medizinische und pharmazeutische Versorgung in Thailand ist gut, aber schwankt im Vergleich unterschiedlicher Regionen stark. In touristischen Zentren und größeren Städten befinden sich gut ausgestattete ***Kliniken, Arztpraxen und Apotheken.*** In Bangkok hat sich sogar ein internationaler Medizintourismus entwickelt. Bei schweren Krankheiten und Unfällen ist ein ***Rücktransport nach Europa*** in der Regel dennoch sinnvoll und notwendig. Trotz der ***guten Versorgungslage*** im gesamten Land sollte unbedingt darauf geachtet werden, individuell benötigte Medikamente in ausreichender Menge mitzuführen.

Mobilfunk und Internet

Thailands Mobilfunknetze sind hervorragend ausgebaut. ***4G- und auch 5G-Verbindungen*** sind ***nahezu flächendeckend verfügbar.*** Selbst auf abgelegenen Inseln hat man in der Regel guten Empfang. Das Angebot an unterschiedlichen Mobilfunktarifen und Datenpaketen lässt keine Wünsche übrig und ist dennoch komplex. Bei der Auswahl eines Tarifs muss grundsätzlich auf das verfügbare Datenvolumen und die zugrundeliegende Übertragungsrate geachtet werden. Telefonguthaben ist häufig praktisch. Hierbei sollten Angebote, die Telefonate in alle Netze ermöglichen, bevorzugt werden. Zusätzliches Telefonguthaben und Datenpakete können in Geschäften und über die Apps der Mobilfunkanbieter erworben werden.

Netzabdeckung und Preise der großen Mobilfunkanbieter AIS, DTAC und TrueMove H unterscheiden sich nur geringfügig. Vergleichsweise ***teure Mobilfunktarife für Touristen*** („Tourist-SIMs") sind vor Reiseantritt und an Flughäfen leicht verfügbar. SIM-Karten zum Einstecken und eSIMs werden vor Ort eingerichtet. Abseits der Flughäfen bieten Mobilfunkgeschäfte und Minimärkte wie beispielsweise 7-Eleven günstigere Tarife an. Kommunikation mit den Mitarbeitern und Einrichtung der SIM-Karten können hier umständlicher sein als beim Kauf einer teureren SIM-Karte am Flughafen. Zunehmend wird auch hier versucht, Touristentarife zu verkaufen.

Die meisten Unterkünfte, Restaurants und Cafés bieten ***schnelle, stabile und kostenfreie Internetverbindungen*** an. Bei der Verbindung mit öffentlichen Netzwerken bieten ***VPN-Dienste*** zusätzlichen Schutz.

Sicherheit

Thailand ist ein ***sicheres Reiseland,*** das sich auch für alleinreisende Frauen und Männer sowie Familien mit kleinen Kindern gut eignet. Diebstähle, Betrügereien und Verbrechen zwischen Thais und Touristen sowie innerhalb der Touristenschaft kommen dennoch vor. Gewaltverbrechen gegenüber Touristen sind sehr selten. Insbesondere der Straßenverkehr in Thailand ist gefährlich. Im Umgang mit der Polizei kann es zu Erfahrungen mit Korruption kommen.

Elektrizität

In Thailand werden vorwiegend ***Universal-Steckdosen*** oder ***Adapter-Steckdosen*** verbaut, für die kein Steckdosenadapter benötigt wird. Lediglich in alten Gebäuden findet man weiterhin Steckdosen der Typen A und B. In den sehr seltenen Bedarfsfällen kann ein geeigneter Adapter in der Regel leicht vor Ort organisiert werden. Die ***Netzspannung*** liegt bei ungefähr 220 Volt. Die ***Stromfrequenz*** liegt bei 50 Hertz. Europäische Geräte und Netzteile können ohne zusätzlichen Transformator genutzt werden. Viele Steckdosen sind ausgeleiert und häufig müssen Stecker zusätzlich stabilisiert werden. Die Anzahl an Steckdosen ist meistens begrenzt und die Verteilung erfolgt nicht immer praktischen Gesichtspunkten. Verlängerungskabel und Mehrfachsteckdosen sind bei Bedarf leicht verfügbar. Steckdosen verfügen in der Regel nicht über eine Erdung und wurden teilweise unprofessionell installiert.

Wäsche waschen

Laundry-Services sind im gesamten Land breit verfügbar und ermöglichen es, Wäsche sehr günstig waschen zu lassen. Für ein Kilogramm Wäsche zahlt man ungefähr 40 bis 90 Baht. ***Waschsalons*** sind noch günstiger. In der Regel ist die Wäsche am nächsten Tag abholbereit. Gegen Aufpreis werden Expresswäschen mit Wartezeiten von wenigen Stunden angeboten. Die Wäsche wird nahezu immer gefaltet und abgepackt. Gelegentlich wird die Wäsche sogar gebügelt. Viele Unterkünfte bieten ebenfalls Wäscheservices für ihre Gäste an. In gehobenen Unterkünften wird teilweise jedoch teuer pro Kleidungsstück abgerechnet. In diesen Fällen kann praktisch immer ein günstiger Wäschedienst außerhalb des Hotels schnell erreicht werden.

Wer nach einem Ausflug seine dreckige Kleidung waschen möchte, kann dies bei einem der vielen Laundry-Services tun

Gebühren sollte dies mit „No, continue without Conversion" oder entsprechenden Wahlfeldern abgelehnt werden. Die zeitlich aufwändigere **Abhebung am Bankschalter** ist gebührenfrei. Hierbei muss allerdings genau auf den veranschlagten Wechselkurs geachtet werden.

Es ist empfehlenswert, **mindestens zwei Kreditkarten** mitzuführen, um sich auf einen Verlust oder unerwartet hohe Ausgaben vorzubereiten. Die zunehmend angebotenen **Debitkarten** stellen gute Alternativen dar. Einige Hotels und die meisten Autovermieter akzeptieren diese Karten jedoch nicht. Eine Kreditkarte sollte am Körper getragen werden, während eine zweite Karte sicher in der Unterkunft verbleibt. Zusätzlich sollten einige hundert Euro an Bargeld mitgeführt werden, die bei Bedarf an den zahlreichen Wechselstuben, zu teilweise stark schwankenden Kursen, umgetauscht werden können. Um unnötige Sperrungen zu vermeiden, sollte man seinen Banken den **Aufenthalt in Thailand vorab melden** oder entsprechende Funktionen der zugehörigen Apps nutzen. Viele Karten können unkompliziert über zugehörige Apps verwaltet und gesperrt werden. Sperr-Hotlines sollten dennoch notiert werden.

Essen und Trinken

Essen und Trinken sind **integrale Bestandteile der thailändischen Kultur.** Die Vielfalt an Speisen, Getränken, Kaffeespezialitäten und regionalen Spezialitäten wirkt schier unendlich. Im Norden wird **hervorragender Tee** angeboten. Das Preis-Leistungs-Verhältnis in den unzähligen Restaurants und Garküchen fühlt sich dabei teilweise wie außer Kraft gesetzt an. Ein Gericht, das für wenige Baht von einer kleinen Garküche am Straßenrand

Keine Reise nach Thailand ohne Streetfood!

verkauft wird, kann dem gleichen Gericht, aus dem benachbarten Sternerestaurant, geschmacklich überlegen sein.

Die ***hygienischen Verhältnisse*** in Restaurants und Garküchen sind in der Regel gut. Dennoch kann es vor allem bei Erstbesuchern des Landes zu Verdauungsproblemen kommen. Es empfiehlt sich, vorwiegend Gekochtes, Gebratenes und Geschältes zu verzehren. Auf die eigene Handhygiene sollte großen Wert gelegt werden. Stark von Thais besuchte Restaurants können mit an Sicherheit grenzender Wahrscheinlichkeit auch von Touristen bedenkenlos besucht werden. Dies gilt unabhängig vom äußeren Erscheinungsbild des Lokals.

Die meisten Hauptgerichte enthalten Huhn (*Gai*), Schwein (*Moo*), Fisch (*Pla*) oder Meeresfrüchte. Rindfleisch wird vor allem im stärker muslimisch geprägten Süden verzehrt. Die ***vegetarische oder vegane Zubereitung*** vieler Gerichte ist auf Nachfrage häufig möglich, aber geht in der Regel mit einem deutlichen Geschmacksverlust einher. Vor allem in beliebten Reisezielen lassen sich jedoch auch gute vegetarische und vegane Restaurants finden. Hauptgerichte sind in der Regel süß, sauer und salzig zugleich. Der Schärfegrad ist häufig hoch, aber variabel. Die muslimisch geprägte Küche des Südens ist weniger scharf. Sojasauce, Fischsauce oder Austernsauce werden sehr oft verwendet. Der Geschmacksverstärker Natriumglutamat (MSG) ist weit verbreitet. Die geläufigste Beilage ist Reis. Vor allem im Süden wird alternativ das Fladenbrot Roti serviert. Viele westliche Besucher müssen sich daran gewöhnen, dass nicht alle Zutaten in Hauptgerichten gegessen werden können (Kaffir-Blätter, Galgant).

In der Regel wird mit dem Löffel in der rechten Hand und der Gabel in der linken Hand gegessen. Nudelsuppen werden mit Löffel und Stäbchen gegessen. Ein eigenständiges Nachwürzen am Tisch ist geläufig. Hierfür stehen in der Regel Zucker, Chiliflocken, die Soße ***Prik Nam Pla*** und weitere Würzmittel bereit.

Mit der Phrase „Check Bin Ka/Kap" fordert man die ***Rechnung*** an, die häufig in einer Mappe überreicht wird. Der fällige Betrag, Wechselgeld und auch ***Trinkgeld*** werden entsprechend übergeben. Als Tourist kann man auch mit einer Geste, bei der man mit der rechten Hand in der linken Handfläche schreibt, um die Rechnung bitten. An Garküchen wird direkt am Stand bezahlt.

Fotografieren und Filmen

Die meisten Thailänder stehen Fotografien und Videoaufnahmen im öffentlichen Raum wohlwollend gegenüber. Bei der unmittelbaren Aufnahme einzelner Personen, wie beispielsweise beim Fotografieren der Zubereitung von Speisen an Garküchen, sollte man dennoch mit Worten oder Gesten ***höflich um Erlaubnis fragen.*** Mönche sollten grundsätzlich nur mit deren Einverständnis fotografiert oder gefilmt werden.

Drohnen

Drohnen und ihre Fernsteuerungen ***müssen*** bei der National Broadcasting and Telecommunications Commission (NBTC) und bei der Civil Aviation Authority of Thailand (CAAT) ***registriert werden***. Hierbei muss unter anderem ein englischsprachiger Nachweis über eine bestehende ***Haftpflichtversicherung*** übermittelt werden, die das Fliegen von Drohnen absichert. Im Zuge der Registrierung wird man über die aktuellen ***Drohnengesetze*** im Land informiert. Der umständliche Prozess kann größtenteils vor Reiseantritt online absolviert werden. Dennoch müssen nach Einreise nach Thailand weitere Schritte erfolgen, um nach einigen Tagen die benötigte Genehmigung zu erhalten. Alternativ kann man vorab ***kostenpflichtige Online-Anmeldedienste*** nutzen.

Affen sind äußerst gefährlich und können zahlreiche Krankheiten übertragen

Dos and Dont's

Sicherheit von Duschen prüfen

In Thailand werden nahezu ausschließlich elektrische Durchlauferhitzer in Duschen verbaut. Bei nicht fachgerechter Montage oder Kurzschlüssen können potenziell ***lebensgefährliche Stromkreisläufe*** entstehen. In der Regel besitzen Durchlauferhitzer eine ***ELB-Taste*** (Earth Leakage Breaker). Bei Betätigung dieser Taste überprüft man die Funktion der Sicherung. In der Regel springt ein Stift hervor, der anschließend wieder zurückgedrückt werden muss. Bei modernen Geräten sind Kontrollleuchten verbaut. Sollte der ELB-Test scheitern, darf die Dusche auf keinen Fall genutzt werden.

Kontakt zu Tieren vermeiden

In Thailand begegnet man nahezu täglich Hunden, Katzen, Affen, Fledermäusen oder weiteren Wildtieren. Durch Kontakt zu Tieren, insbesondere durch Bisse und Kratzer, können ***lebensbedrohliche Erkrankungen*** wie beispielsweise Tollwut übertragen werden. Es empfiehlt sich, den Kontakt zu wildlebenden Tieren zu vermeiden und auch gegenüber Haustieren ein zurückhaltendes Verhalten zu pflegen. Selbst nach kleinsten Verletzungen durch Tiere muss schnellstmöglich ein ***Arzt*** aufgesucht werden.

Kein Leitungswasser trinken

Das Leitungswasser in ganz Thailand ist ***nicht als Trinkwasser geeignet***. In großen Städten wird das Wasser teilweise gechlort. Außerhalb von Städten und auf Inseln wird Grund- und Regenwasser als Leitungswasser verwendet. Schleimhautreizungen und Verdauungsprobleme können nach dem Trinken von Leitungswasser auftreten. Viele Touristen verzichten auch darauf, ihren Mund mit Leitungswasser auszuspülen. Die ubiquitär vorhandenen ***Minimärkte, Getränkeautomaten und Wasserbefüllstationen*** erleichtern die Versorgung mit Trinkwasser. Eiswürfel mit Loch werden aus Trinkwasser hergestellt.

Darauf achten, wo man hintritt

Man sollte immer genaustens darauf achten, wohin man tritt und niemals beim Laufen auf das Smartphone oder eine Karte blicken. Thais fahren gerne und viel mit dem Motorroller. Fußwege sind trotz zunehmendem Ausbau in Städten nicht mit ihren europäischen Gegenstücken vergleichbar. Offene Gullideckel, Schlaglöcher und geparkte Fahrzeuge stellen nur einige der zahlreichen ***gefährlichen Stolperfallen für Fußgänger*** dar.

Sicher und richtig baden

In Anbetracht des häufig türkis leuchtenden Meeres vergisst man schnell, dass ***Korallen, Seeigel und Glasscherben*** schnell zu Verletzungen führen können. ***Badeschuhe*** sollten grundsätzlich beim ***Schwimmen im Meer*** getragen werden. Zum Schutz der Korallen sollten diese nicht mit Händen und Füßen berührt werden. ***Rote Flaggen*** an Stränden zeigen Lebensgefahr durch Wellen und Strömungen an. ***Warnschilder*** bezüglich

Kein Badewetter: Bei gehisster roter Flagge herrscht im Meer akute Lebensgefahr

Quallen und Nesselplankton sollten beachtet werden. Während der Regenzeit sind Quallen häufiger. An vielen Stränden fehlen entsprechende Warnhinweise jedoch. ***Nacktbaden*** sollte aus Respekt vor der thailändischen Kultur dringend unterlassen werden. Insbesondere abseits der Touristenpfade empfehlen sich für Frauen Badeanzüge gegenüber Bikinis. Wasser sollte nach dem Baden aus den Ohren gespült werden.

Wertsachen am Körper tragen

Im Gegensatz zu Diebstählen kommt der ***Verlust von Wertsachen*** auf Reisen durch Thailand häufig vor. Insbesondere auf Inlandstransfers sind Unachtsamkeiten häufig. Wertgegenstände, Bargeld, wichtige Dokumente und Kreditkarten sollten nach Möglichkeit im eigenen Blickfeld transportiert werden. Auf Busfahrten und bei der Zwischenlagerung von Gepäckstücken sollten ***Wertsachen im Tagesgepäck*** verbleiben. Gesunde Skepsis ist auch gegenüber anderen Touristen angebracht.

Schwimmwesten tragen

Im Süden des Landes wird nahezu jeder Tourist mit ***Fähren, Schnellbooten, Longtailbooten und kleinen Holzbooten*** unterwegs sein. Der Wartungszustand von Booten ist für Außenstehende nicht sicher beurteilbar und ***Unfälle*** kommen häufiger vor. Das korrekte Tragen von geschlossenen Schwimmwesten ist vor allem bei Fahrten mit kleineren Booten und Schnellbooten dringend empfehlenswert!

Rauchen, E-Zigaretten und Umgang mit Marihuana

E-Zigaretten sind in Thailand ***illegal***. Die Einfuhr und die Nutzung der Geräte sind im Land verboten, auch wenn vor Ort elektronische Zigaretten verkauft und genutzt werden. Auf öffentlichen Plätzen, an sehr vielen Stränden, in Parks, Nationalparks, in Tempeln und in den meisten Lokalen ist das ***Rauchen verboten***. Auf Verbotsschilder und ***gekennzeichnete Raucherbereiche*** sollte geachtet werden. Marihuana wurde im Jahr 2022 von der thailändischen Regierung ***entkriminalisiert***. Innerhalb kürzester Zeit wurden unzählige ***Coffee-Shops*** im Land eröffnet, die ihren Kunden THC-haltige Produkte anbieten. Der ***öffentliche Konsum bleibt illegal***. Die Gesetzeslage ist Gegenstand fortlaufender Diskussionen und kann sich trotz liberalem Umgang im Alltagsleben schnell ändern. Vor dem Konsum THC-haltiger Produkte sollte man sich über aktuelle Regelungen informieren.

Nicht zu scharf essen!

Thais essen teilweise ***unfassbar scharf***. Für ungeübte Gaumen können sogar Gerichte, die als *little spicy* betitelt werden, negative Überraschungen bereithalten. Man sollte dem Verdauungstrakt zum Beginn einer Reise die benötigte ***Eingewöhnungszeit*** gönnen. Weißer Reis und auch Kokosnuss helfen bei übermäßiger Schärfe gut.

Auf illegale Souvenirs verzichten

Korallen, Muscheln, Steine und antike Buddhafiguren dürfen nicht von ihren Fundorten entfernt werden. Die nicht

Bei Fährüberfahrten sollte sicherheitshalber eine Schwimmweste getragen werden

genehmigte Ausfuhr steht unter Strafe. Verkäufliche Souvenirs und Amulette aus Tempeln sind hiervon ausgenommen.

Nicht ärgern

Auf den meisten Reisen durch Thailand wird es zu ***Verzögerungen*** und ***unvorhergesehenen Ärgernissen*** kommen. Da im Umgang mit Thais ohnehin ***Ausgeglichenheit*** angebracht ist und übermäßiger Ärger selten zum erhofften Ergebnis führt, sollte man nach Möglichkeit darauf vertrauen, dass sich Probleme lösen werden und auch bei großen Ärgernissen sollte man versuchen, die ***Harmonie zu wahren.***

Wenig Gepäck mitnehmen

Gepäck mit einem Gewicht von ***mehr als 12 bis 15 kg*** erschwert das Reisen häufig unnötig. In der Regel braucht man deutlich weniger Kleidung als erwartet und die meisten der angepriesenen Travel-Gadgets werden nicht benötigt. Wäsche kann zudem günstig und schnell in den meisten Unterkünften, bei Laundry-Services und in Waschsalons gewaschen werden.

Souvenirs richtig kaufen

Im ganzen Land werden auf Märkten, von Künstlern und in kleinen Läden Andenken für jeden Geschmack angeboten. Das ***Gewicht von Andenken*** sollte in Anbetracht der häufigen Inlandstransfers immer bedacht werden. Beim ungepolsterten Transport kommt es zudem oft zu ärgerlichen Beschädigungen. Nach Möglichkeit sollten vor allem ***große Andenken zum Ende der Reise*** erworben werden. Diese können mit ***internationalen Paketdienstleistern*** in die Heimat verschickt werden. Manche Händler bieten diese Dienstleistungen auf Vertrauensbasis für Kunden an.

Angebote von Schleppern kritisch hinterfragen

In touristisch stark bereisten Reisezielen trifft man auf sogenannte Schlepper, die einen in Restaurants, Bars und in andere Lokalitäten locken möchten. Gelegentlich steckt hinter einer freundlichen Ansprache oder einem vielversprechenden Angebot der Versuch, möglichst viel Geld am auserwählten Touristen zu verdienen. Entsprechende Angebote sollten ***grundsätzlich kritisch hinterfragt*** und häufig ***freundlich abgelehnt*** werden. Die Aussage „Maybe Tomorrow" erleichtert die Absage.

Ungebetene Besucher vermeiden

Diebstahl kommt selten vor. Dennoch sollten Türen von Hotelzimmern und Bungalows grundsätzlich geschlossen werden. ***Geckos, Insekten, Affen und sogar Schlangen*** werden sonst erstaunlich häufig zu ungebetenen Gästen. Gepäck sollte ebenfalls nach Möglichkeit verschlossen werden. Geschlossene Schuhe, Speisen und Getränke sollten nicht draußen gelassen werden.

Besuche in Tierparks und Zoos

Besuche in Tierparks, Zoos, Tiershows und Elefantencamps sollten grundsätzlich ***nur nach ausführlicher Recherche*** eingeplant werden. Die Haltungsbedingungen sind kaum überprüfbar, sehr häufig schlecht und grenzen teilweise weiterhin an ***Tierquälerei.*** Auch vermeintlich tiergerecht arbeitenden Einrichtungen sollte mit gesunder Skepsis gegenübergetreten werden.

Ausweispflicht

In Thailand besteht Ausweispflicht. Der ***Reisepass*** muss mitgeführt werden. Alternativ bietet es sich an, eine ***Kopie des Reisepasses*** mitzuführen und das Original sicher im Hotelsafe zu verstauen. Eine digitale Kopie auf dem Smartphone wird bei den sehr seltenen Kontrollen in der Regel toleriert. Der nationale Ausweis und nationale Führerschein reichen bei Kontrollen nicht aus.

Richtig verhandeln

Auf Märkten und in kleinen Geschäften sind die ***anfänglich veranschlagten Preise in der Regel zu hoch.*** Entsprechendes gilt häufig für Fahrten mit ***Tuk Tuks.*** Entsprechend empfiehlt es sich auf Märkten die Preise mehrerer Anbieter zu erfragen, um ein ***Gefühl für die Preisstruktur*** des jeweiligen Produktes zu erhalten. Das erste ***Gegenangebot*** sollte deutlich unterhalb des Ursprungspreises liegen. Zu niedrige Angebote gelten jedoch als respektlos. Im Anschluss kann man sich in Schritten von ungefähr 10 % langsam aneinander annähern. Bei Verständigungsproblemen werden die gegenseitigen Angebote häufig in einen Taschenrechner eingegeben und nicht selten werden Verhandlungen zu einer Art Spiel. Ausgeschriebene Festpreise verbreiten sich zunehmend.

Den inoffiziellen Dresscode beachten

Ein ***gepflegtes Äußeres*** öffnet in Thailand häufig unerwartete Türen und wird gerne gesehen. Während viele Touristen grundsätzlich Sommerkleidung tragen, kleiden sich viele Thais mit eleganten, langen Hosen, Oberteilen, Hemden und geschlossenen Schuhen. Bei entsprechend angepasster Kleidung wird man häufig noch zuvorkommender und freundlicher behandelt. Beim ***Besuch von Tempeln*** empfiehlt sich ohnehin lange Kleidung. Im Alltagsleben, vor allem im Süden des Landes, muss man sich jedoch keine Sorgen machen, wegen Flip-Flops und kurzer Kleidung Nachteile zu erfahren. Immerhin tragen auch Thailänder gerne komfortable Kleidung im Urlaub. Abseits des Strandes sind unbedeckte Oberkörper für Männer und übermäßig aufreizende Frauenkleidung unangebracht. Frauen sollten auch an ***belebten Badestränden*** nicht oberkörperfrei baden. Gelegentlich findet man abgelegene Buchten, die von Touristen als FKK-Strände genutzt werden.

Trinkgeld

Trinkgeld ***wird in Thailand nicht erwartet*** und ist dennoch bei passender Gelegenheit ***gern gesehen.*** In Restaurants wird die Rechnung in der Regel in einem Kuvert oder in einem Becher überreicht. Nach Erhalt des Wechselgeldes kann ein Trinkgeld zurückgelassen werden. Lokalbesitzern gibt man meistens kein Trinkgeld. Die in großen Teilen Europas üblichen 10 % gelten in Thailand als großzügig. Bei kleineren Ausgaben, beispielsweise in Cafés, werden ***Beträge häufig aufgerundet.*** Für Tourguides sollte das Trinkgeld, bei guter Leistung, an die gemeinsam verbrachte Reisezeit angepasst werden. Bei ganztägigen ***Gruppentouren*** legt man häufig Geld zusammen und überreicht ein Trinkgeld von 500 bis 1000 THB. Bei ***Taxifahrten*** ist Trinkgeld unüblich. Der fällige Betrag wird jedoch gerne aufgerundet. ***Tuk Tuk-Fahrer*** rechnen bei Preisvorschlägen häufig ein Trinkgeld mit ein. Für ***besondere Dienstleistungen und Gepäckträger*** ist ein kleines Trinkgeld angebracht. Für ***Reinigungskräfte*** ist ein tägliches Trinkgeld von wenigen Baht empfehlenswerter als ein größeres Trinkgeld zum Ende des Aufenthaltes in einer Unterkunft, da die zuständigen Reinigungskräfte regelmäßig wechseln. 50 THB im Abstand von drei bis fünf Tagen sind empfehlenswert. Gepäckträgern kann man pro Gepäckstück ungefähr 10-20 THB unauffällig zustecken. Bei der ***Nutzung von Hotelparkplätzen*** erhöht ein kleines Trinkgeld häufig die Aufmerksamkeit des Wachpersonals.

Guides in Anspruch nehmen

Thailand ist sehr leicht auf eigene Faust zu bereisen. Dennoch empfiehlt es sich, gezielt auf die ***Dienste von Touristenführern*** zurückzugreifen. Ortskundige Guides ermöglichen einem ***tiefgehende historische, kulturelle und kulinarische Einblicke***, die man häufig selbstständig kaum erhalten kann.

Auf Schließung von Nationalparks achten

Während der ***Regenzeit*** werden viele Nationalparks, aber auch einige Inseln, Höhlen und Sehenswürdigkeiten, teilweise oder vollständig geschlossen. Die genauen Schließungszeiten variieren im Jahresvergleich. Vor Antritt einer Reise in der Nebensaison sollte man sich ***über die geplanten Öffnungszeiten informieren.***

Rechtzeitig am Flughafen sein

Zum Ende jeder Reise sollten vor allem Erstbesucher ungefähr ***24 Stunden Pufferzeit*** zwischen Ankunft am letzten Reiseziel und Rückflug nach Europa einplanen. Deutliche Verzögerungen kommen durch notwendige Fährfahrten und lange Überlandtransfers häufiger vor.

Wer seinen Rückflug nicht verpassen möchte, sollte genug Zeit für den Transfer zum Flughafen einplanen

3

Die Routen entdecken

Die Routen entdecken — Seite

Titel:	Der Backpacker-Trail Deluxe		
Etappen:	7	Verkehrsmittel:	Nachtzug, Busse, Flugzeuge, Fähren
Dauer:	22 Tage	beste Reisezeit:	Ende Dezember – Ende Februar
Regionen:	Grossraum Bangkok, Nordthailand, Westlicher Golf		

Route 1
Der Backpacker-Trail Deluxe

Drei Wochen entlang der Nord-Süd-Achse Thailands ermöglichen intensive Einblicke in die ausgeprägten landschaftlichen und kulturellen Kontraste des Land des Lächelns und machen Lust auf zukünftige Reisen.

Diese Rundreise ermöglicht es, die Metropole Bangkok zu erkunden, den Blick über die Berglandschaften des Nordens schweifen zu lassen, durch prächtige Tempel zu streifen, in die Geschichte des Landes einzutauchen und Zeit an traumhaft schönen Stränden zu verbringen. Bangkok stellt den Start- und Endpunkt dieser Route dar. Entlang der Nord-Süd-Achse des Landes wird mit Hilfe unterschiedlicher Transportmittel eine Strecke von über 2000 km überwunden. Ab Ende Dezember bis Ende Februar ist das Wetter entlang der gesamten Route in der Regel gut. Dennoch ist diese Rundreise auch während der Regenzeit möglich, sofern man flexibel und kompromissbereit reist. Im Norden kann das Abbrennen landwirtschaftlich genutzter Felder vor allem im März und April zu starken Einschränkungen hinsichtlich der Luftqualität führen. Der Oktober und November gehen in vielen Jahren mit hohen Niederschlagsmengen im westlichen Golf von Thailand einher. Teilweise zieht sich die Regenzeit in der Region bis Ende Dezember.

MYANMAR (BURMA)
Mae Sai
Chiang Rai
Pai
Chiang Mai
LAOS
Udon Thani
THAILAND
Ayutthaya
Bangkok
KAMBODSCHA
Rayong
Trat
Koh Chang
Koh Mak
Koh Kood
GOLF VON THAILAND
ANDAMANENSEE
Ranong
Koh Tao
Koh Phangan
Koh Samui
Surat Thani
100 km

Etappe 1
Bangkok → Chiang Mai;
Nachtzug, 750 km, 10–13 Stunden

Etappe 2
Chiang Mai → Pai;
Bus, 130 km, 3–4 Stunden

Etappe 3
Pai → Chiang Mai;
Bus, 130 km, 3–4 Stunden

Etappe 4
Chiang Mai → Koh Phangan;
Flug | Fähre, 1100 km, 5–7 Stunden

Etappe 5
Koh Phangan → Koh Tao;
Fähre, 60 km, 2 Stunden

Etappe 6
Koh Tao → Ayutthaya;
Fähre | Bus | Flug | Zug, 700 km, 10–12 Stunden

Etappe 7
Ayutthaya → Bangkok;
Zug, 75 km, 2 Stunden

1 Bangkok — Tag 1–3

Prächtige Tempel, außergewöhnliche Sehenswürdigkeiten und versteckte Gassen: Die faszinierende Metropole und Hauptstadt Thailands bietet kontrastreiche Eindrücke und zieht Erstbesucher, aber auch Kenner der Stadt mit ihrer beeindruckenden Vielfalt schnell in ihren Bann.

Seite 128

Von: Bangkok | Nachtzug — **Nacht 3**
Nach: Chiang Mai
Dauer: 10–13 Stunden
Wichtig: Die Fahrt mit dem Nachtzug sollte unbedingt weit im Voraus für den dritten Abend gebucht werden.

2 Chiang Mai — Tag 4–6

Die „Rose des Nordens" ist die größte Stadt Nordthailands und stellt einen starken landschaftlichen und kulturellen Kontrast zur Metropole Bangkok dar. Die Stadt und die gleichnamige Provinz sind für sehenswerte Tempel aus Zeiten des Lanna-Königreiches, ihre ruhige Atmosphäre, die außergewöhnliche Küche und spektakuläre Natur bekannt.

Seite 160

Von: Chiang Mai | Bus — **Tag 7**
Nach: Pai
Dauer: 3–4 Stunden
Wichtig: Viele Kurven!

Bangkok bei Abenddämmerung

3 Pai — Tag 8–9

Das ehemalige Hippie-Dorf Pai ist ein beliebtes Reiseziel bei Backpackern und Inlandstouristen. Inmitten malerischer Berglandschaften, in einem Tal in der Nähe der Grenze zu Myanmar, erwarten einen zahlreiche Sehenswürdigkeiten, eine entspannte Atmosphäre und eine herrliche Kulisse.

Seite 186

Von: Pai | Bus — **Tag 10**
Nach: Chiang Mai
Dauer: 3–4 Stunden

4 Chiang Mai — Tag 10

Routenpunkt 2

Von: Chiang Mai | Flugzeug — **Tag 11**
Über: Koh Samui | Fähre
Nach: Koh Phangan
Dauer: 5–7 Stunden

5 Koh Phangan — Tag 12–14

Koh Samuis Nachbarinsel Koh Phangan zieht Backpacker, digitale Nomaden, Individualreisende, Hippies, Familien und Partytouristen zugleich an. Abseits der weltweit bekannten Full Moon Party bietet die große Insel schöne Strände, beeindruckende Aussichtspunkte, Wanderungen, Wasserfälle und eine florierende Restaurant- und Cafészene.

Seite 295

Von: Koh Phangan| Fähre — **Tag 15**
Nach: Koh Tao
Dauer: 2 Stunden
Wichtig: Häufig starker Wellengang!

6 Koh Tao — Tag 16–18

Die Insel Koh Tao erinnert mit ihren runden Steinformationen teilweise an die Seychellen. Sie ist weltweit für ihre Tauch- und Schnorchelplätze bekannt.

In Chiang Mai lohnt es sich, den Wat Chedi Luang zu besichtigen

Blick aufs türkisblaue Meer am Haad Yuan Beach auf Koh Phangan

Die kleinen Strände der Insel gehören zu den schönsten des Landes und die Anzahl an Aussichtspunkten ist außergewöhnlich hoch.

Seite 307

Von: Koh Tao| Fähre **Tag 19**
Über: Tapee Pier Surat Thani | Bus
Über: Flughafen Surat Thani | Flug
Über: Bangkog Don Mueang Flughafen | Zug
Nach: Ayutthaya
Dauer: 10–12 Stunden
Wichtig: Viel Pufferzeit zwischen Fähre und Flug einplanen!

7 Ayutthaya Tag 20

Die ehemalige Königsstadt Ayutthaya, heute UNESCO-Weltkulturerbe, liegt lediglich 75 km nördlich von Bangkok. Ein voller Tag in der Stadt ermöglicht es, die zahlreichen beeindruckenden Tempel und Ruinen der Stadt ausgiebig zu besichtigen.

Seite 154

Von: Ayutthaya| Zug **Tag 21**
Nach: Bangkok
Dauer: 2 Stunden

8 Bangkok Tag 21–22

Routenpunkt 1

Titel:	30 Tage Thailand intensiv		
Etappen:	9	Verkehrsmittel:	Flugzeug, Bus, Fähre
Dauer:	30 Tage	beste Reisezeit:	Dezember–Ende Februar
Regionen:	Grossraum Bangkok, Nordthailand, Andamanensee und Südthailand, Westlicher Golf		

Route 2
30 Tage Thailand intensiv

Innerhalb von 30 Tagen kann man
große Teile Thailands erkunden
und intensiv in die vielfältige Kultur
des Landes eintauchen.
Diese Route eignet sich zudem als Basis
für ausgedehnte Langzeitreisen.

Diese 30-tägige Rundreise durch Thailand ist ideal für alle, die innerhalb eines Monats möglichst viel erleben und entdecken möchten. Innerhalb dieses Zeitraums kann man Abstecher abseits der klassischen Touristenpfade machen und verschiedene Landesteile kombinieren. Darüber hinaus lässt sich die Route als Grundlage für Langzeitreisen nutzen. Ab Dezember bis Ende Februar ist das Wetter entlang der Route häufig gut. Diese Rundreise ist auch während der Regenzeit möglich. Der November geht im Norden häufig mit sehr guten Wetterbedingungen einher und stellt einen Übergangsmonat in der Andamanensee dar. Im westlichen Golf sind Oktober und November hingegen oft regenreiche Monate. Teilweise endet die Regenzeit hier erst gegen Ende Dezember. Im Norden kann das Abbrennen landwirtschaftlich genutzter Felder vor allem im März und April zu Einschränkungen hinsichtlich der Luftqualität führen. Im Mai und teilweise bis Mitte Juni sind die Niederschlagsmengen in der Andamanensee weiterhin moderat.

MYANMAR (BURMA)
Mae Sai
Chiang Rai
Chiang Mai
VIETNAM
LAOS
Udon Thani
THAILAND
Ubon Ratchathani
Bangkok
KAMBODSCHA
Rayong
Trat
Koh Chang
Koh Mak
Koh Kood
GOLF VON THAILAND
VIETNAM
Koh Tao
Ranong
Koh Phangan
Koh Samui
Surat Thani
Khao Sok NP
Nakhon Si Thammarat
Phang-Nga
Krabi
Phuket
Koh Yao Yai
Koh Phi Phi
Koh Lanta
Songkhla
Koh Lipe
ANDAMANENSEE
100 km
MALAYSIA

Etappe 1
Bangkok → Chiang Rai;
Flug, 750 km, ca. 5 Stunden

Etappe 2
Chiang Rai → Chiang Mai;
Bus, 200 km, 3–4 Stunden

Etappe 3
Chiang Mai → Koh Lipe;
Flug | Bus | Fähre, 1460 km, 6–8 Stunden, 2-Tages-Etappe

Etappe 4
Koh Lipe → Koh Phi Phi;
Fähre, 150 km, 4–5 Stunden

Etappe 5
Koh Phi Phi → Railay Beach;
Fähre, 30 km, 1–2 Stunden

Etappe 6
Railay Beach → Cheow Lan Lake (Khao Sok Nationalpark);
Boot | Bus, 140 km, 5–6 Stunden

Etappe 7
Cheow Lan Lake (Khao Sok Nationalpark) → Koh Phangan;
Bus | Fähre, 230 km, 4–6 Stunden

Etappe 8
Koh Phangan → Koh Tao;
Fähre, 60 km, ca. 2 Stunden

Etappe 9
Koh Tao → Bangkok;
Fähre | Bus, 550 km, 12–14 Stunden

1 Bangkok — Tag 1–3

Prächtige Tempel, außergewöhnliche Sehenswürdigkeiten und versteckte Gassen: Die faszinierende Metropole und Hauptstadt Thailands bietet kontrastreiche Eindrücke und zieht Erstbesucher, aber auch Kenner der Stadt mit ihrer beeindruckenden Vielfalt schnell in ihren Bann.

Seite 128

Von: Bangkok | Flug — **Tag 4**
Nach: Chiang Rai
Dauer: ca. 5 Stunden

2 Chiang Rai — Tag 5–6

Chiang Rai liegt im hohen Norden des Landes. Die Stadt und ihre Umgebung beheimaten außergewöhnliche Tempel, Teeplantagen, spektakuläre Natur und Einblicke in die weiterhin aktiv gelebten Kulturen der dort ansässigen Bergvölker.

Seite 172

Von: Chiang Rai | Bus — **Tag 7**
Nach: Chiang Mai
Dauer: 3–4 Stunden

3 Chiang Mai — Tag 8–10

Die „Rose des Nordens" ist die größte Stadt Nordthailands und stellt einen starken landschaftlichen und kulturellen Kontrast zur Metropole Bangkok dar. Die Stadt und die gleichnamige Provinz sind für sehenswerte Tempel aus Zeiten des Lanna-Königreiches, ihre ruhige Atmo-

Ausblick auf Teile von Bangkoks Skyline

Blick in den Wat Sri Suphan in Chiang Mai

sphäre, die außergewöhnliche Küche und spektakuläre Natur bekannt.

Seite 160

Von: Chiang Mai | Flug **Tag 11**
Über: Hat Yai | Bus **Tag 12**
Über: Pak Bara Pier | Fähre
Nach: Koh Lipe
Dauer: 2–3 Stunden (Tag 11);
4–5 Stunden (Tag 12)

4 Koh Lipe Tag 13–14

Die kleine Insel Koh Lipe und die umgebenden Inseln des Mu Ko Tarutao Nationalparks werden als „Malediven Thailands" bezeichnet. Weiße Strände und türkises Wasser erzeugen eine herrliche Kulisse, die schnell von der langen Anreise und dem häufig großen touristischen Andrang ablenkt.

Seite 270

Von: Koh Lipe | Fähre **Tag 15**
Nach: Koh Phi Phi
Dauer: 4–5 Stunden

5 Koh Phi Phi Tag 16–17

Die Inselgruppe der Phi Phi Islands ist aufgrund der spektakulären Kulisse und der weltweit bekannten Maya Bay eines der beliebtesten Reiseziele Thailands. Abseits des häufig starken touristischen Andrangs und des wilden Nachtlebens findet man auch hier ruhige Strände, schöne Aussichtspunkte und bunte Unterwasserwelten.

Seite 233

Von: Koh Phi Phi | Fähre **Tag 18**
Nach: Railay Beach
Dauer: 1–2 Stunden

6 Railay Beach Tag 19

Der Strand liegt auf einer vom Festland der Provinz Krabi abgeschotteten Halbinsel und gehört aufgrund monumentaler Kalksteinfelsen zu den landschaftlich sehenswertesten Orten in Thailand.

Seite 251

Von: Railay Beach | Boot **Tag 20**
Über: Ao Nang | Bus
Nach: Cheow Lan Lake (Khao Sok Nationalpark)
Dauer: 5–6 Stunden

7 Cheow Lan Lake im Khao Sok Nationalpark — Tag 20

Der Cheow Lan Lake ist ein Stausee im Khao Sok Nationalpark, der von beeindruckend hohen Kalksteinbergen umgeben wird. Der See und seine Ufer beherbergen eine faszinierende Flora und Fauna. Eine Übernachtung in einem der auf dem See schwimmenden Bungalows ist ein außergewöhnliches Erlebnis.

Seite 227

Von: Cheow Lan Lake | Bus **Tag 21**
Über: Tapee Pier Surat Thani | Fähre
Nach: Koh Phangan
Dauer: 4–6 Stunden

8 Koh Phangan — Tag 22–24

Koh Samuis Nachbarinsel Koh Phangan zieht Backpacker, digitale Nomaden, Individualreisende, Hippies, Familien und Partytouristen zugleich an. Abseits der weltweit bekannten Full Moon Party bietet die große Insel schöne Strände, beeindruckende Aussichtspunkte, Wanderungen, Wasserfälle und eine florierende Restaurant- und Cafészene.

Seite 295

Von: Koh Phangan | Fähre **Tag 25**
Nach: Koh Tao
Dauer: ca. 2 Stunden
Wichtig: Häufig starker Wellengang!

9 Koh Tao — Tag 26–27

Die Insel Koh Tao erinnert mit ihren runden Steinformationen teilweise an die Seychellen. Sie ist weltweit für ihre Tauch- und Schnorchelplätze bekannt. Die kleinen Strände der Insel gehören zu den schönsten des Landes und die Anzahl an Aussichtspunkten ist außergewöhnlich hoch.

Seite 307

Von: Koh Tao | Fähre **Tag 28**
Über: Chumphon | Bus
Nach: Bangkok
Dauer: 12–14 Stunden

10 Bangkok — Tag 29–30

Routenpunkt 1

Cheow Lan Lake im Khao Sok Nationalpark

Titel:	Gegen den Strom		
Etappen:	5	Verkehrsmittel:	Zug, Flugzeug, Fähre, Bus
Dauer:	22 Tage	beste Reisezeit:	Mitte November–Ende Februar
Regionen:	Grossraum Bangkok, Nordthailand, Östlicher Golf		

Route 3
Gegen den Strom

Thailand ist ein Fernreiseziel. Verständlicherweise geraten die meisten Reisenden in Versuchung, möglichst viele Reiseziele in kurzen Zeiträumen zu besuchen. Die nachhaltigsten Erinnerungen entstehen jedoch häufig auf langsameren Rundreisen.

Diese Route ermöglicht eine langsamere Art des Reisens zu kontrastreichen Reisezielen Thailands. Die längeren Aufenthalte entlang der Route lassen einen die Ziele besser kennenlernen, als während der gängigen 3-Tages-Stops und lassen Raum für außergewöhnliche Aktivitäten. Die Route endet mit entspannten Tagen auf den abgelegenen, weniger touristischen Inseln im östlichen Golf. Ab Mitte November bis Ende Februar ist das Wetter entlang der gesamten Rundreise in der Regel sehr gut. Schon ab Mitte Oktober kann der Norden des Landes gut bereist werden. Im März und April kann die jährliche Rauchsaison dort jedoch zu Einschränkungen führen. Im östlichen Golf zählt der November schon mit zu den besten Reisemonaten. Im Laufe des Mais werden dort viele der direkten Bootsverbindungen zwischen den Inseln bis in den Oktober eingestellt. Während der Hochphase der Regenzeit sind die Wetterverhältnisse auf den Inseln der Region häufiger schlecht und einige Unterkünfte und Restaurants schließen.

3 Chiang Mai Tag 9-13

Die „Rose des Nordens" ist die größte Stadt Nordthailands und stellt einen starken landschaftlichen und kulturellen Kontrast zur Metropole Bangkok dar. Die Stadt und die gleichnamige Provinz sind für sehenswerte Tempel aus Zeiten des Lanna-Königreiches, ihre ruhige Atmosphäre, die außergewöhnliche Küche und spektakuläre Natur bekannt.

Seite 160

Von: Chiang Mai | Flug **Tag 14**
Über: Trat | Fähre
Nach: Koh Chang
Dauer: 9–11 Stunden

Am Mok Fa Wasserfall in Chiang Mai

Der Wat Khlong Phrao auf Koh Chang

4 Koh Chang Tag 15–17

Koh Chang ist die drittgrößte Insel Thailands. Aufgrund der abgelegeneren Lage im östlichen Golf ist die Insel jedoch weitaus weniger touristisch erschlossen als die Urlaubsinseln Phuket und Koh Samui. Auf touristische Infrastruktur, schöne Strände und Sehenswürdigkeiten muss man hier dennoch nicht verzichten.

Seite 320

Von: Koh Chang | Fähre **Tag 18**
Nach: Koh Mak
Dauer: 1½ Stunden
Wichtig: Während der Regenzeit gibt es weniger Fährverbindungen zwischen Koh Chang und Koh Mak!

5 Koh Mak Tag 19

Die kleine Insel bietet schöne Strände sowie bunte Unterwasserwelten abseits der klassischen Touristenpfade. Möglichst nachhaltiger Tourismus und kontrolliertes Wirtschaftswachstum werden auf der kleinen Insel großgeschrieben.

Seite 329

Von: Koh Mak | Fähre **Tag 20**
Über: Trat | Bus
Nach: Bangkok
Dauer: 7–9 Stunden

6 Bangkok Tag 21–22

Routenpunkt 1

Der Ao Kao Beach auf Koh Mak

Titel:	Zwei Wochen Inselhopping in der Andamanensee		
Etappen:	3	Verkehrsmittel:	Fähren
Dauer:	15 Tage	beste Reisezeit:	Dezember–April
Region:	Andamanensee und Südthailand		

Route 4
Zwei Wochen Inselhopping in der Andamanensee

Inselhopping in Thailand ist für viele Reisende ein Traum und auch trotz begrenzter Zeit möglich! Der nördliche Bereich der Andamanensee ist optimal angebunden und vernetzt, sodass auch in kurzer Zeit kontrastreiche Rundreisen möglich sind.

Für diese Reiseroute sollte ein Gabelflug mit Einreise über Phuket und Rückflug ab Krabi gebucht werden. Ausgehend von der großen Insel Phuket ermöglicht es diese Route, trotz begrenzter Urlaubszeit, die kontrastreichen Inseln der nördlichen Andamanensee und die angrenzende Festlandprovinz Krabi zu bereisen. Touristisch stark erschlossene und wenig besuchte Reiseziele wechseln sich entlang der Route ab, sodass man abseits weltweit bekannter Sehenswürdigkeiten authentische Einblicke in das Leben in der Andamanensee erhalten kann. Ab Dezember bis April ist das Wetter in der Region häufig sehr gut. Die Übergangsmonate November, Mai und die Zeit bis Mitte Juni eignen sich gewöhnlich ebenfalls für diese Rundreise. Während der Hochphase der Regenzeit ist Inselhopping in der Andamanensee wenig empfehlenswert. Hohe Wellen, starke Strömungen und Regenfälle und auch Dauerregen sind dann wahrscheinlich.

Titel:	Auf Leos wahren Spuren		
Etappen:	3	Verkehrsmittel:	Fähren, Bus
Dauer:	15 Tage	beste Reisezeit:	Ende Dezember-Juli
Regionen:	Westlicher Golf, Grossraum Bangkok		

Route 5
Auf Leos wahren Spuren

Mit dem Besuch der kontrastreichen Inseln im westlichen Golf von Thailand auf den Spuren des Romans und des Films „The Beach“ wandeln und anschließend die Metropole Bangkok erkunden? All das hält diese Route bereit!

Mittels Gabelflug erfolgt die Einreise auf Koh Samui und Rückreise ab Bangkok. Ausgehend von Koh Samui lassen sich die drei kontrastreichen Inseln im westlichen Golf von Thailand bereisen und die Metropole Bangkok kennenlernen. Während der Film „The Beach“ mit Leonardo DiCaprio zwar hauptsächlich in der Andamanensee gedreht wurde, liegen die zentralen Handlungsorte des zugrundeliegenden Romanes auf den bewohnten Inseln des westlichen Golfes und vor allem im nahegelegenen Mu Ko Ang Thong Nationalpark. Trotz der geringen Entfernungen zwischen den Inseln, unterscheiden sich die Inseln des Archipels stark voneinander. Koh Samui gilt als Reiseziel für Pauschalurlauber, Koh Phangan ist vor allem für sein Nachtleben bekannt und Koh Tao ist international bei Tauchern beliebt. Die beste Reisezeit für den westlichen Golf von Thailand beginnt ab Ende Dezember und zieht sich häufig bis in den Juli oder August. Teilweise kann das Wetter auch bis in den September gut sein.

THAILAND
MYANMAR (BURMA)
Bangkok
Rayong
GOLF VON THAILAND
ANDAMANENSEE
Koh Tao
Ranong
Koh Phangan
Koh Samui
Surat Thani
50 km

Etappe 1	**Etappe 2**	**Etappe 3**
Koh Samui → Koh Phangan; *Fähre, 40 km, ca. 1 Stunde*	Koh Phangan → Koh Tao; *Fähre, 60 km, ca. 2 Stunden*	Koh Tao → Bangkok; *Fähre | Bus, 550 km, 12–14 Stunden*

1 Koh Samui — Tag 1–3

Die beliebte Urlaubsinsel Koh Samui hat einen eigenen internationalen Flughafen und eine stark ausgebaute touristische Infrastruktur. Die kontrastreiche Insel bietet für jeden Geschmack passende Strände, Sehenswürdigkeiten und Aktivitäten.

Seite 280

Von: Koh Samui | Fähre — **Tag 4**
Nach: Koh Phangan
Dauer: ca. 1 Stunde

2 Koh Phangan — Tag 5–7

Koh Samuis Nachbarinsel Koh Phangan zieht Backpacker, digitale Nomaden, Individualreisende, Hippies, Familien und Partytouristen zugleich an. Abseits der weltweit bekannten Full Moon Party bietet die große Insel schöne Strände, beeindruckende Aussichtspunkte, Wanderungen, Wasserfälle und eine florierende Restaurant- und Cafészene.

Seite 295

Von: Koh Phangan | Fähre — **Tag 8**
Nach: Koh Tao
Dauer: ca. 2 Stunden
Wichtig: Häufig starker Wellengang!

3 Koh Tao — Tag 9–11

Die Insel Koh Tao erinnert mit ihren runden Steinformationen teilweise an die Seychellen. Sie ist weltweit für ihre Tauch- und Schnorchelplätze bekannt. Die kleinen Strände der Insel gehören zu den schönsten des Landes und die Anzahl an Aussichtspunkten ist außergewöhnlich hoch.

Seite 307

Von: Koh Tao | Fähre — **Tag 12**
Über: Chumphon | Bus
Nach: Bangkok
Dauer: 12–14 Stunden
Wichtig: Um diese Etappe an einem Tag zu schaffen, sollte man so früh wie möglich aufbrechen!

4 Bangkok — Tag 13–15

Prächtige Tempel, außergewöhnliche Sehenswürdigkeiten und versteckte Gassen: Die faszinierende Metropole und Hauptstadt Thailands bietet kontrastreiche Eindrücke und zieht Erstbesucher, aber auch Kenner der Stadt mit ihrer beeindruckenden Vielfalt schnell in ihren Bann.

Seite 128

Die Taa Toh Lagune auf Koh Tao

Titel:	Die nördliche 8		
Etappen:	10	Verkehrsmittel:	Auto, Motorrad oder Roller
Dauer:	22 Tage	beste Reisezeit:	November–Mitte Februar
Region:	Nordthailand		

Route 6
Die nördliche 8

Als Selbstfahrer kann man große Teile Nordthailands komfortabel und unabhängig erkunden. Entlang hervorragend ausgebauter Straßen warten spektakuläre Natur, kulturelle Einblicke und kulinarische Highlights.

Für diese Rundreise bietet sich ein Gabelflug mit Einreise über Chiang Rai und Rückflug ab Chiang Mai an. Bei vielen Anbietern kann man den Mietwagen direkt am Flughafen in Chiang Rai abholen und am Flughafen in Chiang Mai abgeben. Aufgrund der teilweise steilen Straßen sollte auf eine Motorleistung von mindestens 90 PS geachtet werden. Die wichtigsten Infos zum Autofahren in Thailand finden sich im Kapitel „Herumkommen" Seite 46. Das beste Wetter, bei teilweise kühlen Nächten, erwartet einen zwischen November und Mitte Februar, aber auch der Oktober ist bereits ein geeigneter Reisemonat. Im April und Mai, teilweise auch im Juni, kann die Vegetation vor Ort stark ausgetrocknet sein und ab Juli, vor allem im August und September, ist mit Schließungen aufgrund des Wetters zu rechnen. Da diese Route ausschließlich durch Nordthailand führt, sollte besonderes Augenmerk auf die jährlich stattfindende „Rauchsaison" gelegt werden, während der die Feinstaubwerte in der Luft häufig stark ansteigen Seite 31.

MYANMAR (BURMA)
LAOS
Mae Sai
Chiang Rai
Pai
Chiang Mai
THAILAND
ANDAMANENSEE
100 km
1
2
3
4
5
6
7
8
9
10
11

Etappe 1
Chiang Rai → Mae Sai;
90 km, 5–8 Stunden (mit Zwischenstopps)

Etappe 2
Mae Sai → Golden Triangle;
30 km, ½ Stunde

Etappe 3
Golden Triangle → Chiang Saen;
10 km, ¼ Stunde

Etappe 4
Chiang Saen → Chiang Khong;
60 km, 1 Stunde

Etappe 5
Chiang Khong → Phu Chi Fah;
90 km, 4–6 Stunden (mit Zwischenstopps)

Etappe 6
Phu Chi Fah → Chiang Dao;
280 km, 5–7 Stunden (mit Zwischenstopps)

Etappe 7
Chiang Dao → Doi Inthanon Nationalpark;
160 km, 3 Stunden

Etappe 8
Doi Inthanon Nationalpark → Mae Hong Son;
250 km, 5–8 Stunden (mit Zwischenstopp)

Etappe 9
Mae Hong Son → Pai;
200 km, 4–6 Stunden (mit Zwischenstopps)

Etappe 10
Pai → Chiang Mai;
140 km, 3–5 Stunden (mit Zwischenstopps)

1 Chiang Rai — Tag 1–4

Chiang Rai liegt im hohen Norden des Landes. Die Stadt und ihre Umgebung beheimaten außergewöhnliche Tempel, Teeplantagen, spektakuläre Natur und Einblicke in die weiterhin aktiv gelebten Kulturen der dort ansässigen Bergvölker.

Seite 172

Teeplantage bei Chiang Rai

Von: Chiang Rai — **Tag 5**
Nach: Mae Sai
Dauer: 5–8 Stunden
Zwischenstopps: Auf dem Weg nach Mae Sai lassen sich rund um den Berg Doi Tung der Doi Tung Palace, der Mae Fah Luang Garden und das Bergdorf Pha Hee besichtigen.

2 Mae Sai — Nacht 5

In der Grenzstadt Mae Sai befindet sich der nördlichste Punkt des Landes („The Northern Most of Thailand“), der Tempel Wat Phra That Doi Wao mit Ausblick und die Tham Luang Cave, die 2018 durch die spektakuläre Rettungsaktion einer thailändischen Jugendfußballmannschaft weltweit Bekanntheit erlangte.

Seite 181

Von: Mae Sai — **Tag 6**
Nach: Golden Triangle
Dauer: ½ Stunde

Phu Chi Fah bei Sonnenaufgang

3 Golden Triangle **Tag 6**

Das „Golden Triangle", das Dreiländereck zwischen Thailand, Myanmar und Laos, am Ufer des Mekong, erlangte aufgrund des Anbaus und Schmuggels von Opium weltweite Bekanntheit. Museen informieren hier über die bewegte Geschichte der Region.

Seite 181

Von: Golden Triangle **Tag 6**
Nach: Chiang Saen
Dauer: ¼ Stunde

4 Chiang Saen **Tag 6**

Chiang Saen, ist der Geburtsort des Königs Mengrai, wo einen Tempelruinen aus Zeiten des Lanna-Königreiches erwarten.

Seite 182

Von: Chiang Saen **Tag 6**
Nach: Chiang Khong
Dauer: 1 Stunde

5 Chiang Khong **Nacht 6**

Das ruhige Dorf Chiang Khong dient den meisten Reisenden zum Übertritt nach Laos und beherbergt ausreichend Unterkünfte und Restaurants.

Seite 183

Von: Chiang Khong **Tag 7**
Nach: Phu Chi Fah
Dauer: 4–6 Stunden
Zwischenstopp: Auf dem Weg bietet sich ein Abstecher zum Gipfel des Doi Pha Tang an. Von den Abhängen des Berges kann man Laos und den Mekong erblicken.

Chiang Dao Cave

6 Phu Chi Fah — Tag 7

Im Grenzgebiet zwischen Thailand und Laos hat man von der Klippe Phu Chi Fah vor allem zum Sonnenaufgang spektakuläre Ausblicke auf das Nachbarland Laos.

Seite 184

Von: Puh Chi Fah — **Tag 8**
Nach: Chiang Dao
Dauer: 5–7 Stunden
Zwischenstopps: Rund um den beeindruckenden Berg Doi Chiang Dao warten sehenswerte Tempel, ausgedehnte Kalksteinhöhlen und beeindruckende Landschaften.

7 Chiang Dao — Tag 9–10

Die Atmosphäre im kleinen Dorf Chiang Dao ist ruhig und lädt zur Hälfte der Rundreise zum Verweilen ein.

Seite 202

Von: Chiang Dao — **Tag 11**
Nach: Doi Inthanon Nationalpark
Dauer: 3 Stunden

8 Doi Inthanon Nationalpark — Tag 11

Entlang der Straße zur Spitze des höchsten Berges in Thailand findet man im Doi Inthanon Nationalpark beeindruckende Wasserfälle, zahlreiche Aussichtspunkte und die bekannten Zwillingspagoden.

Seite 170

Von: Doi Inthanon NP — **Tag 12**
Nach: Mae Hong Son
Dauer: 5–8 Stunden
Zwischenstopp: Nach einem Abstecher in Mae Sariang kann man entlang des abgelegenen Abschnittes der Route 108 weiter nach Mae Hong Son fahren. Roller- und Motorradfahrer sollten in der Kleinstadt eine Zwischenübernachtung einplanen.

Die Zwillingspagoden im Doi Inthanon

Unterwegs im Pai Canyon

9 Mae Hong Son — Tag 13

Die kleine Provinzhauptstadt Mae Hong Son liegt inmitten prächtiger Berglandschaften und stellt einen guten Ausgangspunkt zur Erkundung zahlreicher Sehenswürdigkeiten der Umgebung dar.

Seite 192

Von: Mae Hong Son — **Tag 14**

Nach: Pai

Dauer: 4–6 Stunden

Zwischenstopps: Entlang der Etappe sind ausgedehnte Abstecher, wie beispielsweise in das Teedorf Ban Rak Thai möglich.

10 Pai — Tag 15–17

Das ehemalige Hippie-Dorf Pai ist ein beliebtes Reiseziel bei Backpackern und Inlandstouristen. Inmitten malerischer Berglandschaften, in einem Tal in der Nähe der Grenze zu Myanmar, erwarten einen zahlreiche Sehenswürdigkeiten, eine entspannte Atmosphäre und eine herrliche Kulisse.

Seite 186

Von: Pai — **Tag 18**

Nach: Chiang Mai

Dauer: 3–5 Stunden

Zwischenstopps: Die letzte Etappe führt über 762 Kurven nach Chiang Mai. Dieser Abschnitt der Route 1095 gehört zu den bekanntesten Motorradstrecken des Landes und bietet auch für Autofahrer schöne Kulissen und Fahrspaß.

11 Chiang Mai — Tag 19-22

Die „Rose des Nordens“ ist die größte Stadt Nordthailands und stellt einen starken landschaftlichen und kulturellen

Kontrast zur Metropole Bangkok dar. Die Stadt und die gleichnamige Provinz sind für sehenswerte Tempel aus Zeiten des Lanna-Königreiches, ihre ruhige Atmosphäre, die außergewöhnliche Küche und spektakuläre Natur bekannt.

Seite 160

Am Wat Phra That Doi Suthep in Chiang Mai

Titel:	Best of Südthailand		
Etappen:	5	Verkehrsmittel:	Fähren, Bus
Dauer:	22 Tage	beste Reisezeit:	Mitte Dezember–April
Regionen:	Andamanensee und Südthailand, Westlicher Golf, Grossraum Bangkok		

Route 7
Best of Südthailand

Die Inseln der Andamanensee und des westlichen Golfes von Thailand unterscheiden sich landschaftlich und atmosphärisch stark voneinander. Das macht die Kombination beider Regionen umso empfehlenswerter.

Mit dieser Route lassen sich die Inseln der Andamanensee und des westlichen Golfes sinnvoll miteinander kombinieren. Die zusätzlichen Stopps in Krabi und in Bangkok bieten landschaftliche und kulturelle Highlights. Mittels Gabelflug reist man über Phuket ein und über Bangkok zurück. Alternativ könnte man auch von den Flughäfen auf Koh Samui und in Surat Thani zurückfliegen, die Busfahrt nach Bangkok ermöglicht es jedoch auf Inlandsflüge zu verzichten. Die beste Reisezeit beginnt Mitte Dezember und endet im April. Der Mai und die erste Hälfte des Junis eignen sich in der Regel ebenfalls gut für die Kombination der Regionen. Ab Juli werden die Wetterverhältnisse in der Andamanensee häufig deutlich schlechter. Im westlichen Golf zieht sich die beste Reisezeit hingegen bis in den August und gegebenenfalls sogar bis in den September. Während der Regenzeit sollte man bei der Planung flexibel bleiben und darauf vorbereitet sein, auf Abschnitte verzichten zu müssen.

Titel:	Inselparadiese des Ostens		
Etappen:	3	Verkehrsmittel:	Fähren, Bus
Dauer:	15 Tage	beste Reisezeit:	November–April
Regionen:	Östlicher Golf, Grossraum Bangkok		

Route 8
Inselparadiese des Ostens

Auf den kontrastreichen Inseln am östlichen Ufer des Golfes von Thailand erwarten einen einige der schönsten Strände des Landes und bunte Unterwasserwelten. Dennoch geht es hier bedeutend ruhiger zu als auf vielen anderen Inseln des Landes.

Für diese Route sollte ein Gabelflug mit Ankunft in Trat, am besten eine direkte Flugverbindung aus Europa gebucht werden, damit das Gepäck sicher durchgecheckt wird. Die Abreise erfolgt in Bangkok. Die Route führt zu den abgelegeneren Inseln im östlichen Golf von Thailand. Der Tourismus ist dort bisher deutlich langsamer gewachsen als in der Andamanensee und im westlichen Golf von Thailand, dabei zählen die Inseln zu den schönsten des Landes. Weite Strände, bunte Unterwasserwelten und traumhafte Sonnenuntergänge entschädigen für die etwas aufwändigere Anreise. Die beste Reisezeit für diese Rundreise beginnt im Laufe des Novembers und endet im April. In den Übergangswochen ab Mitte Oktober und bis Mitte Mai empfiehlt es sich, die Inseln kurzfristig zu besuchen. Während der Regenzeit schließen einige Unterkünfte und Restaurants und viele direkte Bootstransfers zwischen den Inseln werden eingestellt, sodass diese Route während der Regenzeit nicht optimal bereist werden kann.

Titel:	Die Phuket-Schleife		
Etappen:	6	Verkehrsmittel	Busse, Taxis, Fähren
Dauer:	22 Tage	beste Reisezeit:	Dezember–April
Region:	Andamanensee und Südthailand		

Route 9
Die Phuket-Schleife

Die Urlaubsinsel Phuket ist trotz des größtenteils stark ausgeprägten Tourismus ein kontrastreiches, interessantes Reiseziel und stellt einen optimalen Ausgangspunkt zur Erkundung zahlreicher Highlights in der Andamanensee und des nördlich angrenzenden Festlandes dar.

Die Rundreise beginnt und endet auf der Urlaubsinsel Phuket. Von diesem idealen Knotenpunkt lassen sich große Teile der für viele überraschend kontrastreichen Insel erkunden und zusätzlich beeindruckende Orte in der Andamanensee und dem nördlich angrenzenden Festland bereisen. Auch wenn Phuket häufig mit Massentourismus und ausgeprägtem Nachtleben assoziiert wird, erwarten einen abseits der großen Badeorte interessante Sehenswürdigkeiten, ruhigere Strände und kaum besuchte Orte. Die beste Reisezeit für diese Rundreise beginnt im Dezember und endet im Laufe des Aprils. Die Übergangsmonate November, Mai, teilweise auch die Wochen bis Mitte Juni, eignen sich oftmals ebenfalls gut für diese Route. Während der Regenzeit führen Wellen, starke Strömungen und häufige Schauer mitunter zu starken Einschränkungen auf Rundreisen durch die Andamanensee.

Titel:	Inselparadiese der Andamanensee		
Etappen:	5	Verkehrsmittel:	Flugzeug, Bus, Fähren, Taxi
Dauer:	22 Tage	beste Reisezeit:	Dezember–April
Regionen:	Andamanensee und Südthailand		

Route 10 Inselparadiese der Andamanensee

Im nördlichen Bereich der Andamanensee liegen die bekanntesten Reiseziele der Region. Diese Route ermöglicht es, zusätzlich die Inselparadiese im Süden der Andamanensee zu bereisen.

Nach Transit in Bangkok, Landung in Hat Yai und einer Übernachtung in Flughafennähe kann es losgehen: Die Route beginnt auf Koh Lipe, den „Malediven Thailands“ und optimaler Ausgangspunkt zur Erkundung der südlichen Andamanensee. Abseits der belebten Hauptinsel befinden sich zahlreiche unbewohnte Trauminseln mit schönen Stränden und bunten Unterwasserwelten. Auf dem Weg nach Norden verbringt man Zeit auf der ruhigen Insel Koh Mook und erkundet benachbarte Inselparadiese. Zum Ende der Rundreise kann man die Highlights der nördlichen Andamanensee besuchen und ruhige Strandtage auf Koh Lanta verleben, von wo man per Taxi nach Krabi gelangt, um von dort den Rückflug anzutreten. Die beste Reisezeit für diese Route beginnt im Dezember und endet im April. Der November eignet sich als Übergangsmonat ebenfalls für diese Route. Vom 15. Mai bis zum 1. Oktober werden viele direkte Bootsverbindungen zwischen den südlichen Inseln der Andamanensee eingestellt, sodass diese Rundreise in der vorgestellten Form dann nicht zu bereisen ist.

besichtigen. Mit etwas Glück sieht man in den Gewässern der Inseln Dugongs und Meeresschildkröten.

Seite 263

Von: Koh Mook | Fähre **Tag 12**
Nach: Koh Phi Phi
Dauer: ca. 2 Stunden

3 Koh Phi Phi Tag 13–14

Die Inselgruppe der Phi Phi Islands ist aufgrund der spektakulären Kulisse und der weltweit bekannten Maya Bay eines der beliebtesten Reiseziele Thailands. Abseits des häufig starken touristischen Andrangs und des wilden Nachtlebens findet man auch hier ruhige Strände, schöne Aussichtspunkte und bunte Unterwasserwelten.

Seite 233

Von: Koh Phi Phi | Fähre **Tag 15**
Nach: Railay Beach
Dauer: 1–2 Stunden

Am Charlie Beach auf Koh Mook

Mu Koh Lanta Nationalpark

4 Railay Beach Tag 16

Der Strand liegt auf einer vom Festland der Provinz Krabi abgeschotteten Halbinsel und gehört aufgrund monumentaler Kalksteinfelsen zu den landschaftlich sehenswertesten Orten in Thailand.

Seite 251

Von: Railay Beach| Fähre **Tag 17**
Nach: Koh Lanta
Dauer: ca. 1½ Stunden

5 Koh Lanta Tag 18–22

Auf der ruhigen Urlaubsinsel Koh Lanta kann man zahlreiche schöne Badestrände und einige Sehenswürdigkeiten erkunden.

Seite 255

Wichtig: Zum Ende der Reise sollte man rechtzeitig mit dem Taxi zum Flughafen in Krabi aufbrechen.

4

Die Regionen entdecken

Bild 1: Eingewachsener Buddhakopf am Wat Mahathat | Bild 2: Lichtermeer in den Straßen von China Town | Bild 3: Ausblick auf Bangkoks Stadtteil Sukhumvit

Großraum Bangkok

Tradition trifft Moderne

Nicht verpassen!

- Bangkoks ***Nachtmärkte*** Seite 131
- ***Fahrradtour*** durch Bangkok Seite 133
- Bangkoks ***Streetfoodszene*** Seite 133
- Bangkoks ***Königspalast*** Seite 135
- Beeindruckende Tempel: ***Wat Phra Kaeo*** Seite 135, ***Wat Pho*** Seite 136, ***Wat Arun*** Seite 136, ***Wat Saket*** Seite 137
- ***Sitzender Buddha*** im Wat Paknam Seite 138
- Bangkoks Bezirk ***China Town*** Seite 138
- ***Mahanakhon Skywalk,*** Blick über die Stadt aus 300 m Höhe Seite 139
- ***Tempelruinen*** von Ayutthaya Seite 155

Bangkok ist mit schätzungsweise 11 Millionen Einwohnern das wirtschaftliche, politische und kulturelle Zentrum Thailands. Der offizielle Name der Stadt besteht aus 169 Buchstaben: „Krung Thep Maha Nakhon Amon Rattanakosin Mahinthara Yutthaya Mahadilok Phop Noppharat Ratchathani Burirom Udom Ratchaniwet Maha Sathan Amon Phiman Awatan Sathit Sakkathattiya Witsanukam Prasit“. Die thailändische Kurzform Krung Thep bedeutet „Stadt der Engel“. Beeindruckende Hochhausschluchten, traditionelle Holzhäuser, rasante Digitalisierung, aktiv gelebte Traditionen, erstaunlicher Reichtum und weiterhin bestehende Armut liegen in der Metropole häufig nah beieinander. Die Vielzahl an ungewohnten Sinneseindrücken und Gegensätzen kann bei Erstbesuchern der Metropole Gefühle der Überforderung auslösen, doch die meisten erkennen schnell, dass die Stadt einem faszinierenden Rhythmus folgt.

Nördlich von Bangkok liegt die einstige Königsstadt Ayutthaya. Die Stadt wurde im 18. Jahrhundert im Siamesisch-Birmanischen Krieg zerstört. Heutzutage gehören die Tempelruinen Ayutthayas zu den bedeutendsten Reise- und Ausflugszielen des Landes.

Bangkok 1 1 1 4 6 4

Thailands ***kontrastreiche Hauptstadt*** gehört zu den faszinierendsten Metropolen der Welt. Die Stadt am Chao Phraya Fluss ist ein ***kultureller Schmelztiegel*** und beheimatet zahlreiche bedeutende Sehenswürdigkeiten. Beindruckende Wolkenkratzer, traditionelle Holzhäuser und Blechhütten, tiefes Traditionsbewusstsein, belebte Rotlichtviertel, erstaunlicher Reichtum und auch große Armut liegen hier häufig in direkter Nachbarschaft zueinander und selbst Kenner der Stadt staunen über die scheinbar friedliche Symbiose all dieser Extreme. Das komplexe ***Zusammenspiel aus Tradition und Moderne*** scheint in Bangkok auf einzigartige Art und Weise zu gelingen. Trotz fortlaufendem Wirtschaftswachstum und stetiger Modernisierung hat die Stadt ihren teilweise chaotischen Charakter behalten. Buntes Straßenleben, Restaurants und Garküchen, die fremde Gerüche verbreiten, moderne und klassische Cafés, aktives Nachtleben, dichter Verkehr und eine beeindruckende Skyline umgeben prächtige Tempel, ruhige Parkanlagen und traditionelle Wohnviertel mit verwinkelten Gassen. Erstbesucher der Metropole sind häufig von der ***Vielzahl an Sinneseindrücken*** überfordert, aber spätestens beim zweiten Besuch werden die meisten vom faszinierenden Rhythmus der Stadt vereinnahmt.

Anreise

Flugzeug: Der weit östlich der Altstadt gelegene ***Flughafen Suvarnabhumi* (BKK)** wird ausgehend von Europa täglich von zahlreichen Airlines direkt und mit Zwischenlandungen angeflogen. Nach Ankunft sollte Geld gewechselt und/oder abgehoben werden. Die ***Wechselstuben*** im Untergeschoss des Flughafens, am Zugang zu den Zügen des Airport Rail Link, bieten in der Regel die besten Wechselkurse. SIM-Karten für Touristen sind an zahlreichen Verkaufsständen verfügbar. Die Anreise zur Unterkunft erfolgt am leichtesten mit ***Taxis,*** die auf der untersten Ebene des Ankunftsbereiches warten. Mehr Infos zur Nutzung von Taxis sind unter „Herumkommen“ zu finden.

Seite 132

Die Züge des ***Airport Rail Link*** stellen eine günstigere, aber umständlichere Alternative dar. Ausgehend von der Endstation Phaya Thai erfolgt die Weiterfahrt zur Unterkunft mit Bussen oder Taxis. Viele Inlandsflüge und Flüge aus dem asiatischen Raum landen am ebenfalls gut angebundenen ***Flughafen Don Mueang* (DMK),** weit nördlich der Altstadt.

Bahnhöfe und Busbahnhöfe: Aus ganz Thailand können Überlandtransfers mit

Bussen, Nachtbussen, Minivans, Taxis, Zügen und Nachtzügen nach Bangkok unkompliziert organisiert werden. Der moderne ***Hauptbahnhof Krung Thep Aphiwat Train Terminal*** dient Langstrecken- und Nachtzügen als An- und Abfahrtsort. Der ehemalige Hauptbahnhof Hua Lamphong wird nur noch für wenige Regionalzüge genutzt. ***Touristische Busverbindungen*** starten und enden häufig an ***zentralen Sammelpunkten*** wie beispielsweise der ***Khao San Road.*** Bei der Buchung von Zug- und Busfahrten nach und ab Bangkok sollte man sich genaustens über den Ankunfts- beziehungsweise Abfahrtsort informieren. Von der ***Mo Chit Bus Station*** fahren vorwiegend Busse nach Norden und Nordosten ab. Vom ***Ekkamai Bus Terminal*** fahren Busse nach Osten. Am ***Southern Bus Terminal Sai Tai Mai*** fahren Busse nach Süden, Osten und Westen. An diesen Busbahnhöfen können auch sehr günstige Busse gebucht werden, die vorwiegend von Thailändern genutzt werden.

Info

Unsere Tipps für Bangkok

- Aufenthalte in Bangkok lohnen sich zum **Beginn** und/oder zum **Ende** einer jeden Reise nach Thailand.
- **Geführte Fahrradtouren** sind eine wunderbare Möglichkeit, um die wichtigsten Sehenswürdigkeiten und touristisch kaum bekannte Bezirke zu erkunden.
- **Streifzüge zu Fuß** lohnen sich ebenfalls! In den verwinkelten Gassen der Altstadt, in China Town und in Talat Noi bieten sich häufig interessante Impressionen. Fußgänger sollten jedoch stets auf ihre Umgebung und den Untergrund achten.
- **Streetfoodtouren** führen dich zu Restaurants und Garküchen, die du auf eigene Faust wahrscheinlich nicht besuchen würdest.
- Leidenschaftlich konzipierte Fahrrad- und Streetfood-Touren werden von Michael Biedassek über sein Unternehmen **Bangkok Vanguards** angeboten (www.bangkokvanguards.com).

Unterkunft

Es gibt tausende Hotels in allen Preisklassen in Bangkok. Aufgrund der Ausdehnung der Stadt sollte sich die Auswahl einer geeigneten Unterkunft maßgeblich nach den geplanten Aktivitäten richten. Zur Erkundung der bekanntesten Sehenswürdigkeiten empfehlen sich ***Unterkünfte in der Altstadt.*** Die gut angebundenen ***Stadtteile Sukhumvit und Sathorn*** stellen moderne Alternativen dar. Hier sollte auf Fußläufigkeit zum Skytrain (kurz: BTS) und/oder zur U-Bahn (kurz: MRT) geachtet werden. Insbesondere die ***Asok-Kreuzung*** ist hervorragend an beide Nahverkehrsmittel angebunden. Unter-

In den verwinkelten Gassen der Altstadt Bangkoks

künfte in **China Town** bieten direkten Zugang zu einem der interessantesten Stadtteile Bangkoks und sind über die U-Bahn ebenfalls gut angebunden. Unterkünfte am Chao Phraya Fluss sind trotz der Nähe zu den Flussfähren schlechter angebunden, aber bieten häufig schöne Ausblicke und etwas mehr Ruhe. Unterkünfte auf der belebten **Khao San Road** oder im angrenzenden, ruhigeren Viertel **Bang Lamphu** sind vor allem bei jüngeren Individualreisenden beliebt. Die abseits gelegenen Flughäfen sind rund um die Uhr aus dem gesamten Stadtgebiet gut erreichbar, sodass sich Übernachtungen in Flughafennähe nur bei sehr kurzen Zwischenstopps oder bei Abflug am frühen Morgen lohnen.

Altstadt: Die stilvolle **Villa Mungkala** liegt inmitten verwinkelter Gassen und bietet schnellen Zugang zu einigen der bedeutendsten Sehenswürdigkeiten der Stadt. Obwohl die Linien des öffentlichen Nahverkehrs weiter entfernt liegen, stellt die Villa einen guten Ausgangspunkt für Erstbesucher der Stadt dar.

Preiskategorie: €€

Sukhumvit: Das moderne Hotel **Solaria Nishitetsu** an der Asok-Kreuzung besticht durch gepflegte Zimmer, eine eigene Skybar und einen Pool mit Ausblick auf die Hochhäuserschluchten der Sukhumvit Road und den benachbarten Benjakitti Park. Das Hotel verfügt über einen direkten Zugang zu den Strecken des Skytrains und der U-Bahn.

Preiskategorie: €€€

Sathorn: Das ältere und dennoch modern gestaltete **Eastin Grand Hotel Sathorn** bietet hohen Komfort zu guten Preisen und unmittelbaren Zugang zum Skytrain. Das Hotel gehört bei erfahrenen Besuchern der Stadt zu den beliebtesten Adressen.

Preiskategorie: €€€

China Town: Das außergewöhnliche Hotel ***Shanghai Mansion*** liegt unmittelbar an der belebten Yaowarat Road in China Town und besticht durch die Gestaltung im klassischen, chinesischen Stil der 1930er Jahre. Die nahegelegene U-Bahn-Station sorgt für eine gute Anbindung an große Teile der Stadt.

Preiskategorie: €€

Das moderne Hotel ***ASAI Bangkok China Town*** liegt fußläufig zu den zentralen Bezirken von China Town und zur U-Bahn-Station Wat Mangkon. Bei hohem Komfort kann man von von hier große Teile der Stadt erkunden und gelangt am Abend schnell zu den Streetfoodverkäufern entlang der Yaowarat Road.

Preiskategorie: €€

Kulinarisches und Nachtmärkte

Bangkok ist ein Paradies für Liebhaber der thailändischen und internationalen Küche. Unzählige Restaurants, Garküchen und Nachtmärkte bieten eine schier unendliche Auswahl an Speisen und Getränken. Zahlreiche unscheinbare Restaurants und Garküchen wurden bereits im ***Michelin-Guide*** empfohlen und teilweise sogar mit Sternen ausgezeichnet. Abseits weltweit bekannter Restaurants wie beispielsweise ***Raan Jay Fai*** entdeckt man die besten Gerichte häufig per Zufall. Auf dem ***Talad Ruam Sab*** und dem ***Wang Lang Market*** kann man am Mittag authentisches Streetfood probieren. Am Abend bieten sich der ***moderne Nachtmarkt Jodd Fairs***, der nahelegende Markt ***The One Ratchada*** und der klassischere, von Donnerstag bis Sonntag geöffnete, ***Srinagarindra Train Night Market*** an. Der moderne Nachtmarkt ***Asiatique The Riverfront*** scheidet die Geschmäcker. Hier

Der Nachtmarkt Jodd Fairs

wurde sogar ein Riesenrad aufgestellt. Mit weit im Voraus erfolgter Reservierung erlebt man im **POTONG Restaurant** ein kulinarisches Feuerwerk zu entsprechenden Preisen. Deutlich günstiger und simpler geht es im ***Khao Gaeng Jek Pui*** in China Town zu. Eines der Currys im Hinterhof auf Plastikstühlen zu essen, ist ein Erlebnis für sich. Der **Foodcourt *im* MBK-Shopping-Center** bietet einen guten und günstigen Überblick über die thailändische Küche. Unmittelbar an der Asok-Kreuzung serviert das bei Expats beliebte **Bistro Pala Pizza** hochwertige Pizzen und Pastagerichte. Am nördlichen Rand der Altstadt bieten die Restaurants **Ethos Vegetarian, May Kaidee** und **Mango Vegetarian** gute vegetarische und vegane Gerichte an. Aufgrund des schier unendlichen kulinarischen Angebotes empfiehlt es sich, probierfreudig zu sein. Geführte Food-Touren ermöglichen es Restaurants und Gerichte auszuprobieren, die man auf eigene Faust kaum finden würde.

Bangkoks Skytrain

Herumkommen

Bangkoks Sehenswürdigkeiten liegen häufig weit voneinander entfernt und Verkehrsstaus erschweren das Herumkommen teilweise immens. Die große Auswahl an öffentlichen Verkehrsmitteln und das verzweigte Streckennetz sorgen zudem schnell für Verwirrung. Für große Strecken sollten nach Möglichkeit die Züge des **Skytrains (BTS)**, die **U-Bahn (MRT)**, die **Chao Phraya Express-Boote** auf dem Fluss und die ***Boote auf den Khlong-Kanälen*** genutzt werden. Tickets sind an den Haltestationen leicht verfügbar. Bootsfahrten werden auf dem Boot oder direkt am Pier bezahlt. Für die letzte Meile und zum Erreichen von Orten abseits der Hauptverkehrswege empfehlen sich ***Taxis, Tuk Tuks*** und ***Rollertaxis.*** Tuk Tuks richten sich vorwiegend an Touristen und die veranschlagten Fahrpreise sind zum Beginn der obligatorischen Verhandlungen in der Regel deutlich zu hoch. Bei Taxifahrten sollte auf die Verwendung des Taxameters geachtet werden, da Festpreise in der Regel zu hoch sind. Auf manchen Strecken wird man nach der Benutzung des Highways gefragt. Gegen geringe zusätzliche Gebühren kann man hierdurch häufig sehr viel Zeit einsparen. Fahrten mit Rollertaxis ermöglichen es dichte Verkehrsstaus zu durchfahren. Helme, in stark schwankender Qualität, sind jedoch eher selten verfügbar. ***Busfahrten*** sind sehr günstig, aber vergleichsweise umständlich. Mit Hilfe von Google Maps kann man sich gut mit öffentlichen Verkehrsmitteln durch die Stadt navigieren lassen. Die Beschilderung an Haltestellen und Bootsanlegern wurde in den vergangenen Jahren zudem stark verbessert. Vor allem für Erstbesucher der Stadt sind die ***Apps Grab-Taxi*** und ***Bolt*** sehr hilfreich, um Taxis zu einem gewünschten Ort zu bestellen und Diskussionen über hohe Festpreise zu vermeiden. Elektrische Tuk Tuks können über die ***MuvMi-App*** angefordert werden.

Bei Streetfoodtouren kann man viele neue Speisen probieren

Aktivitäten

Fahrradtouren: Geführte Fahrradtouren sind eine ideale Möglichkeit, um die kontrastreiche Stadt kennenzulernen. Touren mit unterschiedlichen Programmen führen zu den bedeutendsten Sehenswürdigkeiten der Stadt, durch verwinkelte Gassen, entlang der Ufer des Chao Phraya Flusses, in authentische Wohnviertel und ermöglichen kulturelle und kulinarische Einblicke, die man auf eigene Faust kaum erhalten hätte. Geführte halbtägige und ganztägige Fahrradtouren können bei zahlreichen Anbietern online und vor Ort gebucht werden. Besonders empfehlenswert sind die Touren des von *Michael Bie dassek* geführten Unternehmens ***Bangkok Vanguards*** und die Touren von ***Grasshoppers Bangkok.***

Web: www.bangkokvanguards.com; www.grasshopperadventures.com

Streetfoodtouren: Bangkok besitzt die größte Streetfoodszene Südostasiens. Unzählige Garküchen, Märkte und kleine Restaurants bieten eine unfassbare kulinarische Vielfalt an und häufig servieren unscheinbare Restaurants die besten Speisen. Geführte Touren ermöglichen es, intensiv in die Streetfoodszene der Stadt abzutauchen und unbesorgt auch fremde Speisen in abgelegenen Bezirken probieren zu können. Die meisten Streetfoodtouren führen am Abend auf die Yaowarat Road in China Town. Für ein außergewöhnliches Erlebnis bietet sich die ganztägige Streetfoodtour von ***Bangkok Vanguards*** an, die *Michael Biedassek* gemeinsam mit dem bekannten Youtuber *Mark Wiens* und der Thailänderin *Phannee Butrabamrung* konzipiert hat.

Web: www.bangkokvanguards.com

Nachtleben

Bangkoks Nachtleben ist bunt. Ausgehviertel verteilen sich über das gesamte Stadtgebiet. Vor allem in ***Silom und Sathorn*** gibt es viele Bars und Clubs. Zu den bekanntesten Ausgehstraßen gehört die ***Sukhumvit Soi 11.*** Backpacker bleiben auf der ***Khao San Road*** vorwiegend unter sich, wobei das Publikum mittlerweile deutlich durchmischter als früher ist. Eine von vielen außergewöhnlichen Bars ist das **Iron Fairies** in der Sukhumvit Soi 39. Zahlreiche **Skybars und Nachtmärkte** stellen ruhigere Ausgehmöglichkeiten dar. Beeindruckend bunte Shows finden täglich im **Calypso Cabaret** statt.

Web: www.bangkoknightlife.com

Sky Bars: Insbesondere auf den Dächern zahlreicher Wolkenkratzer in den Bezirken Sukhumvit und Sathorn befinden sich Bars und Restaurants mit spektakulären Ausblicken auf die Skyline der Stadt. Die Preise in diesen Bars und Restaurants sind in der Regel gehoben. Auf niedrigeren Gebäuden befinden sich Lokale mit niedrigeren Preisen. Entlang des Chao Phraya erwarten einen Rooftop-Bars mit Ausblick auf den Fluss und die beleuchteten Sehenswürdigkeiten der Altstadt. Reservierungen können teilweise vorab online getätigt werden. Häufig ist dies jedoch nur für Restaurants möglich, sodass es sich empfiehlt, früh an beliebten Sky Bars anzukommen. Der **Dresscode** der meisten Sky Bars ist Smart Casual. Übermäßig streng wird die getragene Kleidung in der Regel nicht kontrolliert. Flip-Flops und kurze Hosen sollten jedoch nicht getragen werden. Auf dem Lebua at State Tower befindet sich die **Sirocco Bar**, die durch den Film Hangover 2 weltweit bekannt wurde.

Web: www.lebua.com/restaurants/sky
Öffnungszeiten: Tägl. 18–1 Uhr.

Die **Red Sky Bar** bietet beeindruckende Ausblicke aus dem 56. Stockwerk.

Web: www.bangkokredsky.com
Öffnungszeiten: Tägl. 17–1 Uhr.

Die **Tichuca Rooftop Bar** besticht durch ihre außergewöhnliche Gestaltung.

Web: www.paperplaneproject.net/tichuca
Öffnungszeiten: Tägl. 17–24 Uhr.

Im **View Arun Restaurant** erhält man schöne Ausblicke auf den beleuchteten Wat Arun und die Tempel der Altstadt.

Web: www.arunriverside.com
Öffnungszeiten: Tägl. 13–21 Uhr, am Wochenende länger geöffnet.

Ausblick auf den Wat Arun

Shopping

Die Anzahl an Shoppingpalästen in Bangkok ist groß und nimmt stetig zu. Außergewöhnliche Dekorationen, eigene Kinos und Foodcourts machen den Besuch der **Einkaufszentren** zu einer der beliebtesten Freizeitaktivitäten für viele junge

Tuk Tuks am Wat Pho

Thailänder. Auch bei fehlender Absicht in ***Luxusboutiquen*** und ***Elektronikgeschäften*** einzukaufen, lohnt sich ein Besuch bestimmter Einkaufszentren. Touristen erhalten hier häufig Impressionen, die in dieser Art und Weise in Europa kaum vorfindbar sind. Teilweise befinden sich luxuriöse Malls in direkter Nachbarschaft zu ursprünglichen, teilweise ärmlichen Wohnvierteln. Viele Menschen sehen diese Stadtentwicklung zu Recht kritisch.

Das beeindruckendste Einkaufszentrum der Stadt ist die **ICON Siam Mall**. Ausgehend von der Dachterrasse erhält man einen schönen Ausblick auf die Wolkenkratzer des Stadtteils Sathorn und auf den Chao Phraya Fluss. Im Untergeschoss der Mall befindet sich ein Streetfoodmarkt, der einen leichten, günstigen und qualitativ hochwertigen Einstieg in die Kulinarik des Landes ermöglicht. Im ***Terminal 21*** befindet sich ein Foodcourt mit einer grandiosen Auswahl an internationalen Speisen. Das ***Central World*** und das nahegelegene ***Siam Paragon Center*** gehören zu den größten Einkaufszentren der Stadt. Im älteren ***MBK-Center*** fühlt man sich eher wie auf einem günstigen Markt. Der Foodcourt des Centers bietet hervorragende thailändische Küche zu niedrigen Preisen an. Morbider Charme erwartet einen in den Einkaufszentren südlich der Altstadt wie beispielsweise ***China World*** und dem gegenüberliegenden ***Mega Plaza Saphan Lek***, einer Mall für Spielwaren.

Öffnungszeiten: Tägl. ca. 10–22 Uhr.

Sehenswert

Königspalast und **Wat Phra Kaeo:** Der Königspalast und der Wat Phra Kaeo sind Bangkoks bekannteste Sehenswürdigkeiten. Der prächtige ***„Große Palast“*** war bis 1925 die Residenz der thailändischen Königsfamilie. Der Wat Phra Kaeo befindet sich auf dem Gelände des Palastes und beherbergt den religiös hochbedeutsamen **Smaragd-Buddha.** Die Palastanlage wird touristisch stark besucht. Am frühen Morgen geht es hier noch am ruhigsten zu. Audioguides und Führungen werden vor Ort angeboten. Bei unangebrachter Kleidung wird der Zugang verwehrt. Die Schultern müssen mindestens durch kurze Ärmel bedeckt sein. Männer müssen lange Hosen tragen. Frauen können auch Röcke und Kleider tragen, die über die Knie hinausgehen. Aufreizende Kleidung darf nicht getragen werden.

Web: www.royalgrandpalace.th/en

Öffnungszeiten und Eintritt: Tägl. 8.30–15.30 Uhr, 500 THB.

Wat Pho: Der **46 m lange, liegende Buddha** gehört zu den bekanntesten Sehenswürdigkeiten Bangkoks. Die verzierten Fußsohlen des Buddhas sind ein beliebtes Fotomotiv. Auf der weitläufigen, prächtigen Tempelanlage befindet sich zudem eine hochangesehene Thaimassageschule, in der gute Massagen angeboten werden. Der Wat Pho liegt in direkter Nachbarschaft zum Königspalast.

Web: www.watpho.com

Öffnungszeiten und Eintritt: Tägl. 8.30–18.30 Uhr, 300 THB.

Wat Arun: Der 86 m hohe Tempel der Morgenröte besticht durch seine **hinduistisch geprägte Khmer-Architektur** mit detaillierten Verzierungen und hübschen Mosaiken. Im Klang zahlreicher Glöck-

Der Wat Phra Kaeo auf dem Gelände des Königspalastes

chen entsteht häufig eine schöne Atmosphäre. Viele Thailänder kommen für Fotoshootings in traditionellen Outfits zum Wat Arun, die bei Vermietern entlang der westlich angrenzenden Straße Thanon Wang Doem erhältlich sind.

Die ***nördlich benachbarte Tempelanlage*** wird kaum besucht und ist ebenfalls einen Besuch wert. Ausgehend von den Restaurants und Pieren auf der östlichen Flussseite erhält man schöne Ausblicke zum Sonnenuntergang und auf den beleuchteten Wat Arun. Tische sollten vorab online reserviert werden. Der Wat Arun liegt direkt gegenüber des Wat Pho. Die Überfahrt über den Chao Phraya kostet wenige Baht.

Öffnungszeiten und Eintritt: Tägl. 8–18 Uhr, 100 THB.

Wat Saket: Der Wat Saket („The Golden Mount") war mit 80 m einst die höchste begehbare Erhebung der Stadt. ***344 Stufen*** winden sich entlang eines stimmungsvoll gestalteten Aufstieges um den weißen Tempel. Glocken und Gongs erzeugen eine magische Atmosphäre. Auf der obersten Ebene thront ein ***goldener Chedi.*** Hier erhält man einen schönen Ausblick auf die Altstadt und die Skyline der Stadt. Die beste Zeit zur Besichtigung des Tempels beginnt gegen 17 Uhr, zum ***Abendgebet der Mönche.***

Am Abend werden der Wat Saket und der benachbarte Wat Ratchanatdaram (Loha Prasat) prächtig beleuchtet. In unmittelbarer Nähe zum Wat Saket liegt der ***Panfa Leelard Pier.*** Hier kann man tagsüber eines der günstigen Khlong-Boote nach Osten nehmen.

Aufstieg zum Wat Saket

Öffnungszeiten und Eintritt: Tägl. 7–19 Uhr, 100 THB.

Thonburi: Der ausgedehnte ***Stadtteil*** Thonburi war einst die Hauptstadt des Königreiches. Thonburi liegt am ***westlichen Ufer des Chao Phraya*** und bietet Einblicke in das ***ursprünglichere Bangkok.*** Enge Gassen, kleine Holzhäuser, versteckte Tempel, Fisch-, Orchideen- und Lotusfarmen, schwimmende Händler, authentisches Streetfood und unzählige Kanäle machen eine Tour mit dem Longtailboot durch Thonburi zu einer der interessantesten Aktivitäten in der Stadt.

Der ***Khlong Bang Luang Floating Market,*** das benachbarte ***„The Artist's House"*** und der ***Wat Paknam*** sind schöne Zwischenstationen auf Bootstouren durch Thonburi. Touren entlang der Khlongs können online und vor Ort an Bootsanlegern, wie beispielsweise am Wat Arun und am Sathorn Pier, gebucht werden. Deutschsprachige Touren werden von **Green Mango Bangkok** angeboten. Eine große Auswahl an unterschiedlichen Touren durch Thonburi bietet sich zudem bei **Hidden Bangkok Tours.**

Web: www.green-mango.net; www.hiddenbangkoktours.com

Der **sitzende Buddha** im **Wat Paknam Bhasicharoen** ist 69 m hoch und 40 m breit. Hinter dem goldenen Buddha befindet sich die 80 m hohe **Maharatchamongkol Pagoda.** Auf der 5. Ebene des Gebäudes befindet sich eine außergewöhnliche Pagode aus grünem Glas. Die beeindruckende **Meditationshalle** des Tempels besteht aus Teakholz. Direkt am Tempel befindet sich ein Bootsanleger, an dem viele Bootstouren durch Thonburi halten. Ein längerer Halt am Wat Paknam sollte vorab mit dem Bootsfahrer abgesprochen werden. Alternativ kann man auch zur **MRT Station Bang Phai** fahren und durch stimmungsvolle Gassen zum Wat Paknam laufen.

Öffnungszeiten und Eintritt: Tägl. 8–18 Uhr, Eintritt frei.

Sitzender Buddha im Wat Paknam

China Town: Bangkoks China Town gehört zu den interessantesten Bezirken der Stadt. Verwinkelte Gassen, alte Häuser und aktiv gelebte Traditionen erzeugen eine dichte Atmosphäre, die im starken Kontrast zu den modernen Stadtteilen Bangkoks steht. Am Vormittag bietet sich ein ausgedehnter Spaziergang über vier bis fünf Stunden durch China Town an.

Auf dem **Sampheng Market** läuft man zunächst durch einen atmosphärischen Straßenmarkt und erreicht ein dichtes Gassenlabyrinth. Bei Gelegenheit biegt man nach Nordosten ab und läuft in Richtung **Wat Mangkon.** Nach der Besichtigung des beeindruckenden chinesischen Tempels setzt man den Spaziergang nach Südosten, in Richtung des prächtigen **Wat Traimit,** fort. Ausgehend vom benachbarten **China Town Gate** gelangt man in das verwinkelte **Viertel Talat Noi.** Entlang der ruhigen Gassen befinden sich das beliebte Fotomotiv des **Antique Turtle Cars,** versteckte Tempel, Schreine sowie zahlreiche **Cafés und Teehäuser,** die sich für

China Town Gate

eine Pause eignen. In der ***San Chao Rong Kueak Road*** kommen Streetart-Fans auf ihre Kosten.

Am Abend lohnt sich ein Streifzug über die bunt beleuchtete ***Yaowarat Road.*** Entlang der belebten Straße und in den angrenzenden Gassen öffnen unzählige ***Garküchen und Restaurants***, in denen thailändische und chinesische Speisen angeboten werden. Montags bleiben die meisten Garküchen und Restaurants in China Town geschlossen.

Mahanakhon Skywalk: Auf der obersten Ebene des ***314 m hohen Wolkenkratzers King Power Mahanakhon*** erhält man einen spektakulären Rundumausblick auf Bangkok. Vor allem zum Sonnenuntergang bietet sich hier ein faszinierendes Panorama. Die Architektur des Gebäudes ist ungewöhnlich und die rasante Aufzugfahrt in den 79. Stock ist ein Erlebnis für sich. Auf der Dachterrasse befinden sich eine Bar mit Sitzplätzen und ein ***gläserner Skywalk***, auf dem man aus über 300 m in die Tiefe blickt. Das Restaurant unterhalb der Aussichtsplattform bietet gehobene Küche an. An den Ticketschaltern entstehen ab 17 Uhr häufig lange Schlangen. Es empfiehlt sich Tickets im Voraus online zu kaufen. Dennoch kann es vor den Fahrstühlen zu Wartezeiten von bis zu einer Stunde kommen. Der ***Baiyoke Tower 2*** stellt eine günstigere, weniger stark besuchte Alternative dar.

Web: www.kingpowermahanakhon.co.th
Öffnungszeiten und Eintritt: Tägl. 10–19 Uhr, ca. 1000 THB, unterschiedliche Pakete vor Ort buchbar.

Blick vom Mahanakhon Skywalk

Jim Thompson House: Der US-Amerikaner Jim Thompson war Geheimdienstmitarbeiter, Seidenhändler und Lebemann. Die gleichnamige Modemarke hat bis heute Bestand. Das Jim Thompson House liegt östlich der **Altstadt.** Das Haus und seine umgebenden Gärten sind eine ***Ruheoase*** inmitten der Großstadt. Während der Besichtigung des Jim Thompson House wird man von Guides durch das Anwesen geführt und erhält Informationen über das ungewöhnliche Leben des Exzentrikers und dessen mysteriöses Verschwinden im Jahr 1967. Das Jim Thompson House kann ausgehend vom Wat Saket gut über eine stimmungsvolle Fahrt mit dem Khlong-Boot erreicht werden.

Web: www.jimthompsonhouse.org

Öffnungszeiten und Eintritt: Tägl. 10–18 Uhr, die letzte Führung beginnt um 17 Uhr, 200 THB.

Khao San Road: Die Khao San Road (übersetzt: Die Straße des ungekochten Reises) ist die ***bekannteste Backpackerstraße Südostasiens.*** Das vorwiegend junge, westliche Publikum, aber auch Thailänder und Familien, machen die Khao San Road am Abend zu einem der **belebtesten Orte** der Stadt. Hier befinden sich zahlreiche günstige Unterkünfte, Bars, Cafés, Pubs, Clubs, Restaurants, westliche Fastfood-Ketten, Streetfoodstände, Schausteller, Tattoo-Studios, Massagesalons und Souvenirverkäufer. In der benachbarten ***Rambuttri Alley*** geht es entspannter zu. Spaziergänge über die Khao San Road und durch die umgebenden Straßen sind auch interessant, wenn man nicht in das Nachtleben eintauchen möchte. Im häufig dichten Gedränge sollte man gut auf seine Wertsachen achten.

Bang Lamphu: Im Bezirk Bang Lamphu erwartet einen ***das alte Bangkok.*** Die lokalen Communitys legen großen Wert auf den ***Erhalt des ursprünglichen Charakters*** des Viertels. Verwinkelte Gassen, jahrhundertealte Gebäude, Künstler,

In Bang Lamphu erlebt man die ursprüngliche Seite Bangkoks

Garküchen, lokale Restaurants, Märkte, Streetart, prächtige, kaum besuchte Tempel und eine ruhige Atmosphäre machen Spaziergänge durch das Viertel zu einem Erlebnis abseits des Trubels anderer Stadtteile und fernab der futuristischen Entwicklung mancher Bezirke. Das Viertel grenzt nördlich an die Altstadt und erstreckt sich zwischen der Khao San Road und dem nordwestlich gelegenen Chao Phraya Fluss.

Für einen Spaziergang durch das Viertel sollten mindestens drei bis vier Stunden eingeplant werden. Die meisten Tempel schließen bereits gegen 16 Uhr. In der Nähe des Bootsanlegers am ***Phra Sumen Fort*** bietet das ***Bang Lamphu Museum*** Einblicke in die Geschichte des Viertels und der Stadt. Die prächtigen Tempel ***Wat Chana Songkhram*** und ***Wat Bowonniwet*** werden von wenigen Touristen besucht. Auf dem ***Bang Lamphu Market*** und in der angrenzenden ***Soi Kraisi*** gibt es gutes Streetfood. Vor allem entlang des großen Khlongs liegen zahlreiche Restaurants, Unterkünfte und entspannte Bars. Nördlich des Khlongs, im Bereich der ***Samsen Alleys,*** liegt ein ausgedehntes Backpackerviertel. Der ***Wat Tri Thotsathep Worawihan*** beheimatet einen beeindruckenden ***Gold-Chedi*** inmitten eines klassischen Wohnviertels. Im ***Restaurant Kin Lom Chom Saphan*** erhält man am Abend einen schönen Ausblick auf die beleuchtete ***Rama VIII Brücke.***

Info

Betrugsmaschen

Die Anzahl an Betrügereien (englisch: *Scams*) hat im Laufe der vergangenen Jahre stark abgenommen. Dennoch besteht vor allem für unerfahrene Reisende weiterhin das Risiko, Opfer einer Vielzahl an Betrugsmaschen zu werden. Sofern man auf der Straße angesprochen wird, sollte man **Angebote und Versprechungen** der Schlepper **freundlich ausschlagen** und seines Weges gehen. Beispielsweise wird **vor dem Königspalast** gelegentlich darauf verwiesen, dass der Palast geschlossen sei und man stattdessen eine überteuerte Tour mit Tuk Tuks oder Booten unternehmen könne, die nicht selten in **Verkaufsveranstaltungen bei Schneidern oder Juwelieren** endet. Gelegentlich bieten **Tuk Tuk-Fahrer** einem Touren, Ping Pong-Shows und Drogen an oder empfehlen bestimmte Restaurants. Diese Angebote sollten unbedingt abgelehnt werden. **Taschendiebstahl** ist selten, aber kommt vor allem bei dichtem Gedränge vor.

Chatuchak Market: Der Chatuchak Market ist der ***vermeintlich größte Wochenmarkt der Welt.*** Zehntausende Verkaufsstände locken am Wochenende teilweise mehrere hunderttausend Besucher an. Auf dem weitläufigen Gelände befindet sich ein dichtes Labyrinth aus überdachten Gängen, in dem unzählige Händler

Bang Krachao – Ausflug ins Grüne

Kleidung, Souvenirs, Elektronik und teilweise skurrile Waren anbieten. Anekdotisch wird behauptet, dass man auf dem Chatuchak Market nichts suchen, sondern nur etwas finden kann. Der Besuch des Marktes lohnt sich vor allem am Freitagabend und tagsüber am Samstag und Sonntag, wenn die meisten Händler und Garküchen öffnen. Mittwochs und donnerstags öffnet lediglich die Pflanzenabteilung des Marktes.

Web: www.chatuchakmarket.org

Öffnungszeiten: Fr 6–24, Sa/So 9–18 Uhr.

Khlong Toei Market: Inmitten der Metropole befindet sich der ursprüngliche Khlong Toei Market. Die Vielzahl an ***authentischen Impressionen*** und ***ungewohnten Gerüchen*** stellen einen starken Kontrast zu den nahegelegenen Wolkenkratzern und Glasfassaden der Sukhumvit Road dar. Allerdings fühlt sich hier nicht jeder Besucher wohl.

Öffnungszeiten: Tägl. 24 Std., am frühen Morgen ist der Markt am belebtesten.

Bang Krachao: Bang Krachao ist ein beliebtes Ausflugsziel, um der Hektik der Großstadt zu entfliehen. Die dicht bewachsene, landwirtschaftlich genutzte ***Halbinsel des Chao Phraya Flusses*** erinnert aus der Vogelperspektive an einen ***grünen Lungenflügel.*** Entlang der gut ausgeschilderten Wege kann man ausgedehnte Fahrradtouren unternehmen. Hierfür sollte mindestens ein halber Tag eingeplant werden. Boote nach Bang Krachao legen am Wat Khlong Toei Nok Pier ab. Fahrräder für Erwachsene und Kinder können nach Ankunft auf der Flussinsel stundenweise gemietet werden. Auf Bang Krachao befinden sich der ***Sri Nakorn Khuan Khan Park,*** kleine Dörfer, Tempel, Cafés und Restaurants. Samstags und sonntags findet von 7.30 bis 16 Uhr der beliebte ***Bang Nam Pheung Floating Market*** statt. Unter der Woche geht es auf Bang Krachao sehr ruhig zu.

Impressionen vom Khlong Toei Market

Im Wat Suthat in der Altstadt

Weitere Sehenswürdigkeiten: Auf Spaziergängen durch die Altstadt lohnen sich Besuche auf dem ***Pak Khlong Talat/ Ma Lai Frischblumenmarkt***, bei der ***Giant Swing***, im benachbarten ***Wat Suthat*** sowie des prächtigen ***Wat Ratchabophit Sathitmahasimaram Ratchaworawihan.***

In den Stadtteilen Sathorn und Sukhumvit bieten der ***Lumphini Park*** und der ***Benjakitti Park*** Abstand vom Trubel der Metropole. Beide Parkanlagen werden über die ***„Green Mile“*** miteinander verbunden. Die Fußgängerbrücke führt sehenswert über ein klassisches Wohnviertel inmitten der Metropole

Interessante Zwischenstopps auf Erkundungstouren außerhalb der Altstadt sind der ***Erawan Schrein***, der prächtig verzierte ***Sri Mariam Man Tempel*** und der ***32 m hohe, stehende Buddha im Wat Indharaviharn.*** Das ***Nationalmuseum*** bietet Einblicke in die Geschichte des Landes. Das Kunstmuseum ***Bangkok Art & Culture Centre*** erinnert an das Guggenheim Museum in New York und ist allein aufgrund seiner Architektur sehenswert. Das ***Siriraj Medical Museum*** wird von vielen Besuchern als teilweise skurril empfunden. Weit südlich der zentralen Stadtbezirke bieten das ***Erawan Museum*** und die ***Ancient City*** beeindruckende Architektur.

Am Abend kann ein Abstecher in die ***Rotlichtbezirke***, wie beispielsweise auf die ***Soi Cowboy*** interessante Impressionen bieten. Unsicher muss man sich hier nicht fühlen.

Im Bezirk Sathorn kann man ausgehend von der Skytrainstation Chong Nonsi durch den beleuchteten ***Chong Nonsi Kanalpark*** laufen. Auf Flusskreuzfahrten erhält man am Abend schöne Ausblicke auf die Ufer des Chao Phraya.

Mit Flussbooten erreicht man die weit nördlich gelegene ***Insel der Töpfer Ko Kret.*** Die Überfahrt zur Flussinsel erfolgt ausgehend vom Wat Kang Kret Pier. Die meisten Restaurants und Geschäfte öffnen nur am Wochenende.

Kurztrip

Bangkok in drei Tagen

Mit Ausflug in die Provinz
Nakhon Pathom

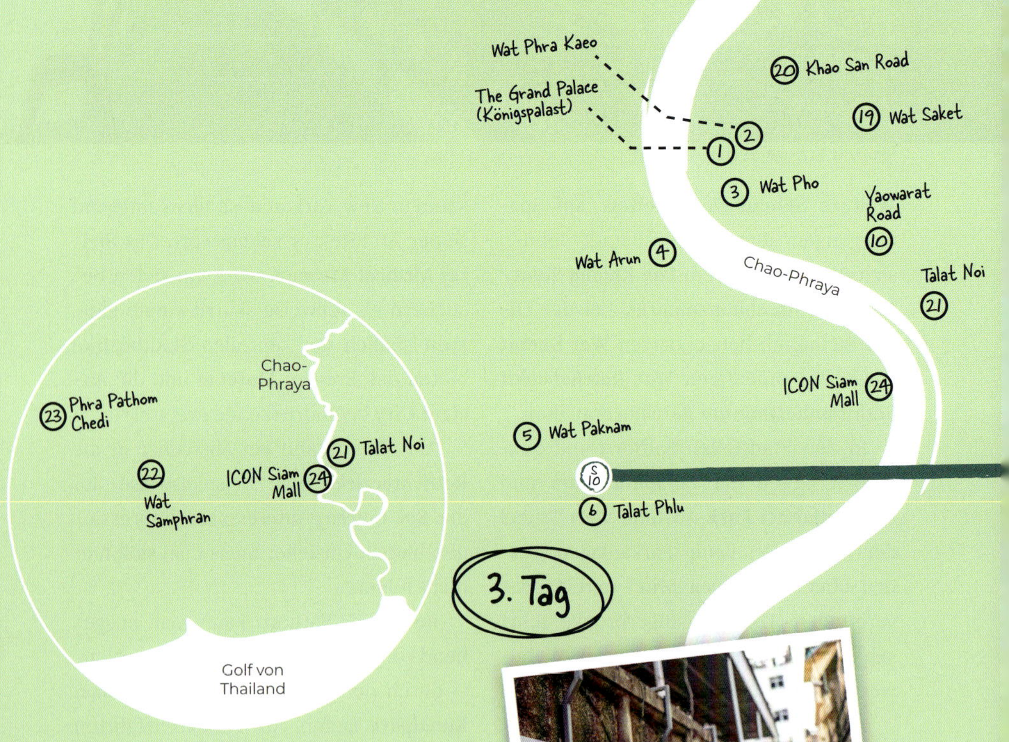

Spaziergang durch Talat Noi

Legende

- BL 01 MRT Mass Rapid Transit Blue Line
- E 01 BTS SkyTrain Green, Sukhumvit Line
- S 01 BTS SkyTrain Green, Silom Line

2. Tag

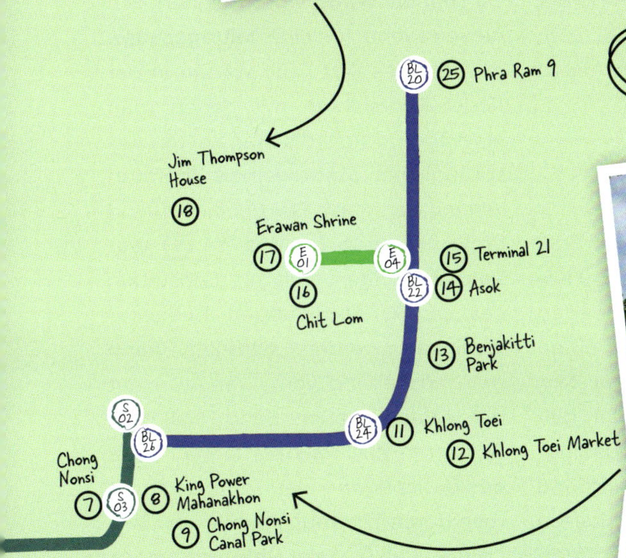

Die Aussicht genießen vom King Power Mahanakhon

Den 1. Tag in China Town ausklingen lassen

1. Tag

Ankunft und erste Eindrücke

Bei Ankunft am frühen Morgen und ausreichend zur Verfügung stehender Energie, kann der Nachmittag bereits zur **Erkundung nahegelegener Sehenswürdigkeiten** genutzt werden. Aufgrund der **langen Anreise** und der **Zeitverschiebung** empfiehlt es sich für viele Reisende, den ersten Abend ruhig ausklingen zu lassen.

Tag 1: Highlights der Stadt

Der erste volle Tag startet gegen 8:30 Uhr mit der **Besichtigung des ① Königspalastes** und des benachbarten **② Wat Phra Kaeo,** um dem größten touristischen Andrang und der Mittagshitze zuvorzukommen. Der geltende Dresscode muss unbedingt eingehalten werden! Anschließend besichtigt man den benachbarten **③ Wat Pho.** Auf der prächtigen Tempelanlage befindet sich ein großer, liegender Buddha. Anschließend könnte man bei einer **Thai-Massage** in der renommierten Massageschule auf dem Tempelgelände entspannen. Ausgehend vom an den Wat Pho angrenzenden Pier setzt man zur Besichtigung des hinduistisch geprägten **④ Wat Arun** über den Chao Phraya über. Die Restaurants in der angrenzenden Straße **Thanon Wang Doem** eignen sich hervorragend für eine **Mittagspause.** Am Pier des Wat Arun warten in der Regel Bootsfahrer, mit denen man eine Tour durch die Kanäle des ursprünglichen **Stadtbezirkes Thonburi** vereinbaren kann. Der beeindruckend große, sitzende Buddha im **⑤ Wat Paknam** sollte vorab als Endstation der ca. 60–90-minütigen Bootstour vereinbart werden. Alternativ kann man ausgehend vom Wat Arun mit der U-Bahn (Station: Bang Phai) oder Taxis zum Wat Paknam fahren. Nach der Besichtigung des Tempels streift man durch Thonburis Gassen zur Skytrain Station **⑥ Talat Phlu,** von wo aus man zur Haltestelle **⑦ Chong Nonsi** fährt, um den **Sonnenuntergang** von der über 300 m hohen Aussichtsplatt-

Ausblick auf Bangkoks Skyline aus der ICON Siam Mall

Ursprünglichere Seiten von Bangkok findet man in Thonburi

form des (8) **King Power Mahanakhon Wolkenkratzers** zu beobachten. Nach Sonnenuntergang kann der moderne, beleuchtete (9) **Chong Nonsi Canal Park** durchlaufen werden, bevor man mit dem Tuk Tuk zu den zahlreichen Garküchen entlang der (10) **Yaowarat Road in China Town** fährt (montags geschlossen).

Sofern man den ersten Tag in Bangkok ruhiger angehen möchte, empfiehlt es sich die Bootstour durch Thonburi auf einen anderen Tag zu legen oder auf die abschließenden Besuche des King Power Mahanakhon und/oder der Yaowarat Road in China Town zu verzichten. Eine **geführte Fahrradtour** zu den bedeutendsten Sehenswürdigkeiten der Stadt und durch kaum besuchte Viertel stellt eine optimale Alternative für alle dar, die ihren ersten Tag in Bangkok mit Guide erleben möchten.

Tag 2: Unterwegs im Großstadtdschungel

Am Morgen des zweiten Tages fährt man mit der U-Bahn zur Station (11) **Khlong Toei,** um den (12) **Khlong Toei Market** zu besichtigen. Nach der Erkundung des ursprünglichen Marktes durchquert man den prächtig gestalteten (13) **Benjakitti Park** und erreicht die Skytrain Station (14) **Asok.** Inmitten der Wolkenkratzer bieten sich der internationale **Foodcourt** des (15) **Einkaufszentrums Terminal 21** oder das kleine **Bistro Pala Pizza** für eine **Mittagspause** an. Eine authentische Alternative ist der weiter nördlich gelegene **Ruam Sab Market.** Anschließend fährt man mit dem Skytrain zur Station (16) **Chit Lom.** Ausgehend von den Hochwegen erhält man hier Ausblicke auf das bunte Treiben am (17) **Erawan Schrein.** Von hier aus läuft man weiter zum (18) **Jim Thompson House.** Nach der Führung durch das außergewöhnliche Anwesen fährt man mit dem Kanalboot vom Hua Chang Pier bis zur Endstation am Panfa Leelard Pier. Der Fahrtpreis wird direkt an Bord gezahlt. In direkter Nachbarschaft des Piers befindet sich der prächtige ⑲ **Wat Saket.** Von der obersten Ebene hat man Ausblick auf die Altstadt, Bangkoks Skyline und in Richtung Sonnenuntergang. Der benachbarte **Wat Ratchanatdaram Worawihan** (Loha Prasat) wird nach Sonnenuntergang prächtig beleuchtet. Zum Abschluss des Tages bietet sich ein Spaziergang über die belebte Backpackerstraße ⑳ **Khao San Road** und über die benachbarte ruhigere **Rambuttri Alley** an.

Tag 3: Das Erlebnis Bangkok abrunden

Der dritte Tag in Bangkok kann genutzt werden, um einen Ausflug in die **Umgebung der Stadt** zu unternehmen, um die zahlreichen **Shoppingcenter** der Stadt zu besuchen, um an einer geführten **Streetfoodtour** teilzunehmen, um das Programm der ersten beiden Tage zu entzerren oder um wenig besuchte Orte der Stadt zu erkunden.

Ausgedehnte Spaziergänge durch **China Town,** durch ㉑ **Talat Noi** oder **Bang Lamphu** bieten am Vormittag interessante Eindrücke abseits des modernen Bangkoks. **Fahrradtouren** auf der Flussinsel **Bang Krachao** ermöglichen es, der Hektik der Metropole zu entfliehen. Ausflüge zu außerhalb gelegenen Orten, wie dem Drachentempel ㉒ **Wat Samphran,** dem ㉓ **Phra Pathom Chedi** oder dem **Khlong Lat Mayom Floating Market** (nur am Wochenende!) stellen interessante Erlebnisse abseits der Touristenströme dar. Ein Besuch der pompösen Einkaufszentren ist häufig ebenfalls interessant. Die ㉔ **ICON Siam Mall** ist ein beeindruckender Konsumtempel mit Ausblick auf den Fluss und die Skyline. Die **Central World Mall** gehört zu den größten Einkaufzentren der Welt. Klassischer geht es im **MBK-Center** zu. Am Wochenende empfiehlt sich zudem ein Besuch des belebten **Chatuchak Weekend Marktes.**

Zum Abschluss des dritten Tages bietet sich der **Besuch eines Nachtmarktes** an. Der **Jodd Fairs** ist ein moderner Nachtmarkt, der täglich geöffnet und leicht mit der U-Bahn erreichbar ist (Station: ㉕ **Phra Ram 9**). Klassischer geht es von Donnerstag bis Sonntag auf dem weit östlich gelegenen **Srinagarindra Train Night Market** zu. Alternativ bieten sich der **Besuch einer Skybar** oder ein Abendessen in den Restaurants auf der gegenüberliegenden Flussseite des beleuchteten Wat Arun an.

Bei **Abreise per Nachtzug oder Nachtbus** am Ende des dritten Tages, sollte ausreichend Zeit eingeplant werden, um rechtzeitig zum Abfahrtsort zu gelangen.

Zeitplan

Tag 1:

- **8.30 Uhr:** Königspalast und Wat Phra Kaeo
- **11 Uhr:** Wat Pho (ggf. mit anschließender Thai-Massage)
- **12.30 Uhr:** Fahrt über den Chao Phraya zum Wat Arun
- **13.15 Uhr:** Mittagspause in den angrenzenden Restaurants (Thanon Wang Doem)
- **14–15.30 Uhr:** Bootstour durch Thonburi mit Endstation am Wat Paknam
- **16.15–16.45 Uhr:** Spaziergang durch Thonburis Gassen zur Skytrainstation Talat Phlu; Weiterfahrt zur Station Chong Nonsi
- **17.30 Uhr:** Sonnenuntergang auf dem King Power Mahanakhon
- **18.45 Uhr:** Beleuchteter Chong Nonsi Canal Park
- **Ab 19.15 Uhr:** Tuk Tuk-Fahrt zum Streetfood auf der Yaowarat Road in China Town

Mittagspause mit Streetfood

Tag 2:

- **9.30 Uhr:** Besuch des Khlong Toei Markets
- **11–12 Uhr:** Spaziergang durch den Benjakitti-Park zur Asok-Kreuzung
- **12.15 Uhr:** Mittagspause (Terminal 21 Foodcourt; Pala Pizza; Ruam Sab Market)
- **13.45 Uhr:** Besuch des Erawan Schreins
- **14.30–16 Uhr:** Führung im Jim Thompson House
- **16.30 Uhr:** Fahrt mit dem Khlong-Boot (Hua Chang Pier bis Panfa Leelard Pier)
- **17–18.45 Uhr:** Sonnenuntergang am Wat Saket und Besuch des benachbarten Loha Prasat
- **Ab 19.15 Uhr:** Spaziergang/Nachtleben auf der Khao San Road und der Rambuttri Alley

Tag 3:

- **Tagsüber:** Zeit für Ausflüge in die Umgebung, Shopping, geführte Streetfoodtouren, weniger bekannte Aktivitäten, Entspannung oder das Programm der ersten beiden Tage entzerren
- **Am Abend:** Besuch eines Nachtmarktes und/oder einer Skybar

In der Umgebung

Schwimmende Märkte und Train Markets: Der ***Damnoen Saduak Floating Market*** gehört gemeinsam mit dem nahegelegenen ***Mae Klong Railway Market***, auf dem ein Zug über einen dichten Markt fährt, zu den bekanntesten Ausflugszielen in der Umgebung von Bangkok. Beide Märkte werden jedoch touristisch stark besucht und haben ihre einstige Authentizität vor vielen Jahren eingebüßt.

Im Stadtgebiet von Bangkok empfiehlt sich deswegen der Besuch des samstags und sonntags geöffneten ***Khlong Lat Mayom Floating Markets.*** Auch wenn es hier nur wenige schwimmende Händler gibt, bietet der empfehlenswerte Ausflug authentische Impressionen und eine hervorragende Auswahl an Speisen und Getränken.

Öffnungszeiten: Sa/So 8–17 Uhr.

Shuttlebusse verbinden den Khlong Lat Mayom Market mit weiteren schwimmenden Märkten im Bezirk Taling Chan. Züge, die direkt an Marktständen vorbeifahren, können abseits von Touristenmassen beispielsweise auf dem ***Talat Phlu Market*** beobachtet werden.

Westlich der Stadt: Westlich von Bangkok befinden sich interessante Ausflugsziele und weiterhin kaum besuchte Sehenswürdigkeiten. Die Anreise erfolgt am leichtesten mit dem Taxi oder einer geführten Tour. Professionell organisier-

Der außergewöhnliche Drachentempel liegt etwas außerhalb Bangkoks

Schwimmende Händler auf dem Khlong Lat Mayom Floating Market

te, deutschsprachige Touren werden von **Green Mango Bangkok** angeboten.

Web: www.green-mango.net

Im **Drachentempel Wat Samphran** windet sich der Körper eines Drachen um einen 80 m hohen, pinken Turm. Der Kopf des Drachen liegt auf dem 17. Stockwerk. Hier erhält man einen **360°-Ausblick auf Bangkok,** das umgebende Flachland und die Küste am Golf von Thailand. Der Aufstieg zur obersten Ebene erfolgt innerhalb des Drachenkörpers, durch eines überraschend kargen Betontunnel. Der Turm wurde aufgrund eines Missbrauchsskandales bis heute nicht vollständig fertiggestellt. Der Drachenturm liegt ca. 50 km westlich von Bangkok, in der **Provinz Nakhon Pathom.**

Öffnungszeiten und Eintritt: Tägl. 8–17 Uhr, Eintritt frei, Spenden sind erwünscht.

Der 127 m hohe **Phra Pathom Chedi** wurde vermutlich bereits im 4. Jahrhundert errichtet und gilt nach zahlreichen Überbauungen als **der höchste buddhistische Chedi der Welt.** Der Chedi steht in der Stadt **Nakhon Pathom,** ca. 50 km westlich von Bangkok. Der Besuch des Chedis kann gut mit der Besichtigung des Wat Samphran kombiniert werden.

Öffnungszeiten und Eintritt: Tägl. 9–16.30 Uhr, Eintritt frei, Spenden sind erwünscht.

Auf Streifzügen durch Bangkoks Altstadt gibt es viel zu entdecken

Streetfood auf dem Nachtmarkt Jodd Fairs

Street Art im Bezirk Bang Lamphu

Im Großstadtdschungel Bangkoks gibt es sogar Warane zu entdecken ...

... zumindest im Lumphini Park, einer grünen Oase inmitten der Metropole

Ayutthaya 7 2

Die beeindruckenden Tempel und Ruinen im Geschichtspark von Ayutthaya sind **UNESCO-Welterbe.** Insbesondere der „Buddha im Baum" im Wat Mahathat gehört zu den bekanntesten Fotomotiven des Landes. Ayutthaya war vom 14. bis zum 18. Jahrhundert die ***Hauptstadt des siamesischen Königreiches*** und ein ***bedeutender internationaler Handelshafen.*** Kaufleute aus dem asiatischen und europäischen Raum betrieben Handelskontore in der Stadt und prägten die Bezeichnung der Stadt als „Venedig des Ostens". Die einst florierende Stadt beherbergte bis zu einer Million Einwohner und über **1500 Tempel**. Ayutthaya wurde jedoch im Siamesisch-Birmanischen-Krieg von 1764 bis 1769 weitestgehend zerstört. Die abgeschlagenen Köpfe der meisten Buddhastatuen und die Tempelruinen des Geschichtsparks sind die stummen Zeugen dieses Krieges. Der Chao Phraya Fluss und der Pasak Fluss umgeben eine ***Flussinsel,*** auf der sich der Geschichtspark befindet. Im zentralen ***Bueng Phra Ram Park*** befinden sich die bedeutendsten Tempel der Stadt. Außerhalb der Flussinsel liegen weitere Tempel, Ruinen und Sehenswürdigkeiten. Kleine Fähren und Brücken verbinden die Flussufer miteinander. Die Stadt Ayutthaya liegt 75 km nördlich von Bangkok und gehört zu den beliebtesten Ausflugszielen in der Umgebung der Metropole. An den bekanntesten Tempeln werden geringe Eintrittsgebühren verlangt.

Nützliches

Anreise: Ausgehend von Bangkok erfolgt die Anreise mit ***Zügen, Bussen, Taxis*** und ***geführten Tagestouren.*** Dic Fahrt dauert ungefähr zwei Stunden. Insbesondere die Zugfahrt nach Ayutthaya ist ein authentisches Erlebnis. Züge nach Ayutthaya fahren stündlich vom ***Hauptbahnhof Krung Thep Aphiwat Train Terminal*** und dem ***Bahnhof Don Mueang*** zum Bahnhof in Ayutthaya, bevor sie weiter in Richtung der nordthailändischen Stadt Chiang Mai fahren. Ausgehend vom Bahnhof in Ayutthaya erreicht man die Flussinsel mit Tuk Tuks oder Fähren. Bei später Ankunft fahren keine Fähren mehr über den Fluss. Mit vielen Tuk Tuk-Fahrern können direkt nach Ankunft geführte Rundfahrten vereinbart werden.

GPS: N 14.3567871, E 100.581430 (Flussfähren am Bahnhof Ayutthaya)

Unterkunft: Unterkünfte auf der Flussinsel bieten schnellen Zugang zu den bedeutendsten Sehenswürdigkeiten der Stadt. Die meisten Unterkünfte am Geschichtspark bieten ihren Gästen Fahrräder an und können bei der Organisation geführter Touren behilflich sein.

Das moderne Gasthaus ***Baan Tye Wang Resort*** im klassischen Thai-Stil wird liebevoll geführt und bietet eine ideale Ausgangslage zur Erkundung des Geschichtsparks.

Preiskategorie: €€

Kulinarisches: Flussgarnelen sind eine Spezialität der Stadt. Bei ***Jab Kang Hi*** wird eine große Auswahl entsprechender Gerichte angeboten.

Gutes, günstiges Streetfood erwartet einen jeden Abend von 17 bis 22 Uhr auf dem ***Ayutthaya Night Market.***

Die ***Restaurants am Bueng Phra Ram Park*** richten sich vorwiegend an Tagestouristen.

Info

Unsere Tipps für Ayutthaya

- Ayutthaya kann einerseits mit **geliehenen Fahrrädern** sehr gut auf eigene Faust erkundet werden, andererseits bieten **geführte Touren** tiefgehende Einblicke in die Geschichte der Stadt.
- Besuche den **„Buddha im Baum“,** im Wat Mahathat am frühen Morgen, um den Tagestouristen aus Bangkok zuvorzukommen.
- Verhalte und kleide dich in allen Tempeln und Ruinen der Stadt **respektvoll und zurückhaltend.**

Sehenswert

Tempelruinen des Geschichtsparks: Der ***Wat Mahathat*** ist aufgrund eines ***abgeschlagenen Buddhakopfes,*** der malerisch von Wurzeln umwachsen wurde, der bekannteste Tempel der Stadt.

Der benachbarte ***Wat Ratchaburana*** gehört zu den größten Tempeln Ayutthayas. Vom zentralen Prang erhält man einen Ausblick auf die umgebenden Ruinen.

Unmittelbar westlich des Bueng Phra Ram Parks liegt der ***Wat Phra Ram.*** Auf der Tempelanlage befinden sich gut erhaltene, beeindruckend hohe Prangs und Chedis.

Der benachbarte ***Wat Phra Si Sanphet*** befindet sich auf dem Gelände des ehemaligen Königspalastes. Die zentralen Chedis gehören zu den bekanntesten Fotomotiven der Stadt.

Einen Besuch wert: der Wat Phra Ram

Bild 1: Der Wat Phra Ram im Geschichtspark | Bild 2: Eines der beliebtesten Fotomotive: der „Buddha im Baum“

Der angrenzende ***Wihan Phra Mongkhon Bophit*** ist ein prächtiger, moderner buddhistischer Tempel.

In der Nähe des westlichen Ufers der Flussinsel befindet sich im ***Wat Lokkayasutha*** ein ca. 40 m langer, liegender Buddha.

Öffnungszeiten: Tägl. 8–16.30 Uhr.

In der Umgebung

Außerhalb des Geschichtsparks und der Flussinsel befinden sich weitere sehenswerte ***Tempelruinen und Tempel.*** Zahlreiche Fähren verbinden die Flussinsel mit ihrer Umgebung. Der Fährbetrieb endet gegen 19 Uhr. Im Norden, Osten und Westen der Flussinsel befinden sich Brücken. Die Umgebung der Flussinsel kann ebenfalls mit dem ***Fahrrad*** erkundet werden.

Westlich der Flussinsel: Der ***Wat Chai Watthanaram*** ist eine ausgedehnte Tempelanlage im Südwesten der Flussinsel. Der Besuch des Tempels lohnt sich vor allem am späteren Nachmittag, wenn die Anlage in stimmungsvolles Licht getaucht wird und die meisten Tagestouristen bereits abgereist sind.

Öffnungszeiten: Tägl. 8–17 Uhr.

Nördlich der Flussinsel: Nordwestlich der Flussinsel befindet sich der ***Wat Phu Khao Tong.*** Der beeindruckende Chedi des Tempels ist begehbar.

Öffnungszeiten: Tägl. 8–17 Uhr.

Östlich der Flussinsel: In den benachbarten Tempeln ***Wat Kudi Dao*** und ***Wat Maheyong*** befinden sich sehenswerte Überreste der einst prächtigen Tempelanlagen. Hier geht es häufig deutlich ruhiger zu als in den Tempeln des Geschichtsparks. Der gut erhaltene ***Wat Yai Chai Mongkon*** ist einer der größten Tempel von Ayutthaya. Auf dem Tempelgelände befinden sich ein beeindruckender Chedi und ein großer, liegender Buddha.

Öffnungszeiten: Tägl. 8–16.30 Uhr.

Südlich der Flussinsel: Der ***Wat Phanan Choeng*** ist ein prächtiger, moderner Tempel. Im Tempel befindet sich ein beeindruckender, sitzender Buddha.

Öffnungszeiten und Eintritt: Tägl. 9–16 Uhr, ca. 50 THB.

Südlich der Flussinsel befinden sich zudem Sehenswürdigkeiten, die von der Vergangenheit Ayutthayas als internationaler Handelshafen zeugen. Im ***Japanese Village***, im ***Baan Hollanda*** und im ***Portuguese Village*** erhält man Einblicke in die einstigen Handelstätigkeiten unterschiedlicher Nationen. Die ***St. Joseph's Church*** ist eine hübsch gestaltete katholische Kirche.

Bild 1: Pai Canyon | Bild 2: Der Wat Huay Pla Kang in Chiang Rai | Bild 3: Aufstieg zum Wat Phra That Doi Suthep

Nordthailand

Die Berglandschaften der Provinzen Chiang Mai, Chiang Rai und Mae Hong Son begeistern durch spektakuläre Ausblicke, beeindruckende Wasserfälle und starke kulturelle Kontraste zum Süden des Landes. Die außergewöhnliche Küche des Nordens, mit Gerichten wie der Suppe Khao Soi, der Wurst Sai Ua oder dem Fleischsalat Laab, ist mittlerweile weit über die Grenzen der Region hinweg bekannt.

Außerhalb von Chiang Mai ist der Tourismus in Nordthailand weiterhin deutlich geringer ausgeprägt als in Bangkok und auf den Inseln des Südens. Die gut ausgebauten Straßen des Nordens führen zu abgelegenen Bergdörfern, auf die höchsten Berge des Landes, zu faszinierenden Kalksteinhöhlen, zu Kaffee- und Teeplantagen sowie zu außergewöhnlichen Tempeln. Selbstfahrer mit Motorrollern, Motorrädern und Autos kommen hier vollkommen auf ihre Kosten.

Bei der Planung von Reisen in diese Region sollte die jährliche Smoke Season beachtet werden.

Rauchsaison in Nordthailand, Seite 31

Kulinarisch, kulturell und landschaftlich unübertroffen

Nicht verpassen!

- Tiergerechte ***Elefantencamps*** Seite 162
- ***Tempel*** in Chiang Mais Altstadt Seite 164
- ***Wat Phra That Doi Suthep*** in Chiang Mai Seite 165
- ***Bua Tong Wasserfall*** Seite 166
- ***Doi Inthanon Nationalpark*** Seite 170
- Khao-Soi-Suppe im ***Restaurant Khao Soi 100 Year*** probieren Seite 173
- ***Saturday Walking Street*** in Chiang Rai Seite 174
- ***Wat Huay Pla Kang, Weißer Tempel*** und ***Blauer Tempel*** in Chiang Rai Seite 174, 175, 176
- Ausblick von der Klippe ***Phu Chi Fah*** Seite 184
- ***Pai Canyon*** Seite 188
- ***Nam Lod Cave*** Seite 191
- ***Wat Tham Chiang Dao Cave*** Seite 204

Das Tha Pae Gate ist das östliche Stadttor von Chiang Mai

Chiang Mai 2 3 3 11

GPS: N 18.786170, E 98.985313

Chiang Mai war einst die Hauptstadt des unabhängigen Lanna-Königreiches. Heutzutage ist die Stadt das ***wirtschaftliche und kulturelle Zentrum Nordthailands.*** Trotz fortlaufender Modernisierung und einer stark wachsenden Gemeinschaft an Expats und digitalen Nomaden ist die ***„Rose des Nordens“*** dennoch kaum mit der Metropole Bangkok vergleichbar. Hochhäuserschluchten existieren in der ruhigeren Großstadt nicht. In Chiang Mai erwarten einen ***prächtige Tempel*** und Einblicke in die ***einzigartige Küche des Nordens.*** Insbesondere das Suppengericht Khao Soi sollte jeder Besucher der Stadt probiert haben. In der umgebenden, gleichnamigen Provinz werden Tempel, Wasserfälle und Aussichtspunkte in teilweise beeindruckende Berglandschaften eingebettet. Viele Reisende nutzen Chiang Mai als Ausgangspunkt für Rundfahrten entlang des bekannten Mae Hong Son Loops und zur Erkundung des gesamten Nordens.

Nützliches

Anreise: Ausgehend von Europa sind ***Flüge mit Zwischenlandung in Bangkok*** zum internationalen Flughafen in Chiang Mai möglich. Das Gepäck kann auf durchgebuchten Verbindungen leicht bis nach Chiang Mai durchgecheckt werden. Zahlreiche ***Inlandsflüge*** verbinden Chiang Mai mit großen Teilen des Landes. ***Zugfahrten*** von Bangkok nach Chiang Mai bieten schöne Ausblicke auf die vorbeiziehenden Provinzen. Insbesondere ***Nachtzugfahrten*** erfreuen sich stark gewachsener Beliebtheit und sollten dementsprechend im Voraus gebucht werden. Zwischen den meisten Städten des Nordens und Chiang Mai bestehen ***Bus- und Taxiverbindungen.***

Unterkunft: Für Erstbesucher der Stadt empfehlen sich Unterkünfte in der teilweise ummauerten Altstadt. Hier übernachtet man fußläufig zu den bedeutendsten Tempeln der Stadt.

Im Bereich des ***östlichen Stadttores (Tha Pae Gate)*** ist die ***touristische Infrastruktur*** am dichtesten. Westlich der Altstadt befinden sich im aufstrebenden ***Bezirk Nimmanhaemin*** (kurz: Nimman) mehr moderne Hotels, internationale Restaurants und mehr Angebote des Nachtlebens. Ausgehend von Nimman erfolgt die Anfahrt in die Altstadt mit Taxis oder eigenen Motorrollern. Östlich der ***Altstadt***, in der Nähe des Ping-Flusses, befinden sich einige gehobene Unterkünfte.

Rund um den naheliegenden, auf Touristen ausgerichteten ***Night Bazaar*** befinden sich vorwiegend günstige Unterkünfte. Die Altstadt ist ausgehend von diesen Bezirken nicht fußläufig erreichbar.

Das Hotel ***POR Thapae Gate*** liegt im touristischen Zentrum Chiang Mais und bietet einen optimalen Ausgangspunkt zur Erkundung der Stadt. Das moderne, minimalistische Konzept stellt einen schönen Kontrast zur umgebenden Altstadt dar.

Preiskategorie: €€

Info

Unsere Tipps für Chiang Mai

- Es gibt zahlreiche schwarze Schafe unter den **Elefantencamps** in der Umgebung. Empfehlungen für weitestgehend **tiergerecht** arbeitende Anbieter haben wir dir im Verlauf des Kapitels zusammengestellt.
  Thailand Inside, S. 352
- Rund um die Feierlichkeiten zu **Loy Krathong** und **Yi Peng** im November (vereinzelt auch schon Ende Oktober) wird es in Chiang Mai atmosphärisch, aber auch sehr voll. Die **Preise für Unterkünfte** steigen stark an. Die meisten Unterkünfte sind weit im Voraus ausgebucht.
- **Abendliche Spaziergänge** entlang der beleuchteten Tempel der Altstadt sind stimmungsvoll.
- Jeden Abend erwartet dich in der **North Gate Jazz Co-Op** gute Live-Musik.
- Abseits der touristischen Bezirke kannst du am Abend auf dem **Langmor Night Market** im Westen der Altstadt und auf dem **Warorot Market** in China Town authentisches Streetfood probieren.

Das gehobene Hotel ***Meliá Chiang Mai*** am Ping-Fluss bietet Komfort zu entspre-

Das Suppengericht Khao Soi

chenden Preisen. Das Hotel liegt abseits der Altstadt, aber bietet schnellen Zugang zum Nachtmarkt und nach China Town.

Preiskategorie: €€€

Kulinarisches: Chiang Mai ist für die außergewöhnliche Küche Nordthailands und eine ***ausgeprägte Streetfoodszene*** bekannt.

Hervorragende Khao Soi wird ganztägig bei **Khao-So-i** serviert. Das chic gestaltete Restaurant ist vor allem bei Thailändern sehr beliebt.

GPS: N 18.809386, E 99.004878

Bis zum frühen Nachmittag werden sehr gute Variationen des Suppengerichtes bei ***Khao Soi Lung Prakit Kad Kom, Khao Soi Khun Yai, Khao Soy Mae Sai, Khao Soi Islam, Khao Soi Lamduan Fuham*** und ***Khao Soi Mae Manee*** angeboten.

In der Altstadt wird im ***Blue Noodle*** ausgezeichnetes Thaifood serviert. Für Vegetarier und Veganer empfehlen sich das ***Goodsouls Kitchen*** und das ***Pure Vegan Heaven.*** Am Abend öffnen im Bereich der vier Tore der Altstadt zahlreiche ***Garküchen.*** Insbesondere der **Gate Market** am südlichen Stadttor bietet eine gute Auswahl an Streetfood bei ruhiger Atmosphäre. Östlich der Altstadt liegt der touristische, aber atmosphärische ***Chiang Mai Night Bazaar.*** Am Samstagabend erwartet einen südlich der Altstadt die ***Wua Lai Walking Street.*** Jeden Sonntagabend findet in der Altstadt die bei Einheimischen und Touristen beliebte ***Sunday Tha Phae Walking Street*** statt.

Im Bezirk Nimmanhaemin bietet das ***Why Not? Italian Restaurant & Wine Bar*** sehr gute italienische Küche an.

Aktivitäten

Tiergerechte Elefantencamps: Elefanten hautnah zu erleben ist ein außergewöhnliches Erlebnis. In Chiang Mais Umgebung befinden sich zahlreiche Elefantencamps. Viele Camps legen bedauernswerterweise weiterhin nur auf dem Papier Wert auf möglichst tiergerechte Haltungsbedingungen. Der ***Elephant Nature Park*** der Tierschützerin *Lek Chailert* ist international renommiert. Tickets sollten aufgrund der hohen Nachfrage vorab online reserviert werden. Eine weniger bekannte, empfehlenswerte Alternative sind die ***Elephant Special Tours*** des deutschen Auswanderers *Bodo Förster.*

Web: www.elephantnaturepark.org; www.elephant-tours.de

Fahrradtouren: Geführte Fahrradtouren ermöglichen die Besichtigung der wichtigsten Sehenswürdigkeiten und Tempel im Bereich der Altstadt und in den angrenzenden Bezirken. Hierbei erhält man **interessante Hintergrundinformationen** zur Geschichte der Stadt, über das Lanna-Königreich und die Besonderheiten einzelner Tempel. Auf Fahrten durch versteckte Gassen bieten sich Einblicke in das **Alltagsleben der Stadtbewohner.** Häufig werden zusätzliche **Stopps an Restaurants und Garküchen** eingelegt. Kontrastreiche halbtägige und ganztägige Touren können bei zahlreichen Anbietern vor Ort und online gebucht werden. Alternativ verleihen die meisten Unterkünfte Fahrräder, um die Stadt auf eigene Faust zu erkunden. Gut organisierte Fahrradtouren können bei **Co Van Kessel** gebucht werden

Web: www.covankessel.com/de

Streetfoodtouren: Chiang Mai ist ein Paradies für Streetfood-Liebhaber. Geführte Touren zu Garküchen und Restaurants abseits der bekanntesten Nachtmärkte bieten häufig **außergewöhnliche kulinarische Einblicke.** Touren können bei mehreren Anbietern vor Ort und online gebucht werden. Kulinarisch gut zusammengestellte Touren werden vom Anbieter **Chiang Mai Street Food Tours** veranstaltet.

Web: www.chiangmaistreetfoodtours.com

Kochkurse: Thailändische Kochkurse gehören zu den beliebtesten Aktivitäten in Chiang Mai. In der Regel werden nach dem **Besuch eines Marktes** mehrere **Gerichte zubereitet und verzehrt.** Kleingruppenkurse sind in der Regel günstiger als private Kochkurse. Zahlreiche Restaurants und Veranstalter bieten Kochkurse vor Ort an. Professionell organisierte Kurse in Kleingruppen werden von **Grandma's Home Cooking School** angeboten. Die Kochschule liegt allerdings außerhalb der Stadt und holt Kursteilnehmer bei ihren Unterkünften ab.

Web: www.grandmascookingschool.com

Grand Canyon: Der **Wasserpark** in einer ehemaligen Baugrube bietet Abkühlung bei hohen Temperaturen. Der Grand Canyon ist ein **beliebtes Ausflugsziel** bei Einwohnern der Stadt und Familien.

Web: grandcanyonwaterpark.velaeasy.com
Öffnungszeiten und Eintritt: Tägl. 9–18 Uhr, 600 THB.

Elefanten hautnah erleben

Sehenswert

In der Altstadt: In Chiang Mais Altstadt befinden sich zahlreiche sehenswerte, teilweise viele Jahrhunderte alte **Tempel** im verspielten Lanna-Stil. Die sehenswertesten Tempel sind

- der königliche Tempel erster Klasse ***Wat Phra Singh***
  Öffnungszeiten: Tägl. 9–18 Uhr.
- der 90 m hohe, nach einem Erdbeben im Jahr 1545 teilweise eingestürzte ***Wat Chedi Luang***
  Öffnungszeiten und Eintritt: Tägl. 5–22 Uhr, 50 THB.
- der älteste Tempel der Stadt ***Wat Chiang Man***
  Öffnungszeiten: Tägl. 8–17 Uhr.
- der aus Teakholz erbaute ***Wat Phan Tao***
  Öffnungszeiten: Tägl. 8–19 Uhr.
- der aus Aluminium- und Zinklegierungen erbaute Silbertempel ***Wat Sri Suphan***
  Öffnungszeiten und Eintritt: Tägl. 7–19 Uhr, 50 TBH.

Geführte Touren zu diesen Tempeln bieten interessante Hintergrundinformationen. Guides können bei zahlreichen Anbietern in Chiang Mai gebucht werden.

Weniger stark besucht und dennoch sehenswert sind der alte Chedi im ***Wat Lok Mo Li,*** der braunrot gestrichene ***Wat Rajamontean*** und der kleine, aber wunderschöne ***Wat Inthakhin Sadue Muang.*** Die Fische in den Lotusteichen des ***Wat Jet Lin*** zu füttern ist ein interessantes Erlebnis.

Im Bereich des Tha Pae Gates befindet sich das touristische Zentrum der Altstadt. Vor dem östlichen Stadttor im Lanna-Stil finden häufig kreative Fotoshootings statt. Der ***Nong Buak Haad Park,*** an der südwestlichen Ecke der Altstadt, eignet sich für Pausen auf Erkundungstouren.

Klein, aber nicht zu vernächlässigen: Der Wat Inthakhin Sadue Muang

Der Wat Phra Singh

Außerhalb der Altstadt: Der ***Waldtempel Wat Umong*** gehört zu den atmosphärischen Tempeln Chiang Mais und ist dennoch selten stark besucht. Ausgehend von der Terrasse des ***Wat Phra That Doi Kham*** erhält man einen schönen Ausblick auf Chiang Mai. Der Besuch des Tempels kann gut mit der Besichtigung des prächtigen, deutlich weniger besuchten ***Wat Ram Poeng*** und dem schön gestalteten Garten im ***Royal Park Rajapruek*** kombiniert werden. Im ***Wat Suan Dok*** befinden sich ein 46 m hoher Chedi im Sri Lanka-Stil und weiß gekalkte Mausoleen. Die Meditationshalle und der weiße Chedi des ***Wat Bopparam*** bieten schöne Fotomotive und auf dem Gelände des indisch geprägten ***Wat Chet Yot*** befindet sich ein beeindruckender Bodhi-Baum.

Doi Suthep Nationalpark: Der Doi Suthep Nationalpark liegt am westlichen Stadtrand von Chiang Mai. Der ***Doi Pui*** ist mit einer Höhe von 1635 m der höchste Gipfel des Gebirges. Entlang der Berghänge befinden sich malerische Tempel, Wasserfälle, Aussichtspunkte, Bergdörfer und weitere Sehenswürdigkeiten.

Der prächtige ***Wat Phra That Doi Suthep*** liegt auf einer Höhe von 1053 m und gehört zu den bekanntesten Sehenswürdigkeiten der Stadt. Eine Drachentreppe mit 306 Stufen führt zum Tempel hinauf. Hier befindet sich ein beeindruckender goldener Chedi. Ausgehend von der Terrasse des Tempels erhält man einen schönen Ausblick auf Chiang Mai. Nach Sonnenuntergang wird die Tempelanlage atmosphärisch beleuchtet. Zum Sonnenaufgang bieten sich schöne Ausblicke nach Osten. Ausgehend von Chiang Mai benötigt man ungefähr 40 Minuten hinauf zum Wat Phra That Doi Suthep.

Am Waldtempel Wat Umong

Die **Anfahrt** ist mit dem Motorroller und Taxis möglich. In der Nähe des Zoos warten Sammeltaxis auf Fahrgäste. Alternativ werden vor Ort geführte Touren durch den Nationalpark angeboten.

Öffnungszeiten und Eintritt: Tägl. 6–20 Uhr, 30 THB.

Auf dem Weg zum Wat Phra That Doi Suthep lohnen sich **Zwischenstopps** am **Huai Kaeo Wasserfall** und im atmosphärischen **Wat Pha Lat.** Oberhalb des Wat Phra That Doi Suthep liegt der **Bhubing Palace**. Das Gästehaus der thailändischen Königsfamilie ist vor allem bei Inlandstouristen ein beliebtes Ausflugsziel. Am nahegelegenen **Mon Pha Dham Viewpoint** erhält man weite Ausblicke.

Im hochgelegenen **Doi Pui Village,** einem Dorf des Bergvolkes der Hmong, kann man bei **Khao Soi Loong Surin** sehr gute Khao Soi probieren. Oberhalb des Dorfes hat man am **Doi Pui Viewpoint** einen schönen Ausblick auf die Berghänge.

Nimmanhaemin: Der aufstrebende Stadtteil Nimmanhaemin (kurz: Nimman) stellt einen starken Kontrast zu Chiang Mais Altstadt dar. Streifzüge durch das Viertel bieten **Einblicke in das moderne Chiang Mai.** Nimman ist ein beliebtes abendliches Ausgehziel für junge Thailänder und Expats. Hier befinden sich zahlreiche Cafés, Co-Working-Spaces, moderne Hotels, Streetart, Bars, Rooftops und internationale Restaurants.

Das **Maya Shopping-Center** ist ein moderner Shoppingpalast mit Kino und Foodcourt. Am Abend erhält man vom Dach des Einkaufszentrums einen schönen Ausblick in Richtung Doi Suthep. Das benachbarte Shoppingcenter **One Nimman** besticht durch seine ungewöhnliche, venezianisch-inspirierte Architektur.

Bei **Lantana Spa & Traditional Thai Massage 3** lässt es sich bei hervorragenden Massagen entspannen.

In der Umgebung

Bua Tong Wasserfall: Die Bua Tong Wasserfälle werden von einer griffigen Calciumcarbonatschicht überzogen und deswegen als **Sticky Waterfalls** bezeichnet. Ausgehend von der untersten Ebene kann man den Wasserfall leicht hinauflaufen. An steileren Abschnitten sind Seile und Geländer angebracht. Mit Moos bewachsene Stellen sind dennoch rutschig! In der benachbarten **Nam Phu Chet Si Quelle** steigt kristallklares Wasser auf.

Die Wasserfälle liegen ca. 1¼ Std. nordöstlich von Chiang Mai. Parkplätze, Toiletten und Schließfächer sind vorhanden. Badekleidung, Handtücher, Badeschuhe und Mückenschutz nicht vergessen!

Öffnungszeiten: Tägl. 8–17 Uhr.

Der Besuch der Bua Tong Wasserfälle kann gut mit der Besichtigung des sehenswerten **Wat Ban Den** und der beeindruckenden **Kalksteinhöhle im Wat Tham Chiang Dao** kombiniert werden.

Seite 204

Wat Ban Den: Seit 1988 wurden auf der ***weitläufigen Tempelanlage*** des Wat Ban Den mit Hilfe großer Spendensummen beeindruckende buddhistische Bauten in unterschiedlichen Stilrichtungen errichtet. Der Wat Ban Den liegt ungefähr 1¼ Std. nordöstlich von Chiang Mai.

Öffnungszeiten: Tägl. 7–18 Uhr.

Mok Fa Wasserfall: Am Mok Fa Wasserfall fällt das Wasser aus über 60 m Höhe in ein ***natürliches Schwimmbecken.*** Der Wasserfall liegt ungefähr 50 Min. nordwestlich von Chiang Mai. Ausgehend vom kostenpflichtigen Parkplatz führt eine ***kurze Wanderung*** zum Wasserfall und zu einer ***Fledermaushöhle.***

Öffnungszeiten und Eintritt: Tägl. ca. 8–17 Uhr, während der Regenzeit gelegentlich geschlossen, ca. 100 THB.

Der Besuch des Wasserfalls kann gut mit dem Besuch des ungewöhnlichen ***Chiang Mai Erotic Garden*** kombiniert werden, in dem es künstlerische erotische Darstellungen und Skulpturen zu entdecken gibt.

Den Mok Fa Wasserfall erreicht man nach einer kleinen Wanderung

Auf dem Blumenmarkt Chiang Mais

Der königliche Tempel Wat Phra Singh

Khao Soi Suppe mit Michelin-Auszeichnung

Der Wat Ban Den

Im Waldtempel Wat Umong herrscht eine besonders stimmungsvolle Atmosphäre

Im Wat Pha Lat

Prächtige Statue vor dem Wat Phra That Doi Kham

Doi Inthanon Nationalpark 8

Öffnungszeiten und Eintritt: Tägl. 8–18 Uhr, 300 THB, Tickets werden an den Zufahrtsstraßen verkauft.

Der Doi Inthanon ist mit einer Höhe von 2565 m der ***höchste Berg in Thailand.*** Rund um den Berg befindet sich der Doi Inthanon Nationalpark, ***einer der bekanntesten Nationalparks des Landes.*** Entlang der Straße zum Gipfel erwarten einen beeindruckende Wasserfälle, Aussichtspunkte, Reisterrassen und die weit über die Landesgrenzen hinaus bekannten Zwillingspagoden.

Nützliches

Anreise: Der Nationalpark liegt ca. 1½ Fahrstunden südwestlich von Chiang Mai. Die Anreise erfolgt mit ***geführten Touren*** oder ***selbstständig mit dem Auto.*** Bei der Anreise mit dem Motorroller sollte deutlich mehr Zeit eingeplant und auf ***ausreichende Motorisierung*** sowie zumindest eine semi-automatische Gangschaltung geachtet werden.

GPS: N 18.431872, E 98.683297

Unterkunft: Beim Besuch des Doi Inthanon Nationalparks auf der ***Durchreise*** entlang des Mae Hong Son Loops empfiehlt es sich, im Einzugsgebiet der Route 108 zu übernachten. Alternativ befinden sich auch ***Unterkünfte*** und ***Campingmöglichkeiten*** im eigentlichen Nationalpark. Hier kann man inmitten von Reisfeldern übernachten.

Die gepflegten Bungalows des ***Papa's Home & Rabbit Café*** liegen unmittelbar an der Route 108 und eignen sich gut zur Erkundung des Nationalparks sowie zur Weiterreise entlang des Mae Hong Son Loops.

Preiskategorie: €€

Der Wachirathan Wasserfall

Aktivitäten

Kew Mae Pan Nature Trail: Bei ausreichend zur Verfügung stehender Zeit können ***Wanderungen*** unternommen werden. Der Kew Mae Pan Nature Trail gehört zu den bekanntesten Wanderwegen. Am Parkplatz des Wanderweges warten ***Touristenführer*** auf Besucher. Für den Rundkurs durch den Wald (ca. 3 km) benötigt man ungefähr zwei bis drei Stunden. Entlang des Weges erreicht man den ***Kew Mae Pan Viewpoint.*** Hier erhält man insbesondere zum Sonnenaufgang einen spektakulären Ausblick. Zwischen Juni und Oktober wird die Wanderstrecke geschlossen.

Die königlichen Zwillingspagoden

Sehenswert

Am südlichen Fuße des Berges befindet sich der beeindruckende **Mae Ya Wasserfall.** Entlang von mehr als 30 Kaskaden stürzt das Wasser aus einer Höhe von ca. 280 m hinab. Entlang der gut ausgebauten Straße hinauf zur Bergspitze liegen der **Wachirathan Wasserfall** (90 m Fallhöhe), zahlreiche kleinere Wasserfälle, wie beispielsweise der **Sirithan Wasserfall**, schöne Aussichtspunkte und die beiden **königlichen Zwillingspagoden.** Hier erhält man bei klaren Wetterverhältnissen einen beeindruckenden Ausblick auf die weitläufigen Berghänge. Rund um die violetten Pagoden befindet sich ein **Blumengarten.** Auf dem Gipfel liegt rund um den höchsten Punkt Thailands ein **stimmungsvoller, häufig mit Nebel durchzogener Wald.**

GPS: N 18.552662, E 98.479859 (Zwillingspagoden)

Info

Unsere Tipps für den Doi Inthanon Nationalpark

- Entlang der Berghänge kann es **ganzjährig kühl** werden (weit unter 15–20 °C). Im Dezember und Januar kann es sogar **Frost** geben!
- Für die Besichtigung des Doi Inthanon Nationalparks solltest du **fünf bis sieben Stunden** einplanen.
- Sofern du **Wanderungen** unternehmen möchtest, solltest du im Nationalpark übernachten.

Chiang Rai 2 1

GPS:
N 19.910599,
E 99.840604

Chiang Rai ist die ruhige Hauptstadt der gleichnamigen, nördlichsten Provinz Thailands. In der Stadt befinden sich einige ***außergewöhnliche Tempel*** wie beispielsweise der weiße Tempel Wat Rong Khun und der blaue Tempel Wat Rong Suea Ten. In der umgebenden Provinz erwarten einen beeindruckende Berglandschaften, wunderschöne Aussichtspunkte, Reisfelder, Teeplantagen, Dörfer zahlreicher Minderheiten, heiße Quellen, Wasserfälle, unberührte Natur sowie authentische Einblicke in die Kulinarik und die **Lanna-Kultur** des Nordens. Im sogenannten Goldenen Dreieck, am Ufer des Mekong, grenzt die Provinz an Laos und Myanmar. Trotz der Vielzahl an sehenswerten Orten in der weitläufigen Provinz wird die Region von vielen Touristen nur kurz und teilweise sogar nur im Rahmen von Tagesausflügen besucht.

Im Khao Soi 100 Year

Nützliches

Anreise: Der internationale ***Flughafen Mae Fah Luang*** wird mehrmals täglich von verschiedenen Fluggesellschaften direkt oder mit Zwischenlandung in Bangkok angeflogen. Am Flughafen befindet sich eine Immigrationsbehörde und es ist möglich, bei durchgebuchter Verbindung Gepäck von Europa bis nach Chiang Rai durchzuchecken.

Ausgehend von vielen Reisezielen in Nord- und Zentralthailand bestehen zahlreiche ***Busverbindungen*** nach Chiang Rai. Die meisten Busse halten am zentralen Busbahnhof (Bus Terminal 1) im Zentrum der Stadt. Bei Ankunft am südlich gelegenen Bus Terminal 2 erfolgt der Transfer in die Stadt mit Sammeltaxis.

Unterkunft: Komfortable Unterkünfte in allen Preiskategorien verteilen sich im gesamten Stadtgebiet. Aufgrund der geringen Größe der Stadt ist die Lage der

Unterkunft weniger wichtig als an anderen Reisezielen. Die meisten ***günstigen Unterkünfte*** befinden sich im Bereich des goldenen Uhrenturmes und in der Nähe des Nachtmarktes. In diesen Stadtbezirken hat sich eine gut ausgebaute touristische Infrastruktur entwickelt. Entlang des Flusses geht es gehobener und noch ruhiger zu. Außerhalb der Stadt richten sich viele Unterkünfte vorwiegend an Inlandstouristen.

Die liebevoll gestaltete Unterkunft ***Maison De Chiang Rai*** mit Pool ist ein komfortabler Ausgangspunkt zur Erkundung der Stadt und ihrer Umgebung. Aufgrund der Lage abseits des touristischen Zentrums ist das Maison de Chiang Rai vor allem für Selbstfahrer empfehlenswert.

Preiskategorie: €€

Buchung: maison.de.chiangrai@gmail.com

Das moderne, einfache Gasthaus ***Sleepy House*** liegt im Zentrum der Stadt. Der Nachtmarkt, der Busbahnhof und zahlreiche Restaurants können fußläufig erreicht werden.

Preiskategorie: €€

Kulinarisches: Hervorragende Khao Soi, nach einem alten Familienrezept, wird im unauffälligen **Restaurant Khao Soi 100 Year** serviert.

GPS: N 19.903756, E 99.815854

Eine gute Auswahl an nordthailändischen Gerichten wird im ***Barrab Restaurant*** angeboten. Das Restaurant richtet sich vorwiegend an Touristen und serviert dennoch authentische Speisen.

Außerhalb des Stadtzentrums können Probierfreudige im ***Simply Northern Thai Food*** und im ***Khao Tom Mee Na*** Gerichte bestellen, die nur wenige touristische Restaurants servieren.

Das ***Chivit Thamma Da Coffee House*** bietet gehobene Fusionsküche und Backwaren bei angenehmer Atmosphäre.

Gute vegetarische und vegane Gerichte werden im ***Kunda Vegan Burger Cafe***

Info

Unsere Tipps für Chiang Rai

- Die **Straßen** der gesamten Provinz sind sehr gut ausgebaut. **Selbstfahrer** können hier ausgedehnte Rundfahrten mit Mietwagen und Motorrädern unternehmen. International agierende **Autovermieter** betreiben ihre Filialen am Flughafen Chiang Rai.
- Die **beste Khao-Soi-Suppe,** die wir bisher in Thailand probiert haben, gibt es im kleinen Restaurant Khao Soi 100 Year in Chiang Rai.
- Der weiße und der blaue Tempel in Chiang Rai sind Kunstwerke und dennoch **buddhistische Heiligtümer.** Verhalte und kleide dich hier angemessen!
- In der Provinz leben weiterhin zahlreiche **Bergvölker.** Viele Dörfer, die im Rahmen von Ausflügen angesteuert werden, empfinden wir jedoch als zu **touristisch inszeniert.**

Auf der Saturday Walking Street kann man sich ins authentische Treiben stürzen

und im **Accha Authentic Indian Cuisine** serviert.

Auf dem **Chiang Rai Night Bazaar** am Busbahnhof wird jeden Abend günstiges Streetfood angeboten. Der Night Bazaar richtet sich vorwiegend an Touristen. In den angrenzenden Gassen befinden sich einige Bars und Restaurants.

Der **Kad Luang Market** ermöglicht Einblicke in einen authentischen Straßenmarkt. Im Bereich des alten Uhrenturmes bieten Händler entlang der Straße und in überdachten Bereichen zahlreiche Waren und Streetfood an.

Aktivitäten

Saturday Walking Street: Jeden Samstagabend findet entlang der **Wisetwiang Road**, der **Thanalai Road** und der abgehenden Straßen ein ausgedehnter Nachtmarkt statt. Die Walking Street ist bei den Bewohnern der Stadt sehr beliebt und bietet ein großes Angebot an **Streetfood und Verkaufsständen.** Dichtes Gedränge, Live-Musik und Vorführungen erzeugen häufig eine herrliche Atmosphäre. Übermäßig viele Touristen kommen hier weiterhin nicht hin. Vor allem auf dem größeren Platz beim **Hilltribe Museum** bieten sich authentische Einblicke in dieses Stück thailändische Kultur. Am Sonntagabend wird eine kleinere Walking Street in der **San Khon Noi Road** veranstaltet.

GPS: N 19.908999, E 99.835125 (Zentrum der Walking Street)

Öffnungszeiten: Sa ca. 16.30–24 Uhr.

Heiße Quellen: In der Umgebung der Stadt befinden sich zahlreiche heiße Quellen. Thailänder nutzen das heiße Wasser gerne, um Eier zu kochen. Die **Pong Phrabat Hot Spring** gehört zu den beliebtesten heißen Quellen und ist leicht erreichbar.

Öffnungszeiten: Tägl. 8–18 Uhr.

Sehenswert

Wat Huay Pla Kang: Im Wat Huay Pla Kang befindet sich eine 70 m hohe und 30 m breite, strahlendweiße **Guanyin Statue,** die bereits aus großer Entfernung sichtbar ist. Die zuführende Treppe wird durch zwei Nagas begrenzt und ist eines der ***bekanntesten Fotomotive der Stadt.*** Im Inneren der Guanyin erwarten einen prächtige Stuckverzierungen. Ausgehend von der obersten Ebene erhält man einen schönen ***Ausblick*** auf die beeindruckenden Bauten der Tempelanlage. Von der obersten Ebene der benachbarten 9-stöckigen ***chinesischen Pagode*** blickt man zum Sonnenuntergang stimmungsvoll auf die weiße Statue. Am Abend wird die gesamte Tempelanlage prächtig beleuchtet. Der Wat Huay Pla Kang liegt wenige Kilometer nordwestlich von Chiang Rai.

Öffnungszeiten und Eintritt: Tägl. 7–21.30 Uhr, Eintritt frei, 40 THB für den Aufzug in der Guanyin Statue.

Der Besuch kann gut mit dem sehenswerten aber kaum besuchten **Wat Phra That Chom Sak** kombiniert werden.

Wat Rong Khun (White Temple): Der Weiße Tempel Wat Rong Khun ist ein moderner, buddhistischer Tempel und zugleich ein ***Kunstwerk*** des Künstlers *Chalermchai Kositpipat*. Strahlend weißer Marmor, detaillierte Verzierungen, Spiegelelemente und Anspielungen auf popkulturelle Phänomene kennzeichnen den Tempel. Aufgrund seiner extravaganten Architektur ist der Wat Rong Khun die meistbesuchte Sehenswürdigkeit in Chiang Rai. Auf dem Tempelgelände befinden sich zudem ein beeindruckender ***goldener Tempel*** und eine ***Kunstsammlung***. Ab 9 Uhr wird es hier zunehmend voller. Für ein Foto auf der bekannten ***Brücke der Wiedergeburt*** muss häufig angestanden werden. Der Wat Rong Khun liegt einige Kilometer südwestlich des Stadtzentrums.

Öffnungszeiten und Eintritt: Tägl. 8–17 Uhr, 100 THB.

Kunstwerk und Tempel zugleich: der Wat Rong Khun

Wat Rong Suea Ten (Blue Temple): Der Blaue Tempel Wat Rong Suea Ten besticht durch zahlreiche ***blaue Statuen und Gebäude,*** die prächtig mit Gold verziert wurden. Im Inneren der ***Meditationshalle*** befindet sich ein großer, weißer, sitzender Buddha. Der Wat Rong Suea Ten liegt im Stadtgebiet, am nördlichen Ufer des Mae Nam Kok Flusses. Rund um den Wat Rong Suea Ten geht es sehr belebt zu. Ab 9 Uhr kommen die ersten Tagestouren an. Am Abend wird es hier häufig deutlich ruhiger und der Tempel wird schön beleuchtet.

Öffnungszeiten: Tägl. 8–20 Uhr.

Blick in den Blauen Tempel

Baan Dam Museum (Black House): Das Baan Dam Museum ist ein Werk des Künstlers Thawan Duchanee. Im Zentrum der Anlage steht ein architektonisch beeindruckendes ***schwarzes Holzhaus,*** in dem ***außergewöhnliche Schnitzereien aus Teakholz*** und ***Kunstwerke*** ausgestellt werden. Auf dem weitläufigen Gelände befinden sich ungefähr 40 weitere Gebäude in unterschiedlichen Stilrichtungen. Tierhäute, Hörner, Skelette, außergewöhnliche Schnitzereien, die dunkel gestalteten Gebäude und ein künstlicher Nebelwald erzeugen eine mysteriöse, teilweise unheimliche Atmosphäre. Das Baan Dam Museum liegt ungefähr 20 Minuten nördlich von Chiang Rai.

Öffnungszeiten und Eintritt: Tägl. 9–17 Uhr, 80 THB.

Clock Tower: Der goldene ***Queen Sirikit Clock Tower*** gehört zu Chiang Rais Wahrzeichen. Der prächtig verzierte Uhrenturm ist ein schönes Fotomotiv. Am Abend wird der Turm bunt beleuchtet und spielt um 18, 19, 20 und 21 Uhr Musik. Der Clock Tower wurde vom Künstler Chalermchai Kositpipat gestaltet.

Wat Phra Kaeo: Der Wat Phra Kaeo ist der Legende nach der ***Fundort des bedeutenden Smaragd-Buddhas,*** der heutzutage im Wat Phra Kaeo in Bangkok steht. Der Smaragd-Buddha ist eines der wichtigsten buddhistischen Heiligtümer Thailands. Im Inneren des zentralen Teakholzgebäudes befindet sich heute eine ***Replik*** des Buddhas.

Öffnungszeiten: Tägl. 7–17 Uhr.

Wat Ming Muang: Im Wat Ming Muang wurde ein ***prächtiger, silbern verzier-***

Mae Sai 2

GPS: N 20.438278, E 99.903138

Mae Sai ist ein **Grenzort** zwischen Thailand und Myanmar. Früher war die Stadt ein beliebter Ort bei Backpackern, um ein neues Visum für Thailand zu erhalten und um die burmesische Stadt Tachilek zu besuchen. Aufgrund der innenpolitischen Verhältnisse in Myanmar hat sich dies schlagartig geändert.

Nützliches

Anreise: Mae Sai liegt ungefähr zwei Stunden nördlich von Chiang Rai, am Ende des sehr gut ausgebauten **Highway Nr. 1.** In Chiang Rai werden Ausflüge nach Mae Sai und zu weiteren Orten der Region angeboten. **Selbstfahrer** können einen Zwischenhalt in der Grenzstadt einlegen.

Unterkunft: Das grenznahe **Orasa Hotel** eignet sich gut für eine Übernachtung auf Rundfahrten durch die Provinz und liegt nahe der meisten Sehenswürdigkeiten.

Preiskategorie: €€

Abseits der Landesgrenze zu Myanmar erwartet einen im **TEVA Valley Resort** mehr Komfort.

Preiskategorie: €€€

Sehenswert

In der **Soi Thetsaban 21** befindet sich ein **Grenzmarkt,** der zur Drachentreppe des **Wat Phra That Doi Wao** führt. Vom Tempel blickt man über den Mae Nam Ruak Fluss nach Myanmar.

GPS: N 20.444072, E 99.880207 (Grenzmarkt)

Der 2023 eröffnete **Skywalk** wirkt auf viele Reisende skurril. Neben der großen Brücke über dem Fluss befindet sich **der nördlichste Punkt Thailands** („The northern most of Thailand“).

In der Umgebung

Tham Luang Cave: Außerhalb von Mae Sai liegt die bekannte **Höhle.** Seite 180

Golden Triangle 3

GPS: N 20.353056, E 100.082878

Das Goldene Dreieck wird durch das **Dreiländereck** zwischen Thailand, Myanmar und Laos am Mekong gebildet. Bis heute wird in der Region Schlafmohn angebaut. Der einst ausgeprägte **Opiumschmuggel** wurde jedoch stark eingedämmt. **Synthetische Drogen** werden hier weiterhin umgeschlagen. Das Goldene Dreieck ist eines der beliebtesten Ausflugsziele der Provinz und dennoch wenig spektakulär. Der Besuch des Dreiländerecks sollte immer mit weiteren Orten wie beispielsweise den Tempelruinen und dem Skywalk in Chiang Saen oder dem Grenzort Mae Sai kombiniert werden.

Nützliches

Anreise: Ausgehend von Chiang Rai benötigt man ungefähr 1½ Stunden ins Goldene Dreieck. ***Selbstfahrer*** können das Goldene Dreieck als Zwischenstopp auf Rundfahrten einplanen.

Aktivitäten

Ausflüge: Vor Ort bieten zahlreiche Anbieter geführte ***Tagesausflüge*** in die Region an. Zudem werden ***Bootsfahrten*** auf dem Mekong angeboten.

Sehenswert

Unmittelbar am Dreiländereck befindet sich ein ***sitzender Buddha.***

Das ***House of Opium*** und die ***Hall of Opium*** bieten Einblicke in die bewegte Vergangenheit der Region.

Am laotischen Ufer befinden sich einige skurril anmutende ***Casinos.***

Vom höhergelegenen Tempel ***Wat Phra That Phu Khao*** hat man einen schönen Ausblick auf den Mekong.

Chiang Saen 4

GPS: N 20.275828, E 100.086857

Chiang Saen ist der **Geburtsort des Lanna-Königs Mengrai.** In Chiang Saen befinden sich ***jahrhundertealte Tempel*** und **Ruinen.** Trotz der großen Bedeutung für die Kultur Nordthailands verschlägt es nur wenige Touristen hierhin.

Am Dreiländereck: Hier treffen die Grenzen Thailands, Laos und Myanmars aufeinander

Nützliches

Anreise: Von Chiang Rai benötigt man ungefähr 1½ Stunden nach Chiang Saen. Die meisten Besucher kommen im Rahmen ***geführter Ausflüge*** hierhin.

Unterkunft: Der kleine Ort eignet sich sehr gut für ***Übernachtungen*** entlang ausgedehnter Roadtrips durch die Provinz.

Das ***Siam Triangle Hotel*** liegt direkt am Ufer des Mekong, mit Blick auf das Nachbarland Laos.

Preiskategorie: €€

Sehenswert

Die bedeutendsten Sehenswürdigkeiten sind der beeindruckende Chedi im ***Wat Chedi Luang***, die ausgedehnte Anlage des ***Wat Pa Sak***, der ***Wat Phra That Chom Kitti*** mit Ausblick, der benachbarte ***Wat Chom Chaeng*** (auch Wat Chom Thong), der Felsen im ***Wat Phra That Pha Ngao*** sowie der 2022 eröffnete ***Mekong Skywalk.***

Chiang Khong 5

GPS: N 20.257613, E 100.408755

Das ruhige Dorf Chiang Khong liegt unmittelbar am ***Ufer des Mekongs*** und dient Reisenden vor allem zum Übertritt nach Laos. Hier wird einer der größten Frischwasserfische der Welt (Pla Buk) kultiviert. Trotz der geringen Größe des Ortes erwartet einen hier eine gute Auswahl an Verpflegungs- und Übernachtungsgelegenheiten, um die Durchreise angenehm zu gestalten.

Nützliches

Anreise: Chiang Khong liegt ungefähr 1½ Autostunden nordwestlich von Chiang Rai. Der kleine Ort empfiehlt sich vorwiegend als Station auf Rundfahrten durch die ausgedehnte Provinz.

Unterkunft: Das günstige ***Baan Fai Guest House*** im klassischen Stil eignet sich für eine Übernachtung auf der Durchreise.

Preiskategorie: €

Sehenswert

Außerhalb des nördlichen Endes des Ortes überblickt ein ***großer, sitzender Buddha*** den Mekong.

GPS: N 20.275496, E 100.397236

Am Flussufer des Mekongs liegt die stimmungsvolle Tempelanlage des ***Wat Phra Kaew.***

Im nahegelegenen ***Wat Luang*** befindet sich eine prächtige Meditationshalle.

Auf dem Gipfel des Phu Chi Fah

Phu Chi Fah 6

GPS: N 19.850902, E 100.453291

Phu Chi Fah bedeutet „Berg, der in den Himmel zeigt". Auf dem 1400 m hohen Gipfel verläuft die ***Grenze zu Laos.*** Hier bieten sich insbesondere zum Sonnenaufgang spektakuläre Ausblicke. Unterhalb des Bergzuges stauen sich am frühen Morgen häufig Wolken und bilden vor allem zum Ende der Regenzeit den berühmten ***Sea of Fog*** (Thai: Talay Mok). In klaren Nächten ist der ***Sternenhimmel*** beeindruckend.

Info

Unsere Tipps für Phu Chi Fah

- Komme ungefähr **30 Minuten vor Sonnenaufgang** auf dem Gipfel an.
- Am frühen Morgen wird es im Grenzgebirge häufig **kühl.**
- Übernachtungen im Gebirge ermöglichen dir Besuche der ebenfalls beeindruckenden Berggipfel **Doi Pha Tang** und **Phu Chi Dao.** Letzterer kann nur mit vor Ort gebuchten SUV-Taxis erreicht werden.

Nützliches

Anreise: Phu Chi Fah liegt ungefähr drei Autostunden östlich von Chiang Rai. Die Straße bis zum Gebirge ist gut ausgebaut. Die Bergstraßen sind ebenfalls gut befahrbar, jedoch teilweise schmal und steil. Ausgehend von Chiang Rai werden auch ***Ausflüge zum Sonnenaufgang*** angeboten.

Selbstfahrer sollten auf eine ausreichende Motorisierung und den Zustand ihres Fahrzeuges achten. Unterhalb des Gipfels befindet sich ein ***Parkplatz,*** an dem ein moderater, 20-minütiger Aufstieg zur Klippe beginnt.

GPS: N 19.851013, E 100.447902 (Parkplatz Phu Chi Fah Base)

Unterkunft: Übernachtungen in den Unterkünften entlang der Bergstraßen stellen eine atmosphärische Alternative zu Tagesausflügen ab Chiang Rai dar und ermöglichen Selbstfahrern Besuche auf weiteren Berggipfeln. Unterkünfte fahren ihre Gäste bei Bedarf – vor Sonnenuntergang und tagsüber – hinauf zur Klippe.

Direkt an der Zufahrtsstraße nach Phu Chi Fah bietet die Anlage des ***Phuchifa Faedview Resort*** (teilweise „Faedvew" geschrieben) einen schönen Ausblick zum Sonnenuntergang und gutes Essen.

Web: www.agoda.com

GPS: N 19.848448, E 100.439958

Preiskategorie: €

In der Umgebung

Doi Pha Tang und **Phu Chi Dao:** Ausgehend von den Unterkünften unterhalb der Klippe Phu Chi Fah können die Gipfel des Doi Pha Tang und des Phu Chi Dao angefahren werden. Hier erhält man ***beeindruckende Ausblicke.*** Ausgehend vom Parkplatz des Doi Pha Tang erreicht man den Gipfel entlang eines kurzen Aufstieges. Der Gipfel des Phu Chi Dao ist ein beliebtes Ziel zum Sonnenaufgang, aber kann nur zu Fuß oder mit SUV-Taxis erreicht werden, die entlang der Zufahrtsstraße organisiert werden können. In der gesamten Region befinden sich ***Wanderwege.***

GPS: N 19.872706, E 100.487208 (Phu Chi Dao)

GPS: N 19.931021, E 100.519612 (Doi Pha Tang)

Exkurs

Das Lanna-Königreich

Das Lanna-Königreich („Land der Millionen Reisfelder") war vom 13. bis zum 18. Jahrhundert ein **unabhängiges Königreich,** das sich über große Teile Nordthailands und angrenzende Regionen der heutigen Nachbarländer erstreckte. Bis heute beeinflusst die Lanna-Kultur die **Architektur,** den **Dialekt,** die **Feiertage** wie beispielsweise das Laternenfest Yi Peng, die **Küche,** die **Kunst** und die **Kultur** Nordthailands. Vor allem außerhalb von Chiang Mai, der ehemaligen Hauptstadt des Lanna-Königreiches, wird die Lanna-Kultur weiterhin aktiv gelebt. Insbesondere in der Provinz Chiang Rai bieten sich interessante Einblicke in dieses Stück der thailändischen Geschichte. **Historische Orte,** wie beispielsweise der Geburtsort des bekannten Lanna-Königs Mengrai, Chiang Saen, sollten deswegen idealerweise gemeinsam mit zertifizierten Touristenführern besucht werden. **Touristenführer** können vor Ort über Unterkünfte und Reisebüros gebucht werden.

Im kleinen Dorf Pai

Pai 3 10

GPS:
N 19.363573,
E 98.428955

Das Dorf Pai liegt in einem malerischen Tal nordwestlich der Großstadt Chiang Mai, in der Provinz Mae Hong Son. Pai war einst ein **Hippie-Dorf.** Heutzutage ist der Ort ein beliebtes Reiseziel bei Backpackern, Individualreisenden und Inlandstouristen. Pai ist dennoch weiterhin ein Anzugsort für ein alternativ geprägtes Publikum. Die **762 Kurven** entlang der Strecke zwischen Chiang Mai und Pai sind Teil des Mae Hong Son Loops und gehören zu den beliebtesten Motorradstrecken in Thailand. Im Ort haben sich zahlreiche gute Restaurants, Cafés und günstige Unterkünfte angesiedelt, in denen man die entspannte Atmosphäre der Region genießen kann. In der landschaftlich schönen Umgebung befinden sich beeindruckende ***Kalksteinhöhlen***, ***Aussichtspunkte***, ***Wasserfälle*** und ***Tempel***, die entlang gut ausgebauter Straßen erkundet werden können. In der Region leben zudem Stämme der Bergvölker Lisu, Lahu und Karen.

Nützliches

Anreise: Zwischen Chiang Mai und Pai verkehren täglich zahlreiche, günstige ***Minibusse***. Die Fahrt dauert ungefähr vier Stunden. Aufgrund der vielen Kurven wird manchen Fahrgästen unwohl.

Auf halber Strecke wird in der Regel eine Pause eingelegt. Die meisten Busse fahren an der ***Chiang Mai Arcade 2*** ab oder holen Fahrgäste in ihrer Unterkunft ab. Taxis sind deutlich teurer als Busse.

Die gut ausgebauten Straßen bieten ***Selbstfahrern*** eine schöne Kulisse und Fahrspaß. Ein ***Motorroller*** mit 125 ccm Hubraum reicht für die kurvige Strecke aus. Dennoch sollten Roller und Motorräder mit größerer Motorisierung bevorzugt werden.

Unterkunft: Im Ort und in der näheren Umgebung befinden sich Unterkünfte in allen Preiskategorien. Das Preisniveau ist dabei durchschnittlich niedriger als in Chiang Mai. Außerhalb des Ortes übernachtet man in ruhiger, landschaftlich schöner Umgebung.

Die günstigen und dennoch komfortablen Bungalows des ***Pai Vieng Fah Resort*** liegen inmitten von Reisfeldern und bieten schöne Ausblicke in Richtung des großen Buddhas. Mit einem Roller ist man innerhalb weniger Minuten im Ort.

Preiskategorie: €€

Das komfortable Hotel ***Pai Village Boutique Resort*** ermöglicht direkten Zugang zur Walking Street und den Lokalen des Ortszentrums.

Preiskategorie: €€€

Kulinarisches: Die Auswahl an guten thailändischen und internationalen Restaurants ist trotz der geringen Größe des Dorfes groß. Günstiges Streetfood wird jeden Abend auf der atmosphärischen ***Pai Walking Street*** entlang der Chai Songkhram Road angeboten. Hervorragendes veganes Massaman Curry erhält man hier bei ***Kwan's Table.*** Bei ***Banh Banh Pun Pai Sandwich Vietnam*** werden authentische vietnamesische Sandwiches verkauft.

Entlang der Walking Street und in der abzweigenden Straße am östlichen Ende des Nachtmarktes befinden sich viele Restaurants, in denen am Abend ***Live-Musik*** gespielt wird.

Das ***Savoei – A Taste of Pai*** serviert hervorragendes Thaifood.

Unterhalb des Big Buddhas wird im ***Sunset View Pai*** gutes, authentisches Thaifood mit Ausblick in Richtung Son-

Info

Unsere Tipps für Pai

- Bei der **kurvigen Anreise** mit dem Bus wird vielen Reisenden unwohl. Denke an **Reisekaugummis** oder **Reisetabletten!**
- **AYA Service** in Chiang Mai ermöglicht **Oneway-Fahrten** mit dem Roller entlang der schönen Strecke nach Pai. Dein **Gepäck** wird für dich nach Pai transportiert (www.ayaservice.com).
- Pais Sehenswürdigkeiten liegen verstreut in der Umgebung des Dorfes und die Straßen der Region bieten **traumhafte Kulissen** für Rollerfahrer. Wir haben bereits mehrfach gute Erfahrungen mit den Rollern von **Vespai Rental** gemacht.

nenuntergang zubereitet. Im ***Two Huts Pai*** erhält man zum Sonnenuntergang ebenfalls schöne Ausblicke auf das Tal. Ein Geheimtipp ist das Café jedoch nicht.

Aktivitäten

Tagestouren: Geführte ***Tages- und Trekkingtouren*** mit unterschiedlichen Programmen führen zu den wichtigsten Sehenswürdigkeiten der weitläufigen Umgebung und durch dichten Dschungel. Touren können über Unterkünfte und im Ort bei zahlreichen Anbietern kurzfristig gebucht werden.

Heiße Quellen in Pais Umgebung

Heiße Quellen: Rund um Pai befinden sich mehrere heiße Quellen. Thailänder nutzen das bis zu ***80 °C warme Thermalwasser*** gerne, um Eier zu kochen. Touristen kommen eher zum ***Baden*** hierhin. Direkt nördlich von Pai befinden sich die sehr beliebten ***Sai Ngam Hot Springs*** entlang eines warmen Flusses. Am Morgen geht es hier ruhiger zu. Südlich des Ortes liegen die weniger stark besuchten ***Tha Pai Hot Springs.*** Im nahegelegenen ***Pai Natural Hot Spring & Well-beeing Center*** werden künstliche Swimming Pools durch Thermalwasser gespeist. 45 bis 60 Minuten südwestlich von Pai befinden sich die kaum besuchten ***Mueang Pang Hot Springs.*** Hier werden Becken durch einen heißen Fluss gespeist. Entlang der Zufahrtsstraße befindet sich der ***Mueang Rae Pai Geyser.***

GPS: N 19.190413, E 98.376560 (Mueang Pang Hot Springs)

Sonstiges: ***Yoga- und Meditationskurse*** können vor Ort gebucht werden. Auch ***mehrtägige Schulungen*** werden angeboten.

Gut organisierte ***Kochklassen*** werden bei ***Savoei – A Taste of Pai*** veranstaltet.

Rafting und ***Tubing*** auf dem Pai River können vor Ort gebucht werden.

Kleine Gyms bieten ***Thaiboxkurse*** an.

Sehenswert

Pai Canyon: Der Pai Canyon ist eine ***natürliche Sandsteinformation.*** Durch Erosion sind hier Abhänge mit einer Tiefe von bis zu 80 m entstanden. Entlang der schmalen Felsenwege bieten sich schöne Ausblicke auf die Berge der Umgebung.

Bis zu 80 m tiefe Schluchten findet man im Pai Canyon

Der Pai Canyon ist der beliebteste Ort zum ***Sonnenuntergang*** in Pai. Die meisten Tagestouren enden hier, sodass es ab 17 Uhr deutlich voller wird. Festes Schuhwerk und ein Tuch zum Hinsetzen während des Sonnenuntergangs sind für den Besuch empfehlenswert. Der Canyon liegt ungefähr 15 Rollerminuten südlich von Pai. ***Parkplätze*** sind am Zugang zum Canyon vorhanden.

Doi Kiew Lom Viewpoint: Der Doi Kiew Lom Viewpoint bietet ***Ausblicke*** auf die weitläufigen Berglandschaften Nordthailands. Teilweise verschwindet der hochgelegene Aussichtspunkt in den Wolken. Zum Sonnenaufgang kann man hier gelegentlich den berühmten ***Sea of Fog*** sehen. Der Aussichtspunkt liegt auf einem Pass, ca. 30 Minuten nordwestlich von Pai. Die zuführende Straße ist gut ausgebaut. Am Aussichtspunkt befinden sich ***Parkplätze*** und eine Terrasse.

GPS: N 19.459389, E 98.317422

Big Buddha: Oberhalb des ***Wat Phra That Mae Yen*** überblickt ein großer, weißer Buddha das Tal von Osten. Am späten Nachmittag steht das Tal im stimmungsvollen Licht des beginnenden Sonnenuntergangs. Ausgehend vom Parkplatz der Tempelanlage führt ein ***steiler Treppenaufstieg*** innerhalb von fünf bis zehn Minuten hinauf zur Buddhastatue. Die Schuhe sollen auf der letzten Stufe ausgezogen werden.

Yun Lai Viewpoint und **Santichon Village:** Der Yun Lai Viewpoint bietet insbesondere zum ***Sonnenaufgang*** hinter den Bergen einen wunderschönen Ausblick über Pai. Am Aussichtspunkt befinden sich einige Verkäufer. Viele geführte Touren halten hier. Zum Sonnenaufgang kann es sehr kühl werden.

Das unterhalb gelegene Santichon Village (auch Chinese Village) ist ein ***touristisch inszeniertes chinesisches Dorf.*** Hier befinden sich einige Bauten im chinesi-

Bild 1: Santichon Village | Bild 2: Pai Memorial Bridge

schen Stil und es werden Aktivitäten wie beispielsweise Bogenschießen, Fahrten mit einem hölzernen „Riesen"-Rad und Fotoshootings in traditionellen Kostümen angeboten. Dorf und Aussichtspunkt liegen unmittelbar westlich von Pai.

Kho Ku So Bamboo Bridge: Die ausgedehnte, verzweigte ***Bambusbrücke*** führt über die ***Reisfelder des Pam Bok Villages.*** Entlang der Brücke bieten sich zahlreiche schöne Fotomotive. Ausgehend von der Brücke erreicht man den hölzernen ***Wat Pa Hua Khai Khiri*** und den ***Wat Phaem Bok.*** Die Bambusbrücke liegt in einem kleinen Tal, südwestlich von Pai, oberhalb des ***Pam Bok Waterfalls*** und kann gut mit dem Roller und dem Auto erreicht werden.

Wasserfälle: Der ***Mo Pang Wasserfall*** (auch Mor Paeng Waterfall) besteht aus mehreren Ebenen entlang eines steilen Flussbettes. Hier kann man in größeren Becken baden. Ausgehend vom Parkplatz führen ***Bambustunnel*** zum Wasserfall. Brücken führen zu den einzelnen Ebenen des Wasserfalls. Der Mo Pang Waterfall ist kostenpflichtig und liegt wenige Minuten westlich von Pai.

Eintritt: 100 TBH.

Der ***Pam Bok Wasserfall*** (auch Pambook Waterfall) ist ein Wasserfall in einer kleinen Schlucht. Im vorgelagerten Becken kann man sich abkühlen. Ausgehend vom kleinen Parkplatz führt ein ca. 150 m langer, befestigter Weg zum Wasserfall. Der kostenpflichtige Pam Bok Wasserfall liegt wenige Minuten südwestlich von Pai.

Eintritt: 400 TBH.

Pai Memorial Bridge: Die Pai Memorial Bridge ist eine ***rekonstruierte Brücke***, die an die Besatzung Thailands durch die japanische Armee im Zweiten Weltkrieg erinnert. Die Memorial Bridge eignet sich gut für einen kurzen Zwischenstopp auf dem Weg zum Pai Canyon. An der Brücke befindet sich eine ***kleine Ausstellung*** über die Geschichte der Region.

Wat Si Don Chai: Der wunderschöne ***Tempel im Lanna-Stil*** wird touristisch kaum besucht. Der Tempel liegt wenige Kilometer nördlich des Ortszentrums.

In der Umgebung

Nam Lod Cave: Die Nam Lod Cave (auch Tham Lod Cave) ist eine beeindruckende ***Tropfsteinhöhle*** nordwestlich von Pai. Mit einem ***Bambusfloß*** gelangt man in den hinteren Abschnitt der Kalksteinhöhle und wird von Guides mit Gaslampen durch die Höhle geführt. Die 50 km lange Fahrt zur Nam Lod Cave, entlang der gut befahrbaren **Route 1095,** dauert ungefähr 1½ Stunden und ist mit einem Roller mit einem Hubraum von 125 ccm oder mehr gut möglich. Entlang der Strecke bieten sich wunderschöne Ausblicke auf die Berglandschaften des Grenzgebietes zu Myanmar. Der ***Doi Kiew Lom Viewpoint*** liegt ebenfalls entlang der Strecke (s.o.).

In Pai werden geführte Ausflüge zur Nam Lod Cave angeboten. Selbstfahrer sollten vorab volltanken. Tankstellen und Benzin in Flaschen sind entlang der Strecke nur in größeren Abständen verfügbar. An der Höhle befindet sich ein großer Parkplatz mit Restaurants. Der Eintritt beinhaltet die Floßfahrt und den Guide. Mögliche anschließende Besuche des Restaurants ***Ban Ja Bo Noodles*** und des ***Khao Lam View Point*** bereiten mit guten, günstigen Suppen und schönen Ausblicken auf die lange Rückfahrt vor. Für den Ausflug sollten mindestens vier bis fünf Stunden eingeplant werden. Während der ***Regenzeit*** und nach ***starken Regenfällen*** wird die Nam Lod Cave gelegentlich gesperrt.

Eintritt: 500 TBH.

GPS: N 19.581763, E 98.206115 (Ban Ja Bo Noodles)

Mit Bambusflößen gelangt man in die Nam Lod Cave

Mae Hong Son 9

GPS:
N 19.301535,
E 97.965197

Die ***kleine Provinzhauptstadt*** liegt inmitten prächtiger Berglandschaften und stellt einen guten Ausgangspunkt zur Erkundung zahlreicher Sehenswürdigkeiten der Umgebung, z.B. im Rahmen des **Mae Hong Son Loops,** dar.

Die interessantesten Sehenswürdigkeiten der Umgebung können innerhalb von ein bis zwei vollen Tagen in Ruhe erkundet werden.

Nützliches

Anreise: Die meisten Reisenden besuchen Mae Hong Son mit dem Motorroller, dem Motorrad oder dem Auto, im Rahmen einer ***Rundfahrt auf dem Mae Hong Son Loop.*** Seite 194

Alternativ werden ausgehend von Chiang Mai, Pai und weiteren Reisezielen in Nordthailand vor Ort buchbare Verbindungen mit ***Bussen und Taxis*** angeboten.

Obwohl die Stadt einen Flughafen besitzt, bestehen ***kaum Flugverbindungen*** nach Mae Hong Son.

Die Su Tong Pae Bridge führt über Reisfelder

Unterkunft: Die meisten Reisenden übernachten im Einzugsgebiet des zentral gelegenen ***Nong Chong Kham Lake.*** Hier erwarten einen viele Verpflegungsmöglichkeiten.

Die einfachen Bungalows des ***Sarm Mork Guest House*** liegen fußläufig zum touristischen Zentrum des Ortes.

Preiskategorie: €

Die Unterkunft ***Fern Resort*** liegt außerhalb der Stadt. Übernachtungen hier eignen sich gut, um einen komfortableren Zwischenstopp entlang des Mae Hong Son Loops einzulegen.

Preiskategorie: €€

Kulinarisches: Am Nong Chong Kham Lake wird jeden Abend die ***Mae Hong Son Walking Street*** veranstaltet. Der kleine Nachtmarkt bietet eine gute Auswahl an Streetfood.

Sehenswert

Wat Phra That Doi Kongmu: Ausgehend vom burmesisch geprägten Wat Phra That Doi Kongmu blickt man aus über 250 m Höhe über die Stadt. Hier erhält man vor allem zum Sonnenaufgang und -untergang tolle Ausblicke. Oberhalb der großen Pagode aus dem Jahr 1860 befindet

Das Teedorf Ban Rak Thai

sich eine schöne ***Aussichtsterrasse.*** Am Abend werden die Pagoden beleuchtet.

Wat Chong Kham: Inmitten der Stadt liegt der Wat Chong Kham. Die ***prächtige Tempelanlage*** im burmesischen Stil wurde im Jahr 1827 erbaut. Am Abend wird der Tempel hübsch beleuchtet.

Bergdörfer: Außerhalb der Stadt können Dörfer verschiedener Bergvölker, wie beispielsweise das ***Kayan-Dorf Hua Pu Keng,*** besucht werden.

In der Umgebung

Südlich von Mae Hong Son erhält man am ***Pha Bong Viewpoint*** einen schönen Ausblick in ein weitläufiges Tal und kann die ***Pha Bong Hot Springs*** besuchen.

Nördlich der Stadt läuft man entlang der aus Bambus erbauten ***Su Tong Pae Bridge*** über Reisfelder in Richtung eines Tempels. Der nahegelegene ***Phu Klon Country Club*** bietet Schlammbäder an.

Insbesondere beim Besuch von Mae Hong Son als Station entlang des Mae Hong Son Loops kann ein Zwischenstopp in der ***Kleinstadt Mae Sariang*** eingelegt werden. Hier erhält man Einblicke in eine nordthailändische Stadt weit abseits der üblichen Touristenpfade.

Auf der Weiterreise nach Norden kann ein Abstecher in das ***Teedorf Ban Rak Thai*** unternommen werden.

GPS: N 19.587066, E 97.942549

Roadtrip

Mae Hong Son Loop

2. Etappe

Ausblick auf Mae Hong Son

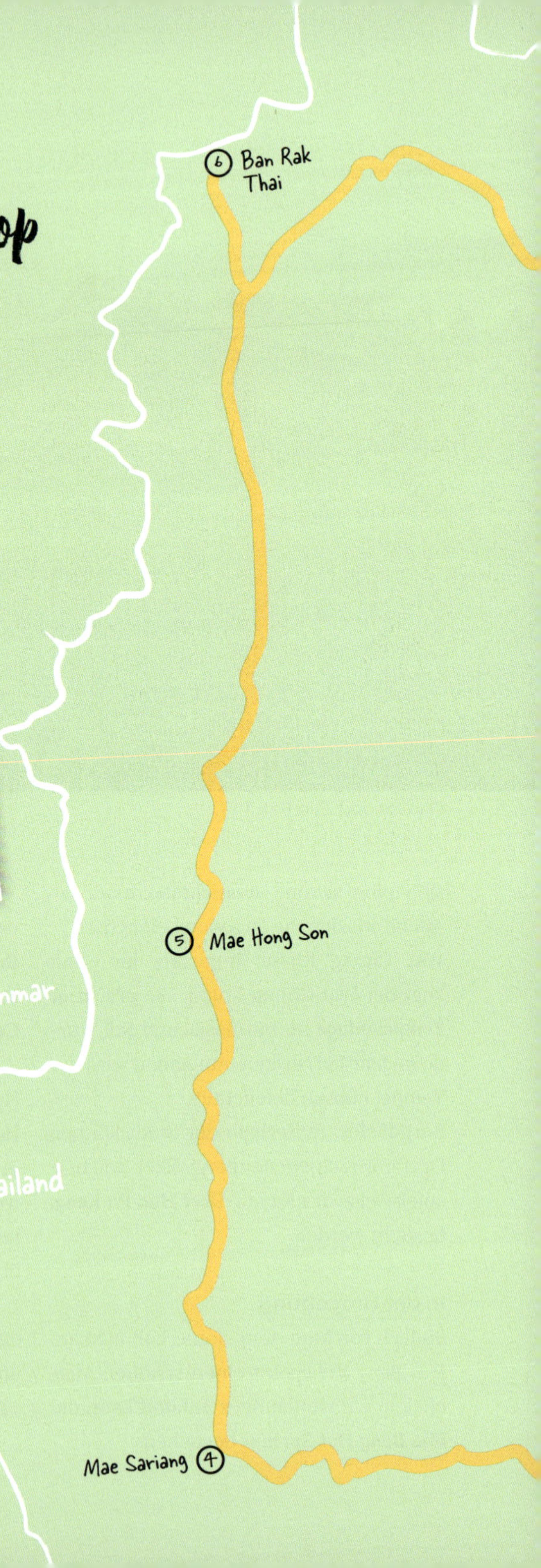

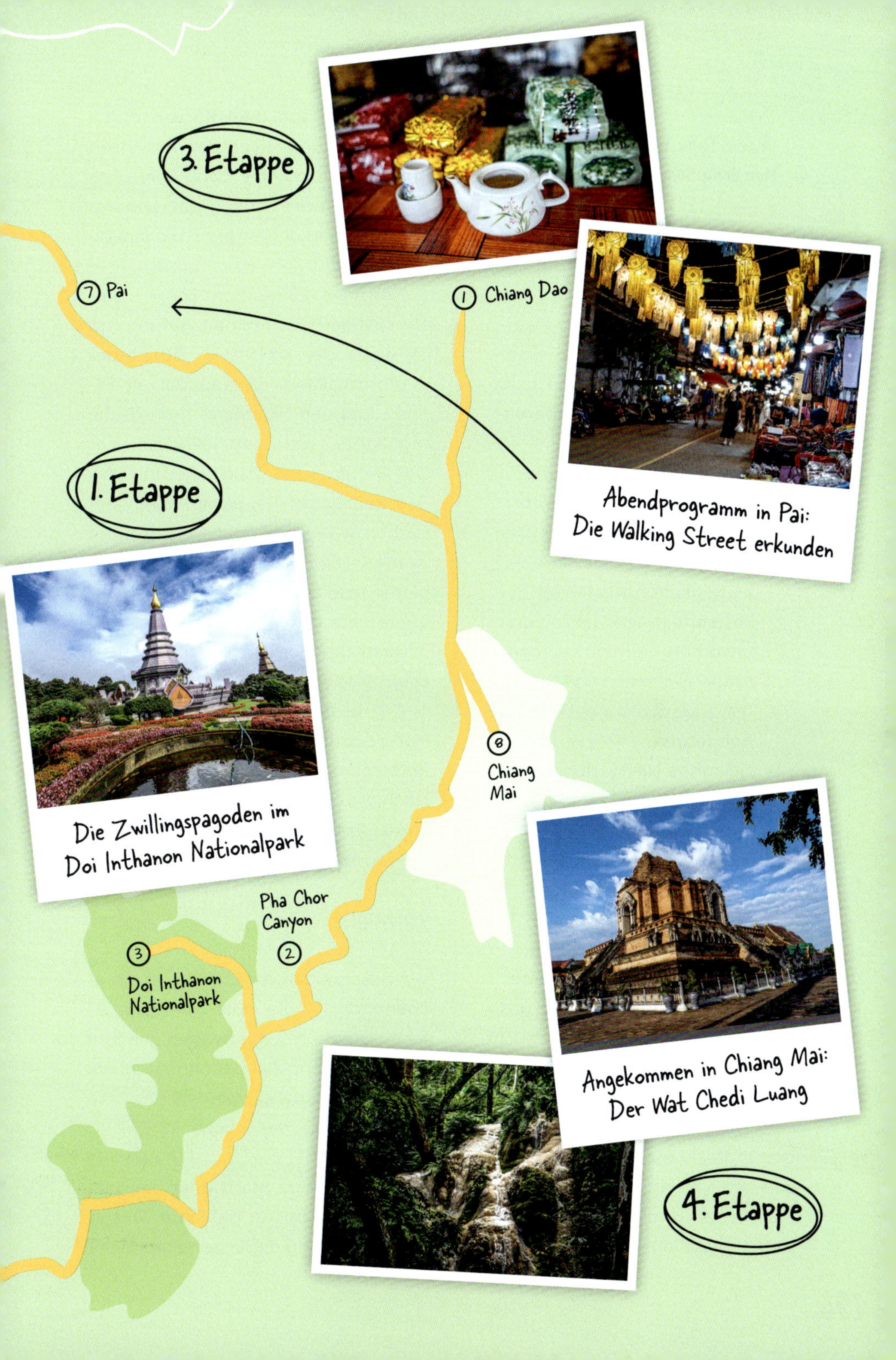

3. Etappe
7 Pai
1 Chiang Dao
Abendprogramm in Pai:
Die Walking Street erkunden
1. Etappe
Die Zwillingspagoden im
Doi Inthanon Nationalpark
8 Chiang Mai
Pha Chor Canyon
3 Doi Inthanon Nationalpark
2
Angekommen in Chiang Mai:
Der Wat Chedi Luang
4. Etappe

Info

Unsere Tipps für den Mae Hong Son Loop

- Die Fahrt auf dem Mae Hong Son Loop ist ein **besonderes Erlebnis.** Allerdings kann die Rundfahrt anstrengend werden und ungeplante Ereignisse erfordern häufig **Flexibilität und Kompromissbereitschaft.**
- Fahre immer **früh** los und überprüfe täglich die **Wettervorhersagen!** Entlang der Strecke liegen viele Sehenswürdigkeiten, Abstecher kosten teilweise viel Zeit und unvorhergesehene Verzögerungen kommen vor. Du solltest zudem nicht bei **Dunkelheit fahren.**
- Geläufige **Navigationsdienste** eignen sich hervorragend zur Planung der Etappen.
- **Tanke** vor jeder Etappe und nimm **Trinkwasser** und **Snacks** mit.
- In Chiang Mai können auch **geführte Rundfahrten** und **Gruppentouren** entlang des Mae Hong Son Loops gebucht werden.

Der ungefähr **600 km** lange Mae Hong Son Loop ist ein Rundkurs für Motorrad-, Roller- und Autofahrer, der klassischerweise ausgehend von Chiang Mai entlang von **1864 Kurven** durch die Berge und Täler der Provinzen Chiang Mai und Mae Hong Son führt. Teile der Strecke wurden während des Zweiten Weltkrieges durch die japanische Besatzungsmacht angelegt.

Der Mae Hong Son Loop bietet ein einzigartiges **Freiheitsgefühl** und ist eines der schönsten **Abenteuer** in Nordthailand. Entlang der einzelnen Etappen können touristische Highlights wie beispielsweise der Doi Inthanon Nationalpark und das Backpackerdorf Pai sowie wenig besuchte Sehenswürdigkeiten erkundet werden. Die gut befahrbaren Straßen bieten spektakuläre Ausblicke, durchqueren abgelegene Regionen, führen in versteckte Bergdörfer und erreichen beeindruckende Wasserfälle.

Die **beste Reisezeit** für den Mae Hong Son Loop beginnt im November und endet gegen Ende Februar. Die Hochphase der Regenzeit von Juli bis Mitte September ist häufig zu riskant für den Mae Hong Son Loop.

Wichtig!

Wir beschreiben die Etappen entsprechend der Route **„Die nördliche 8“** für Reisende mit **Mietwagen,** die ihre Reise in Chiang Rai begonnen haben. Dementsprechend beginnt unsere Beschreibung des Loops in Chiang Dao.

Der geläufige **Startpunkt** des Mae Hong Son Loops ist die Stadt Chiang Mai, die entlang der ersten Etappe der

hier empfohlenen Route ebenfalls passiert wird. **Zweiradfahrer** sollten mindestens einen Tag mehr einplanen, da eine zusätzliche Übernachtung in Mae Sariang sinnvoll ist. Bei isoliertem Interesse am Mae Hong Son Loop beschreiben wir die Rundfahrt ausgehend von Chiang Mai auf unserer Website.
Web: www.alexasia.de/mae-hong-son-loop

Fahrzeuge

Der Mae Hong Son Loop kann mit **größeren Motorrollern, Motorrädern** und **Autos** gut befahren werden. Selbstfahrer sollten genau auf den Wartungszustand ihres Fahrzeuges achten. Mit dem **Auto** ist der Mae Hong Son Loop komfortabel und sicher zu bereisen. Kleinwagen mit mindestens **90 PS Motorleistung** reichen für die Steigungen entlang des Rundkurses aus. International agierende Autovermieter betreiben Filialen an den Flughäfen in Chiang Mai und Chiang Rai. Vollkaskoversicherungen sollten grundsätzlich abgeschlossen werden.

Roller mit Semiautomatik und einem **Hubraum von mehr als 125 ccm** sind für die Rundfahrt geeignet. Gut gewartete Roller werden bei Cat Motors in Chiang Mai verliehen. Motorräder bieten mehr Komfort. Tourenmotorräder sind bei Pop Big Bike Chiang Mai verfügbar.
Web: www.catmotors.net; www.popbigbike.com

Info

Das wird benötigt

- **Führerschein:** Europäischer Führerschein der Klasse B für Autos, Klasse A/A2 für Roller und Motorräder
- **Internationaler Führerschein** nach dem 1968er-Abkommen
- Gültiger **Reisepass**
- **Kontaktdaten des Vermieters**
- **Auslandskrankenversicherung**
- **Fahrerfahrung:** Der Mae Hong Son Loop eignet sich nicht zum Fahrenlernen
- Mehrere **Kreditkarten** und einige Tausend Baht **Bargeld:** Es gibt auch Geldautomaten entlang des Rundkurses
- **Angepasstes Gepäck und Kleidung:** Kleidung sollte für warme und kühlere Temperaturen geeignet sein. Für Zweiradfahrer empfehlen sich kleine Rucksäcke, Gepäckgurte und Regenschutz für Mensch und Gepäck. Idealerweise trägt man Motorradschutzkleidung. Überschüssiges Gepäck kann in der Regel in der Unterkunft in Chiang Mai oder bei Fahrzeugvermietern deponiert werden
- **Sonnencreme**
- **Mückenspray**
- **SIM-Karte** mit mobilen Daten
- **Powerbank**

Mit dem Roller unterwegs auf dem Mae Hong Son Loop

Etappe 1 (Tag 1)

Strecke: Chiang Dao – Doi Inthanon Nationalpark, 160 km, ca. 3 Std.

Die erste Etappe führt am frühen Morgen entlang gut ausgebauter, flacher Straßen von (1) **Chiang Dao** über die Großstadt **Chiang Mai** bis in den (3) **Doi Inthanon Nationalpark.** Nach Gepäckabgabe in der Unterkunft am Fuße des Berges (Doi Inthanon Nationalpark/ Unterkunft, Seite 170) fährt man direkt weiter in den Nationalpark. Auf dem Weg zur Spitze des höchsten Berges des Landes besichtigt man beeindruckende **Wasserfälle,** außergewöhnliche **Pagoden** und genießt die **Ausblicke** auf dem Weg zum höchsten Punkt Thailands. Für die Besichtigung des Doi Inthanon Nationalparks sollten fünf bis sieben Stunden eingeplant werden. Aufgrund der Höhe des Berges sollte **wärmere Kleidung** getragen werden. Auf der Bergspitze fällt die Temperatur in der Regel auf unter 20 °C. Im Dezember kann es morgens sogar Frost geben. Das Ticket wird an den Zufahrtsstraßen verkauft. Der Nationalpark schließt gegen 18 bis 18.30 Uhr.

Entlang der Strecke:

- (2) **Pha Chor Canyon:** interessante Steinformationen

Etappe 2 (Tag 2–3)

Strecke: Doi Inthanon Nationalpark – Mae Sariang – Mae Hong Son, 250 km, ca. 3–5 Std., 5–8 Std. mit Zwischenstopps

Am frühen Morgen beginnt die zweite Etappe des Mae Hong Son Loops. Diese Etappe stellt den Beginn des abgelegenen Abschnittes des Rundkurses dar. Ausgehend vom Fuße des Doi Inthanon fährt man entlang der Route 108 nach Westen, in Richtung der Grenze zu Myanmar. Nach der Durchquerung des **Op Luang Nationalparks** erreicht man die abgelegene Kleinstadt ④ **Mae Sariang** am Ufer des Yuam-Flusses. Zweiradfahrer sollten eine Übernachtung in Mae Sariang einplanen.

Nach einer Pause in der beschaulichen Stadt folgt man der kurvenreichen Route 108 nach Norden bis zur Stadt ⑤ **Mae Hong Son.** In dieser Region leben Angehörige der Volksgruppe der Shan. Die kleine Provinzhauptstadt bietet einige Sehenswürdigkeiten und hat sogar einen eigenen Flughafen. Der burmesische Einfluss ist hier deutlich spürbar. Die Stadt eignet sich optimal für einen vollen Aufenthaltstag, um sich von der anstrengenden Reise zu erholen und um die Tempel der Stadt und die Sehenswürdigkeiten der Umgebung in Ruhe zu besichtigen.

Entlang der Strecke:

- **Asorm Phrom Thada:** Tempel mit prächtigen Malereien
- **Bo Kaeo Pine Tree Garden:** Auf halber Strecke nach Mae Sariang bietet der Pinienwald ein schönes Fotomotiv
- **Mae La Luang Viewpoint:** Nördlich von Mae Sariang bietet sich ein schöner Ausblick auf Reisfelder

1864 Kurven prägen die 600 km lange Strecke

- **Thai-Japan Friendship Museum:** Kleines Museum im Ort Khun Yuam
- **Hmong Microwave Viewpoint:** Abgelegenes Hmong Dorf auf einem Berg mit Ausblick
- **Pha Bong Viewpoint:** Kurz vor Mae Hong Son bietet sich ein schöner Ausblick in ein großes Tal
- **Pha Bong Hot Spring:** Heiße Quellen vor Mae Hong Son

Aussicht genießen bei Ban Ja Bo Noodles

Etappe 3 (Tag 4–7)

Strecke: Mae Hong Son – Pai, 108 km, ca. 6–10 Std.

Die vierte Etappe führt entlang der Route 1095 von (5) **Mae Hong Son** nach Pai. Entlang der Strecke befinden sich viele Sehenswürdigkeiten und Aussichtspunkte. Die zweite Hälfte der Etappe führt durch höhere **Berge,** bevor man den Backpackerort Pai erreicht.

Nach Ankunft in (7) **Pai** bietet es sich an, einige Tage in dem entspannten Ort zu verbringen, um die zahlreichen Sehenswürdigkeiten zu erkunden, die gelassene Atmosphäre zu genießen und um die bisherige Fahrt zu rekapitulieren.

Aufgrund der **zahlreichen Zwischenstopps** nimmt diese Etappe viel Zeit in Anspruch! Zudem ist ein ausgedehnter Abstecher in das Teedorf (6) **Ban Rak Thai** möglich.

Entlang der Strecke:

- **Su Tong Pae Bridge:** Große Bambusbrücke über Reisfelder, am Ende der Brücke befindet sich ein buddhistischer Tempel
- **Phu Klon Country Club Health Mud Spa:** Hier kann man ein Schlammbad nehmen
- **Tham Pla Fish Cave:** Im Fluss und in der Höhle schwimmen erstaunlich viele Fische, die Fütterung ist ein skurriles Erlebnis

- **Ban Luk Khao Lam View Point:** Herrlicher Ausblick auf die Berglandschaften der Umgebung
- **Ban Ja Bo Noodles:** Das Restaurant bietet einen wunderbaren Ausblick und sehr gute, günstige Nudelsuppen (GPS: N 19.581763, E 98.206115)
- **Nam Lod Cave:** Beeindruckende Kalksteinhöhle, durch die man von Guides mit Gaslampen geführt wird
- **Ban Rak Thai**: Der Mae Hong Son Loop teilt sich im Bereich der Su Tong Pae Bamboo Bridge und ermöglicht einen ausgedehnten Abstecher nach Norden, in Richtung des chinesischen Teedorfes Ban Rak Thai. Für die Fahrt nach Ban Rak Thai und zurück auf den Mae Hong Son Loop muss man ca. 80 km zusätzlich fahren. Auf dem Weg nach Ban Rak Thai liegen der Wasserfall Namtok Pha Suea und der abgelegene Stausee samt Pinienwald Pang Oung. Die sogenannte „Schweiz Thailands" ist bei Inlandstouristen ein beliebter Ort zum Zelten. Im Teedorf Ban Rak Thai werden guter Tee, chinesische Speisen und Süßigkeiten angeboten. Hier befinden sich einige Unterkünfte. Der Ort bietet eine schöne Kulisse, die sich allerdings inszeniert anfühlt. Zweiradfahrer sollten den Abstecher als Tagesausflug ausgehend von Mae Hong Son einplanen oder in Ban Rak Thai oder am Stausee bei Pang Oung übernachten.

Etappe 4 (Tag 8)

Strecke: Pai – Chiang Mai, 140 km, ca. 3–5 Std. mit Zwischenstopps

Die vierte und abschließende Etappe führt entlang der Route 1095 von ⑦ **Pai** nach Chiang Mai. Die **762 Kurven** zwischen Pai und Chiang Mai gehören zu den bekanntesten Rollerstrecken des Landes und bieten auch Autofahrern schöne Kulissen und Fahrspaß. Nach Durchquerung des Gebirges erreicht man gut ausgebaute Highways nach ⑧ **Chiang Mai.** Hier sollte man mindestens zwei bis drei volle Tage verbringen.

Entlang der Strecke können einige, längere Abstecher zu Wasserfällen und Tempeln unternommen werden.

Entlang der Strecke:

- **Mok Fa Wasserfall:** Wasserfall mit hoher Fallhöhe
- **Wat Ban Den:** Außergewöhnlicher Tempel mit beeindruckender Architektur
- **Bua Tong Sticky Waterfall:** Aufgrund der griffigen Oberfläche kann man den Wasserfall inmitten des Dschungels leicht hinaufklettern

Ausblick auf den Berg Doi Chiang Dao

Chiang Dao 7

GPS: N 19.391915, E 98.930661

Am Fuße des 2175 m hohen Berges **Doi Chiang Dao** liegt ein kleiner Ort, der nur von wenigen Touristen besucht wird. Aufgrund seiner vielfältigen Flora und Fauna wurde der beeindruckende Berg zum **UNESCO Biosphärenreservat** erklärt. Hier kann man wandern, beeindruckende Kalksteinhöhlen durchlaufen und atmosphärische Tempel besuchen. Die touristische Infrastruktur des kleinen Ortes ist schwach, aber ausreichend ausgebaut und trägt dazu bei, dass man in klaren Nächten den ***hell leuchtenden Sternenhimmel*** sehen kann.

Nützliches

Anreise: Chiang Dao liegt ca. 70 km nördlich der Großstadt Chiang Mai. Die Fahrt entlang der **Route 107** dauert ungefähr zwei Stunden. **Busse** nach Chiang Dao fahren am Chiang Mai Bus Terminal 1 (Chang Phueak Bus Terminal) ab. Nach Ankunft in der Stadt Chiang Dao kann ein ***Taxi*** zur Unterkunft am Fuße des Berges genommen werden. Alternativ kann die Strecke auch mit Taxis, Rollern oder Autos bewältigt werden.

Unterkunft: Die beiden zusammengehörigen Bungalowanlagen ***Chiang Dao Nest 1 und Nest 2*** liegen am Fuße des Berges und werden professionell geführt.

Web: www.chiangdaonest.com

Preiskategorie: €€

Kulinarisches: Im Restaurant des ***Chiang Dao Nest 1*** wird hervorragende europäische Küche serviert.

Im nahegelegenen ***Chiang Dao Nest 2*** werden gehobene thailändische Speisen angeboten.

Bei ***Jin's*** werden gutes, günstiges Thaifood und internationale Gerichte zubereitet.

Aktivitäten

Trekking zur Bergspitze: Ein- und mehrtägige Wanderungen durch den dichten Dschungel der steilen Berghänge ermöglichen es, die ***unzähligen Vogelarten*** des Nationalparks zu Gesicht zu bekommen. Der Ausblick vom Gipfel des Berges ist vor allem zum Sonnenaufgang, nach einer Übernachtung im Zelt grandios. Wanderungen sind nur gemeinsam mit ***Guides*** erlaubt, die über Unterkünfte gebucht werden können. Angepasste Kleidung und Ausrüstung müssen mitgeführt werden. Während der Regenzeit werden in der Regel keine Wanderungen angeboten.

Chiang Dao Hot Springs: In den heißen Quellen des Ortes werden kleine Betonbecken durch das Wasser eines warmen Flusses gespeist.

Ausflug in die Stadt Chiang Dao: Die eigentliche Stadt Chiang Dao liegt wenige Kilometer östlich des Berges. Im dort gelegenen ***Wat Mae Ead*** befinden sich ungewöhnliche Skulpturen, jeden Dienstagmorgen findet ein ***authentischer lokaler Markt*** statt und während der Hauptsaison wird am Donnerstagabend eine ***Walking Street*** ausgerichtet.

Die Bungalows des Chiang Dao Nest 1

Sehenswert

Wat Tham Chiang Dao Cave: Der Wat Tham Chiang Dao Cave gehört zu den beeindruckendsten Kalksteinhöhlen in Thailand. Im Inneren des Berges liegt ein verzweigtes System aus hunderten Höhlen. Die ***Tham Maa Cave*** erstreckt sich sogar auf über 7 km im Inneren des Berges.

Auf der ***Tempelanlage*** des Wat Tham Chiang Dao befindet sich der Zugang zu den begehbaren Abschnitten des Höhlensystems. Zunächst betritt man die 360 m lange ***Thum Phra Non Cave***. Im Inneren der Höhle befinden sich zahlreiche Statuen. Am Ende der frei begehbaren Höhle befinden sich ungewöhnliche Felsformationen und ein liegender Buddha.

Die unbeleuchtete, 474 m lange ***Thum Kaew Cave*** kann nur gemeinsam mit Guides im Schein kleiner Gaslampen durchlaufen werden. Hier müssen leichte Kletterpassagen und wenige enge Spalten überwunden werden. In diesem Abschnitt der Kalksteinhöhle befinden sich beeindruckende Felsformationen und Fledermäuse fliegen umher.

Eintritt: 40 TBH + 200 TBH für den Guide

Wat Tham Pha Plong: Entlang von 201 steilen und 309 leichten Stufen läuft man durch den ***Doi Luang Chiang Dao Forest*** und erreicht nach 15 Minuten einen kleinen ***Höhlentempel*** und einen hübschen Chedi, in dem sich die Asche eines hochangesehenen Mönches befindet. Entlang des stimmungsvoll gestalteten We-

Im Inneren der Kalksteinhöhle

Der Wat Tham Pha Plong im Doi Luang Chiang Dao Forest

ges wurden Schilder mit buddhistischen Weisheiten aufgehangen.

Wat Tham Pak Piang: Auf dem Gelände des ***Waldtempels*** befinden sich ein sehenswerter ***Viharn im Lanna-Stil*** und ein ***Höhlentempel*** mit zahlreichen Buddhabildnissen. Im Inneren der Höhle erreicht man über eine Leiter eine Meditationshöhle, in der Fledermäuse leben.

Giant Trees Alley: Entlang der Zufahrtsstraße zum Ort, am Fuße des Berges, stehen beeindruckend hohe Bäume. Die ***Beautiful Road*** wird als Giant Trees Alley bezeichnet, und hat sich vor allem unter Inlandstouristen zu einem sehr ***beliebten Fotomotiv*** entwickelt.

Doi Luang Chiang Dao Viewpoint: Hier erhält man einen schönen Ausblick auf den beeindruckenden Berg. An der Zufahrtsstraße zum Aussichtspunkt befindet sich der Eingang zum ***Chiang Dao Wildlife Sanctuary.*** Hier muss man Eintritt für den Nationalpark bezahlen. Direkt am Aussichtspunkt befinden sich Parkplätze, Restaurants und Unterkünfte.
Eintritt: 100 TBH.

In der Umgebung

Ausgehend von Chiang Dao können Ausflüge in die weitere Umgebung unternommen werden. Ungefähr 45 Minuten nördlich des Ortes liegen die größeren ***Pong Arng Hot Springs.*** Den Besuch der heißen Quellen kann man mit Besichtigungen des sehenswerten ***Sri Sangwan Wasserfalls*** und des burmesischen Tempels ***Wat Phra That Doi Mon Ching*** kombinieren.

Weit nördlich, an der Grenze zu Myanmar, liegt das chinesische ***Dorf Arunothai.***

Bild 1: Am Tiger Cave Temple in Krabi | Bild 2: Samet Nangshe Viewpoint auf Phuket | Bild 3: Mit dem Boot auf dem Cheow Lan Lake

Andamanensee und Südthailand

Am Westufer Südthailands erwartet einen eine faszinierende Inselwelt, die vielen Erwartungen an Thailand entspricht. Traumhaft schöne Strände, beeindruckende Kalksteinfelsen und unzählige Postkartenmotive machen die Andamanensee zu einem Sehnsuchtsort für viele Reisende. Auch wenn die Region dementsprechend beliebt ist, lassen sich sogar zur Hochsaison noch ruhige Inseln und kaum besuchte Strände finden. Ein engmaschiges Netz an Bootsverbindungen verknüpft die touristisch stark erschlossenen Inseln Phuket und Koh Phi Phi mit ruhigen Inseln wie beispielsweise Koh Yao Yai oder Koh Mook und reicht bis zu den weit südlich gelegenen Inselparadiesen rund um Koh Lipe.

An den angrenzenden Festlandküsten befinden sich die durch Kalksteinberge geprägten Provinzen Krabi und Phang Nga sowie die touristisch wenig besuchten Provinzen des tiefen Südens.

Inselhopping par excellence

Nicht verpassen!

- ***Phukets Altstadt*** Seite 212
- Phukets Wahrzeichen: der ***Big Buddha*** Seite 216
- ***Phang Nga Bay*** Seite 220
- ***Samet Nangshe Viewpoint*** bei Phuket Seite 221
- ***Cheow Lan Lake im Khao Sok Nationalpark*** Seite 227
- ***Koh Hong*** Seite 231, 245
- ***Maya Bay*** Seite 235
- ***Viewpoint 2*** auf Koh Phi Phi Seite 241
- Die ***Krabi Walking Street*** Seite 245
- ***Tiger Cave Temple*** in Krabi Seite 247
- ***Dragon Crest Mountain*** in Krabi Seite 247
- ***Railay Beach*** Seite 251
- ***Morakot Cave*** auf Koh Mook Seite 266
- ***Tarutao Nationalpark*** bei Koh Lipe Seite 272

Phuket ist bei Touristen sehr beliebt

Phuket 1 1 1

Auf Phuket erwartet einen **Massentourismus** mit all seinen Auswüchsen und dennoch ist die ***größte Insel des Landes*** ein interessantes, kontrastreiches Reiseziel. Entlang der Westküste befinden sich zahlreiche ***schöne Badestrände.*** Abseits der zur Hauptsaison teilweise überlasteten Orte Patong, Karon und Kata findet man weiterhin weniger stark besuchte Strände und interessante Sehenswürdigkeiten. Der durch Mangroven geprägte ***Osten*** ist touristisch kaum erschlossen. Ein eigener internationaler Flughafen und zahlreiche Fährverbindungen machen Phuket zum ***Tor zur Andamanensee.*** Die Insel blickt auf eine jahrhundertlange Handelsgeschichte zurück. Händler und Arbeiter aus China, Indien, Portugal, England, Malaysia und Indonesien machten Phuket einst zu einem bedeutenden Handelsstandort und während des 19. Jahrhunderts florierte der Zinnabbau. Kultur und Kulinarik der Insel werden bis heute auf einzigartige Art und Weise durch diese Zeiten geprägt. Fans der thailändischen Küche kommen deswegen vor allem in der ***Altstadt von Phuket Town*** auf ihre Kosten.

Anreise

Im Norden der Insel befindet sich ein ***internationaler Flughafen***. Bei durchgebuchten Verbindungen kann Gepäck von Europa bis nach Phuket durchgecheckt werden. Die ***Fahrt vom Flughafen*** zu den

Stränden des Südens kann über eine Stunde dauern.

Die Inseln der Andamanensee sind über zahlreiche ***Fähr-*** und ***Schnellbootverbindungen*** an Phuket angebunden. Die meisten Boote legen am ***Rassada Pier*** an. Ausgehend von Reisezielen am Festland und auf Inseln anderer Regionen werden ***Überlandtransfers*** angeboten.

Die beiden ***Busbahnhöfe*** befinden sich in Phuket Town.

Info

Unsere Tipps für Phuket

- Zur **Erkundung der gesamten Insel** empfehlen wir dir, sowohl im Norden als auch im Süden zu übernachten.
- Unsere **Lieblingsstrände** sind: Banana Beach, Bang Tao Beach, Surin Beach, Haad Laem Singh, Kamala Beach, Tri Trang Beach, Kata Noi Beach und Yanui Beach.
- Nach dem Sonnenuntergang am Promthep Cape empfehlen wir dir das **Otto Restaurant.** Hier erwartet dich hervorragende Küche zu überraschend guten Preisen.
- Während der **Hauptsaison** solltest du Unterkünfte und Motorroller nach Möglichkeit **weit im Voraus buchen.** Zur Nebensaison wird es deutlich ruhiger.
- Während der **Regenzeit** kommt es häufig zu starken Winden und Strömungen. **Rote Flaggen** verbieten dann das Baden.
- In Anbetracht der häufig unklaren Haltungsbedingungen sind Besuche in vielen **Zoos** und **Elefantencamps** der Insel **kritisch** zu bewerten.

Unterkunft

Das ***Preisniveau*** auf Phuket ist durchschnittlich erhöht. Aufgrund der Größe der Insel und der Vielzahl an Stränden entlang der Westküste spielt die ***Lage*** bei der Auswahl einer Unterkunft eine entscheidende Rolle. Im ***Norden*** geht es ruhiger zu als im Süden. Ausgehend von hier können der Flughafen und Ausflugsziele am Festland der Provinz Phang Nga gut erreicht werden. Zur Erkundung des Südens ist ein eigenes Fahrzeug dringend empfehlenswert. Im ***Süden*** liegen die sehr belebten touristischen Zentren Patong, Karon und Kata, weitere beliebte Strände wie beispielsweise der Kamala Beach oder der etwas ruhigere Kata Noi Beach sowie die vermeintlich schönsten Strände der Insel. Ausgehend von hier können die bedeutendsten Sehenswürdigkeiten der Insel schnell erreicht werden. Im Einzugsgebiet des Nai Harn Beach liegt der aufstrebende Ort ***Rawai.*** Hier fühlen sich viele Individualreisende und digitale Nomaden am wohlsten. Abseits von Hotels bietet sich hier eine große Auswahl an Ferienhäusern. ***Phuket Old Town*** eignet sich nur für einzelne Übernachtungen. Das Cape Panwa ist weit abgelegen.

Norden: Die familiengeführte Bungalowanlage **Pai Tan Villas** liegt fußläufig zum ruhigeren Bang Tao Beach und stellt einen guten Ausganspunkt zur Erkundung des Nordens dar. Mit einem eigenen Motorroller erreicht man Patong dennoch gut. Der muslimische Ort Bang Tao bietet eine gut ausgebaute touristische Infrastruktur.
Preiskategorie: €€€

Süden: Das liebevoll geführte **Papa Crab Boutique Guesthouse** liegt fußläufig zum Kamala Beach und bietet einen guten Ausgangspunkt zur Erkundung der Insel. Einen Pool gibt es hier nicht.
Preiskategorie: €€

Rawai: Das kleine Boutiquehotel **Vivi Boutique Room** liegt abseits des Strandes. Mit einem eigenen Roller gelangt man jedoch gut zu schönen Stränden, Sehenswürdigkeiten und nach Phuket Town.
Preiskategorie: €€

Phuket Old Town: Im **2ROOMs Boutique Hotel** ermöglichen zwei stilvoll eingerichtete Zimmer Übernachtungen in der malerischen Soi Romanee. Mehr als zwei Nächte sollte man hier nicht verbringen.
Preiskategorie: €€€

Kulinarisches

Die Auswahl an guten Restaurants in allen Preiskategorien ist gigantisch groß. Zur Mittagszeit bieten sich die Nudelsuppen im **Baan Kway Teow** in Bang Tao an.

Gehobene lokale Spezialitäten werden zu guten Preisen im nahegelegenen **C'est Bien** serviert.

Nur wenige Touristen besuchen das **Krua Pailin** am Kathu Wasserfall. Hier erhält man einen unverfälschten, teilweise sehr scharfen Einblick in Phukets einzigartige Küche.

Bei **Bang Pae Seafood** an der touristisch kaum erschlossenen Ostküste und in den Restaurants am **Pa Lai Pier** in Rawai erwartet einen eine gute Auswahl an Meeresfrüchten.

Auch auf Phuket sind die Filialen des **Pure Vegan Heaven** empfehlenswerte Adressen für Vegetarier und Veganer.

Streifzüge durch die **Altstadt von Phuket Town** bieten vielfältige kulinarische Einblicke. Seite 211

Herumkommen

Phuket ist über 50 km lang und insbesondere während der Hauptsaison kommt es häufig zu **dichten Verkehrsstaus** entlang des hervorragend ausgebauten Straßennetzes. Mit **Mietwagen** kann es zu langen Standzeiten kommen. Mit einem **Motorroller** können auch große Strecken gut überwunden werden. Die Anzahl an zu fahrenden Kilometern sollte jedoch nicht unterschätzt werden. Führerscheinkontrollen sind häufig. Alternativ können breit verfügbare **Taxis, Sammeltaxis, rote Tuk Tuks und Busse** genutzt werden. Taxifahrten sind teuer. Die Apps **Grab** und insbesondere **Bolt** helfen beim Sparen. Inselrundfahrten können bei zahlreichen Veranstaltern und über Unterkünfte organsiert werden.

Entlang der Westküste, zwischen Flughafen und Rawai, kann man den günstigen **Phuket Smart Bus** nutzen.
Web: www.phuketsmartbus.com/phuket-smart-bus-eng
Preise: 100 TBH pro Fahrt.

Info

Essen in Phuket Old Town

Viele Restaurants in Phuket Town wurden bereits vom **Michelin-Guide** ausgezeichnet und dennoch sind die Preise meist niedrig. Auf Phuket können auch geführte **Touren** zu empfehlenswerten Restaurants und Garküchen in Old Town gebucht werden. Zu beachten ist, dass manche Restaurants am Sonntag geschlossen bleiben.

Frühstück:

- **Chokchai Dim Sum:** große Auswahl an Dumplings
- **Roti Taew Nam:** ausgezeichnetes Massaman Curry mit Roti
- **Roti Chaofa:** günstige Currys und hervorragendes Roti
- **Som Chit Noodle Soup:** authentische Hokkien-Nudelsuppe mit Dumplings

Mittags:

- **Mee Ko Lan:** verschiedene, empfehlenswerte Nudelgerichte
- **Ko Yoon Phuket Noodle:** zu Recht sehr beliebte Hokkien-Nudelsuppe
- **Go La Hokkien Fried Noodles:** Hokkien-Nudeln für Fans von Meeresfrüchten
- **Lock Tien:** alteingesessener Foodcourt mit breitem Speisenangebot
- **Limelight Foodcourt:** günstiger, moderner Foodcourt
- **Wanlamun:** große Auswahl an interessanten Süßspeisen

Abends:

- **One Chun Café & Restaurant:** prämiertes, teureres Curry mit Krabbenfleisch
- **Natural Restaurant:** gehobene Küche in einem ungewöhnlich gestalteten Restaurant

Hokkien Noodle Soup

Aktivitäten

Phuket Old Town: Im Zentrum der Inselhauptstadt erwarten einen zahlreiche ***historische und restaurierte Gebäude im Sino-Portugiesischen Stil*** und eine große Anzahl hervorragender Restaurants, Cafés und Boutiquen. Auf Streifzügen entlang der **Dibuk Road,** der **Thalang Road** und der **Krabi Road** bieten hübsche Fassaden und Streetart zahlreiche Fotomotive. Die prächtigsten Gebäude befinden sich in der **Soi Romanee.** Im **Chinpracha House** kann man ein authentisch eingerichtetes, historisches Gebäude auch von innen erkunden. Der **Jui Tui Shrine** ist ein sehenswerter chinesischer Schrein.

Tagsüber kommen viele Touristen nach Phuket Town; morgens und am späten Nachmittag geht es ruhiger zu. Gegen Abend öffnen rund um die Altstadt auch bei Thais beliebte **Nachtmärkte** und jeden Sonntag wird die ausgedehnte ***Walking Street Lard Yai*** (s.u.) veranstaltet. Nach Sonnenuntergang kann man **Cocktailbars** wie beispielsweise das klassische **Dibuk House** oder die moderne Bar **Zimplex Mixology Laboratory** besuchen.

Lard Yai: Jeden Sonntagabend wird von 16 bis ungefähr 23 Uhr die atmosphärische Walking Street Lard Yai entlang der **Thalang Road** in Phukets Altstadt ausgerichtet. Während man entlang der hübsch beleuchteten Fassaden wandelt, wird einem eine grandiose Auswahl an Speisen, Getränken und Waren angeboten. Live-Musik und Aufführungen locken Touristen und Inselbewohner zugleich an. Zwischen 18.30 und 21 Uhr kann es sehr voll werden.

GPS: N 7.886612, E 98.389257 (Parkplatz)

Weitere Nachtmärkte: Rund um Phuket Town können jeden Abend empfehlenswerte Nachtmärkte besucht werden. Der ***Naka Weekend Market*** ist ein Highlight am Samstag- und Sonntagabend. Modern und hip geht es von Montag bis Freitag auf dem ***Chillva Market*** zu. Unmittelbar nordöstlich von Phuket Old Town öffnet von Mittwoch bis Freitag der kleine ***Indy Night Market.***

Unter den zahlreichen großen und kleinen Nachtmärkten entlang der Westküste sticht die ***Kata Walking Street*** mit einem hervorragenden Angebot an thailändischem und internationalem Streetfood heraus. Sonntags bleibt die Walking Street geschlossen. Montags und donnerstags öffnet der sehr günstige ***Bang Tao Night Market.*** Der authentische Nachtmarkt steht im Kontrast zu vielen primär auf Touristen ausgerichteten Märkten, schließt aber bereits gegen 20.30 Uhr.

Wanderung vom Ton Sai Wasserfall zum Bang Pae Wasserfall: Geführte Wanderungen im ***Khao Phra Thaeo Nationalpark*** führen vom Ton Sai Wasserfall zum Bang Pae Wasserfall. Die anspruchsvolle ***Dschungelwanderung*** dauert vier bis fünf Stunden. Das eigenständige Betreten der Wanderwege ist verboten. ***Wanderführer*** können über Reisebüros oder direkt am Ton Sai Waterfall organisiert werden. Festes Schuhwerk und angepasste Kleidung sind dringend empfehlenswert. Am Bang Pae Waterfall kann man sich in einem Becken abkühlen. Zum Ende der Wanderung lohnt sich ein Besuch im ***Restaurant Peang Prai.*** Beide Wasserfälle können auch

Bild 1: Die Nachtmärkte auf Phuket bieten eine große Auswahl an Speisen | Bild 2: Auf dem Chillva Market | Bild 3: Die Lard Yai Walking Steet in Phuket Town – jeden Sonntagabend

Bucht liegen unmittelbar an der Straße zwei kleinere Strände, die schöne Fotokulissen bieten.

Auf der südlich angrenzenden Halbinsel erreicht man den wenig besuchten **Tri Trang Beach.** Häufig muss man ausgehend von der Straße durchs Wasser waten, um an den schönen Strand zu gelangen. Auf der Halbinsel sollten die zahlreichen Angebote zum Baden mit Elefanten zum Wohl der Tiere ignoriert werden.

Der Zugang zum Beach Club am **Paradise Beach** ist kostenpflichtig. Hier werden auch Partys veranstaltet.

Der **Freedom Beach** liegt in einer der schönsten Buchten Phukets. Ausgehend von der oberhalb gelegenen, befahrbaren Straße muss man 15–20 Minuten hinab zur Bucht wandern oder sich mit einem SUV-Taxi fahren lassen. Die Anfahrt mit dem Boot ist teuer. Dennoch geht es hier häufig sehr belebt zu.

Der ausgedehnte **Karon Beach** ist der zweite Hauptstrand Phukets. Die Stadt ist ebenfalls dicht bebaut. Im Vergleich zum Patong Beach geht es jedoch etwas ruhiger zu. Karon grenzt unmittelbar an Kata.

Der mittelgroße **Kata Beach** liegt abseits vielbefahrenen Hauptstraße. Im Vergleich zu Karon wird der Ort von etwas weniger Touristen besucht.

Der benachbarte **Kata Noi Beach** ist aufgrund seiner gelassenen Atmosphäre vor allem bei Familien und Paaren beliebt. Im Hinterland befinden sich nur wenige Unterkünfte, Restaurants und Geschäfte. Mit einem eigenen Roller gelangt man dennoch schnell zur dichten touristischen Infrastruktur der benachbarten Orte.

In der hübschen Bucht des **Nui Beach** kommen Liebhaber schöner Fotokulissen auf ihre Kosten. Fahrzeuge können zum Beginn der unbefestigten Zufahrtsstraße geparkt werden. Ausgehend von hier fährt man mit teuren SUV-Taxis hinab zum Strand. Oberhalb der Bucht kann der sehenswerte **Black Rock Viewpoint** besucht werden.

GPS: N 7.794547, E 98.301736 (Taxistand)

In der Nähe des aufstrebenden Ortes Rawai liegt der große **Nai Harn Beach.** Familien schätzen das flachabfallende Wasser. Das unmittelbare Hinterland ist nahezu unbebaut.

Eine Straße führt zum nordwestlich gelegenen **Ao Sane Beach.** Der kleine Badestrand wird weniger stark besucht.

GPS: N 7.777988, E 98.296806

Im tiefen Süden erreicht man den **Yanui Beach.** Der Strand eignet sich gut zum Baden und Schnorcheln. Ausgehend vom oberhalb gelegenen **Windmill Viewpoint** bietet sich ein schöner Ausblick auf den zweigeteilten Strand.

Der **Rawai Beach** ist kein Badestrand. Hier ankern sehr viele Boote.

Die Strände des **Cape Panwa** werden stark durch die Gezeiten beeinflusst. Ein Besuch des ruhigen **Ao Yon Beach** lohnt sich dennoch auch zum Baden.

Sehenswert

Big Buddha: Das Wahrzeichen Phukets thront auf dem Gipfel des **Khao Nakkerd.** Entlang einer beeindruckenden **Naga-Treppe** steigt man hinauf zum 45 m hohen, mit Marmor verzierten Buddha und überblickt die **Chalong-Bucht,** Phuket

Bild 1: Am Paradise Beach im Süden der Insel | Bild 2: Der Badestrand Yanui Beach | Bild 3: Fotogene Kulisse am Nui Beach

Bild 1: Der große Buddha überblickt die Insel | Bild 2: Hinauf führt eine Naga-Treppe

Town und große Teile des Südens. Mit etwas Glück erwartet einen zum Sonnenaufgang eine spektakuläre Kulisse. Während die Sonne hinter Koh Phi Phi auftaucht, wird die Anlage in stimmungsvolles Licht getaucht. Die Bergstraße ist gut ausgebaut. Vor Sonnenaufgang ist es hier jedoch sehr dunkel. Die Anfahrtszeit sollte großzügig berechnet werden und man sollte mindestens 30 Minuten vor Sonnenaufgang an der beleuchteten Statue ankommen. Die ***freilaufenden Affen*** auf der Anlage stehlen gelegentlich unbeaufsichtigte Gegenstände. Ausgehend von Kata kann man tagsüber eine etwas anspruchsvollere ***Wanderung*** von ungefähr 1 Std. hinauf zum Big Buddha antreten.

Öffnungszeiten und Eintritt: Tägl. 6–19.30 Uhr, Eintritt frei, Spenden sind erwünscht. GPS: N 7.831790, E 98.304143 (Startpunkt der Wanderung)

Wat Chalong: Der Wat Chalong ist der bedeutendste ***buddhistische Tempel*** auf Phuket. Er dient der Verehrung zweier Mönche aus den Zeiten der ***Zinnarbeiteraufstände*** und beherbergt ein Knochenfragment Buddhas. Die weitläufige Tempelanlage und das Innere der ungefähr ***60 m hohen Stupa*** sind prachtvoll verziert. Auf der höchsten Ebene der Stupa bietet sich ein schöner Ausblick.

Öffnungszeiten und Eintritt: Tägl. 8–17 Uhr, Eintritt frei, Spenden sind erwünscht.

Wat Koh Sirey: Der touristisch kaum besuchte Wat Koh Sirey liegt auf einem Hügel, östlich von Phuket Town. Der ***große liegende Buddha*** im Inneren des Tempels, der ***goldene Felsen*** im Außenbereich und der Ausblick über Phukets Süden und in Richtung Koh Phi Phi machen den Tempel zu einem echten „Geheimtipp".

GPS: N 7.88072, E 98.425724

Wat Doi Thep Nimit: Die prächtige ***Tempelanlage*** oberhalb von Patong bietet einen schönen ***Ausblick auf die Stadt und die Bucht.*** Der Besuch lohnt sich insbesondere zum Sonnenuntergang. Die Zufahrtsstraße ist steil, aber mit Mietwagen und Rollern befahrbar.

Promthep Cape: Das Promthep Cape ist der beliebteste Ort auf Phuket, um den ***Sonnenuntergang*** über dem Meer zu beobachten. Auf der langen ***Aussichtsterrasse*** und den angrenzenden Abschnitten des Kaps wird es zum Sonnenuntergang häufig sehr belebt. Über einen unbefestigten Weg erreicht man die Südspitze des Kaps. Hier geht es ruhiger zu. Vergleichbare Ausblicke bieten sich an zahlreichen Orten entlang der Westküste.

Black Rock Viewpoint: Am Black Rock Viewpoint überblickt man die ***gesamte Südspitze Phukets*** aus großer Höhe. Vor allem am späteren Nachmittag werden der Nai Harn Beach, der Windmill Viewpoint, der Yanui Beach und das Promthep Cape in schönes Licht getaucht. Eine ***unbefestigte Straße*** führt hinauf zu einem kleinen Parkplatz, wo der kurze, teilweise steile Aufstieg zum Aussichtspunkt beginnt. Geübte Fahrer können die Straße mit dem Roller befahren. Viele Besucher wandern hinauf. Am Anfang der Straße warten SUV-Taxis auf Fahrgäste zum unterhalb gelegenen Nui Beach und zum Black Rock Viewpoint. Entlang der Straße wird sehr gutes Thaifood im ***Kong Café*** angeboten.

GPS: N 7.794502, E 98.301765 (Beginn der Zufahrtsstraße)

Weitere Aussichtspunkte: Der ***Khao Rang Hill Viewpoint*** überblickt Phuket

Im Wat Chalong

Sonnenuntergang hinter dem Promthep Cape

Town. Am Aussichtspunkt befinden sich ein sehenswerter Pavillon und einige Restaurants. Entlang der Bergstraße empfiehlt sich ein Halt im **Wat Khao Rang.** Im Gegensatz zum Gipfel des benachbarten **Monkey Hill Khao To Sae,** der von zahlreichen, teilweise aggressiven Affen bevölkert wird, kann die Spitze des Khao Rang Hills mit Fahrzeugen erreicht werden.

Ausgehend vom **Windmill Viewpoint** blickt man auf den Yanui Beach und die Insel Ko Man. Die meisten Besucher kommen zum Sonnenuntergang hierhin.

Der **Karon Viewpoint** ist ein beliebter Zwischenstopp entlang der Hauptstraße zwischen Kata Beach und Nai Harn Beach. Hier erhält man einen schönen Ausblick auf den Kata Noi Beach, den Kata Beach und den Karon Beach. Unterhalb des Aussichtspunktes befinden sich die Restaurants **Sabai Corner** und **Som Tum Yum.** Bei gutem Essen und mehr Ruhe kann man hier einen ähnlichen Ausblick genießen.

Der **Laem Singh Viewpoint** gehört zu den beliebtesten Aussichtspunkten der Insel. Ein kurzer Halt an der Aussichtsterrasse bietet bei Sonnenschein einen malerischen Ausblick auf den unberührten Laem Singh Beach. Der Strand kann nur mit Booten oder ausgehend vom Surin Beach über eine kurze Wanderung betreten werden.

In der Umgebung

Phang Nga Bay: Die zahlreichen Kalksteininseln der Phang Nga Bay bieten eine atemberaubende Kulisse. Auf **„James Bond Island"** wurden Szenen des Filmes „James Bond 007 – Der Mann mit dem goldenen Colt" (1974) mit Roger Moore als James Bond gedreht. Der touristische Andrang ist häufig immens.

Das muslimische Fischerdorf **Koh Panyee** wurde am Fuße eines beeindruckenden Felsens auf Stelzen erbaut. Auch hier ist der übermäßige Tourismus deutlich zu spüren. Stopps an Kalksteinhöhlen und zum Kajakfahren stehen auf dem Programm der meisten Touren. Private Ausfahrten zum Sonnenuntergang und bei Nacht führen auch in versteckte Lagunen und ermöglichen es gelegentlich hell leuchtendes Plankton zu sehen. Touren können auf Phuket und online gebucht werden.

Samet Nangshe Viewpoint: Der Samet Nangshe Viewpoint, am Festland der Provinz Phang Nga, gehört zu den beeindruckendsten Aussichtspunkten Thailands. Die Anfahrt ab Phuket dauert für Selbstfahrer und auf geführten Touren ungefähr 1½ Stunden. Günstige SUV-Taxis fahren einen die steile Straße zum Gipfel hinauf. Hier blickt man auf die **Kalksteininseln der Phang Nga Bay** und über die vorgelagerten **Mangrovenwälder.** Das schönste Licht erwartet einen am späteren Nachmittag. Zum **Sonnenaufgang** hinter den Kalksteininseln bietet sich hier häufig ebenfalls eine spektakuläre Kulisse. Übernachtungen unter sehr einfachen Verhältnissen können vor Ort vereinbart werden. Das benachbarte **Samet Nangshe Boutique Hotel** bietet mehr Komfort und ist in der Regel entsprechend weit im Voraus ausgebucht. Am nahegelegenen **Beyond Skywalk** kann man ebenfalls übernachten. Ausgehend von Phuket werden auch Touren zum Sonnenaufgang angeboten. Selbstfahrer können den Besuch

Bild 1: Bootstour durch die Phang Nga Bucht | Bild 2: Auf James Bond Island

Blick auf die Phang Nga Bucht

des Aussichtspunktes leicht mit ***privaten Touren*** in die Phang Nga Bay kombinieren.
GPS: N 8.272994, E 98.445308 (Pier für private Touren)

Ao Tho Li Viewpoint: Südlich des bekannten Samet Nangshe Viewpoint befindet sich der ***Aussichtspunkt*** mit ähnlichem und dennoch weniger beeindruckendem Ausblick auf die Phang Nga Bay. Die hier kurzfristig buchbaren ***Bungalows und Zelte*** bieten jedoch etwas mehr Komfort als ihre Pendants am Samet Nangshe Viewpoint. Die steile Straße hinauf zum Viewpoint ist befahrbar.

Inseln der näheren Umgebung: Zahlreiche Bootstouren führen zu kleinen Inseln mit schönen Stränden und Schnorchelplätzen. ***Ko Raya***, die ***Khai Islands*** und ***Coral Island*** gehören zu den schönsten Inseln der näheren Umgebung.

Die ***Similan Islands*** und die ***Surin Islands*** zählen zu den schönsten Inselgruppen des Landes. Traumhaft schöne Strände und bunte Unterwasserwelten erzeugen traumhafte Kulissen. Rund um die Similan Islands werden ausgedehnte ***Tauchfahrten*** angeboten. Zum ***Schnorcheln*** eignen sich die Surin Islands besser. Die Similan Islands und die Surin Islands sind nur vom 15. Oktober bis zum 15. Mai geöffnet. Die Anfahrt mit Bussen und Schnellbooten ab Phuket dauert mehrere Stunden. Insbesondere ***Ausflüge*** zu den Surin Islands sind sehr anstrengend. Der Badeort ***Khao Lak*** eignet sich als besserer Ausgangsort für Ausflüge zu beiden Inselgruppen. Bootstouren mit unterschiedlichen Programmen können online und vor Ort gebucht werden.

Exkurs

Vegetarian Festival

Das Vegetarian Festival bietet Touristen einen außergewöhnlichen Einblick in einen faszinierenden Überschneidungsbereich verschiedener Kulturen, Religionen und lokaler Traditionen. Die mehrtägigen Feierlichkeiten werden jährlich **zwischen Ende September und Mitte Oktober** ausgerichtet. Die genauen Veranstaltungsdaten schwanken von Jahr zu Jahr. Die wechselnden Daten und Orte der Feierlichkeiten können online eingesehen werden und vor Ort bei Unterkünften erfragt werden. Während der Feierlichkeiten schließen viele Restaurants der Insel und zahlreiche Besucher aus dem In- und Ausland sorgen für eine **hohe Auslastung der meisten Unterkünfte.**

Ausgehend von wechselnden chinesischen Tempeln beginnen täglich **atmosphärische Prozessionen,** deren Teilnehmer verschiedene **Selbstreinigungsrituale** durchführen. Vor allem das Durchstechen der eigenen Wangen mit Nadeln, Messern, Schwertern und erstaunlich großen Alltagsgegenständen, das Barfußlaufen über glühende Kohlen oder das Erklimmen von Leitern mit scharfen Sprossen bieten Besuchern der Feierlichkeiten **teilweise erschreckende Impressionen.** Einer der Veranstaltungsorte ist der **Jui Tui Shrine** in Phuket Old Town.

Das Vegetarian Festival nimmt seinen **Ursprung im 19. Jahrhundert.** Der Erzählung nach erkrankte eine Gruppe chinesischer Künstler schwer. Nach Aufnahme einer streng vegetarischen Diät und Gebeten zu den neun Kaisergöttern, erholten sie sich schnell. Teilnehmer der Feierlichkeiten halten bis heute **zehn Grundregeln,** wie z. B. das Tragen weißer Kleidung und die strikte Einhaltung einer vegetarischen Kost, ein.

Der Jui Tui Shrine in Phukets Altstadt

Die Beschilderung führt zum Khao Sok Nationalpark

Hauptquartier des Khao Sok Nationalparks 2

GPS: N 8.910708, E 98.528851

Der Khao Sok Nationalpark unterteilt sich in das Hauptquartier im Regenwald und den Cheow Lan Lake. Im Hauptquartier befindet sich eine ***kleine Siedlung*** mit ausreichender touristischer Infrastruktur. Hier übernachtet man in unmittelbarer Nähe zu Wanderwegen, die durch ***dichten Dschungel*** führen und Einblicke in dessen ***einzigarte Flora und Fauna*** ermöglichen. Der Regenwald gehört mit einem Alter von schätzungsweise 160 Millionen Jahren zu den ältesten Urwäldern der Welt. Hier leben zahlreiche Säugetier-, Reptilien-, Vogel- und Insektenarten. Äußerst selten trifft man auf freilebende Elefanten. Für Besuche im Regenwald und eine Übernachtung auf dem Cheow Lan Lake sollten mindestens zwei bis drei volle Tage eingeplant werden. Mit vier vollen Tagen werden ausgedehnte Wanderungen mit Übernachtungen im Regenwald möglich.

Nützliches

An- und Weiterreise: Ausgehend von Phuket, Khao Lak, Krabi und Surat Thani erreicht man den Nationalpark mit ***Taxis, Bussen, Motorrädern und Autos.*** Der nächstgelegene ***Flughafen*** befindet sich in ***Surat Thani.*** Kombinierte Transfers mit Fähren und Bussen zwischen den Inseln des westlichen Golfes und der Andamanensee zum Khao Sok Nationalpark sind möglich. Die Straßen im Khao Sok Nationalpark sind gut befahrbar. Eigene Fahrzeuge können auf Parkplätzen vieler Unterkünfte im Hauptquartier des Nationalparks abgestellt werden. ***Transfers*** zwischen Hauptquartier und Cheow Lan Lake sowie die anschließende Weiterreise können online und vor Ort organisiert werden. **Unterkunft:** Viele Unterkünfte bieten kombinierte Pakete aus Übernachtungen im Hauptquartier und auf dem Cheow Lan Lake an.

Die Baumhäuser des ***Our Jungle Camp*** ermöglichen stimmungsvolle Übernachtungen inmitten des Waldes. Zum Schutz vor Affen sollten Türen immer abgeschlossen werden.

Preiskategorie: €€€

Kulinarisches: Im Hauptquartier des Nationalparks erwartet einen bei ***Nongsaw Thai Food*** und in ***Pawn's Restaurant*** gute thailändische Küche. Viele Restaurants bieten Pizza an.

Im Hauptquartier gibt es auch Restaurants

Aktivitäten

Sok-Fluss: Auf dem Sok-Fluss kann man sich in Schwimmreifen treiben lassen ***(Tubing)*** oder ***Fahrten mit Bambusflößen***

Info

Unsere Tipps für das Hauptquartier des Khao Sok Nationalparks

- Die Wanderwege dürfen nur mit Guides betreten werden!
- **Blutegel** sollten immer fachgerecht entfernt werden! Blutegel-Socken bieten besseren Schutz als Wandersocken.
- Von Januar bis März kommt es zur kurzen Blüte der prächtigen, penetrant riechenden **Rafflesia-Blume.**
- Denke **ganzjährig** an festes Schuhwerk, lange Hosen, längere Socken, einen Pullover, Drybag, Regenjacke, Badesachen, Reisekaugummis, Insekten- und Sonnenschutz.
- Der **Eintritt** wird an den Eingängen zum Nationalpark gezahlt. Das Ticket ist **24 Stunden lang gültig** und berechtigt zu geführten Wanderungen und dem Besuch des Cheow Lan Lakes. Für **Tagestouristen** ist der Nationalpark täglich von 8 bis ungefähr 17 Uhr geöffnet.
- Wenn man das **Ticket** gegen 16.30 Uhr kauft, gilt es in der Regel für den gesamten folgenden Tag.

unternehmen. Einige Unterkünfte bieten zudem ***Kochkurse*** an.

Sehenswert

Südwestlich des Hauptquartiers liegen der sehenswerte ***Khao Sok Viewpoint*** und die ***Rommanee Hot Springs.*** Entlang der szenischen Straße zum Cheow Lan Lake können der ***Affentempel Wat Tham Phanthurat*** und der ***Wat Tham Wararam*** besucht werden. Am Ende des Fußweges durch die Kalksteinhöhle kann man hier überraschend viele Fische füttern.

Regenwald: Im Hauptquartier des Nationalparks werden ***geführte Wanderungen*** durch den Regenwald angeboten. Das Betreten der Wanderwege ohne Guide ist verboten. Angepasste Schuhe, Kleidung und Ausrüstung ist dringend empfehlenswert. Das Ticket für den Nationalpark wird vor Beginn der Wanderungen gekauft. Kurze Wanderungen, Tagestouren, Nachtsafaris und Wanderungen mit Übernachtungen in Zelten sind möglich und führen zu Kalksteinhöhlen und Wasserfällen. Nach starken Regenfällen können Wanderwege gesperrt werden. ***Trekkingtouren*** können bei den meisten Unterkünften und bei lokalen Tourenanbietern gebucht werden. Für Trekking-Touren im Khao Sok Nationalpark muss unbedingt auf entsprechende Kleidung und Ausrüstung im Gepäck geachtet werden.

1

2

Bild 1: Am Wat Tham Wararam | Bild 2: Beeindruckende Pflanzenwelt

Cheow Lan Lake im Khao Sok Nationalpark 7 3

GPS: N 8.977921, E 98.820165 (Hafen)

Weit nordöstlich des Hauptquartiers des Khao Sok Nationalparks liegt der aufgestaute Cheow Lan Lake. Der ***Ratchaprapha-Staudamm*** dient seit den 1980er-Jahren zur Stromerzeugung und hat den See auf eine ***Fläche von ca. 185 km²*** anwachsen lassen. Das Aufstauen des Sees ging mit der Verdrängung der lokalen Bevölkerung einher. Die Gipfel beeindruckender Kalksteinberge ragen aus der blau leuchtenden Oberfläche des Sees empor. Tagestouren und vor allem Übernachtungen in schwimmenden Bungalows bieten Ausblicke auf die spektakuläre Kulisse. Aufgrund des ***Mikroklimas*** im Nationalpark fallen die nächtlichen Temperaturen häufiger auf ungefähr 22°C. Die Luftfeuchtigkeit ist erhöht, aber nicht unangenehm. Am frühen Morgen staut sich häufig ***Hochnebel*** an den Kalksteinbergen. Tagsüber wird es sehr warm. Der Cheow Lan Lake gehört zu den landschaftlich schönsten Orten des Landes.

Nützliches

An- und Weiterreise: Ausgehend von Phuket, Khao Lak, Krabi und Surat Thani erreicht man beide Bereiche des Nationalparks mit ***Taxis, Bussen, Motorrädern und Autos.*** Der nächstgelegene ***Flughafen*** befindet sich in ***Surat Thani.*** Kombinierte Transfers mit Fähren und Bussen zwischen den Inseln des westlichen Golfes und der Andamanensee zum Khao Sok Nationalpark sind möglich.

Die Straßen im Khao Sok Nationalpark sind gut befahrbar. ***Eigene Fahrzeuge*** können auf einem bewachten Parkplatz am Hafen des Cheow Lan Lake abgestellt werden.

Transfers zwischen Hauptquartier und Cheow Lan Lake sowie die anschließende Weiterreise können online und vor Ort organisiert werden.

Info

Unsere Tipps für den Cheow Lan Lake im Khao Sok Nationalpark

- Buche deine **Unterkunft** auf dem Cheow Lan Lake weit im Voraus. Während der Hauptsaison sind die wenigen Zimmer häufig belegt.
- Der **Eintritt** wird an den Eingängen zum Nationalpark gezahlt. Das Ticket ist mehrere Tage gültig und berechtigt zu geführten Wanderungen und dem Besuch des Cheow Lan Lakes. Für Tagestouristen ist der Nationalpark täglich von 8 bis ungefähr 17 Uhr geöffnet.

Ausgehend vom Panvaree Resort kann man mit Kajaks den See erkunden

Unterkunft: Übernachtungsgäste werden am Vormittag mit kleinen Booten am Hafen des Stausees abgeholt. Der Übernachtungspreis beinhaltet in der Regel eine Bootstour auf dem See. Auf dem See befinden sich auch sehr einfache, günstige Bungalows. Entlang der Zufahrtsstraße zum Ratchaprapha-Staudamm befinden sich ebenfalls Unterkünfte.

Vom **Panvaree Resort** erhält man spektakuläre Ausblicke auf die umgebenden Kalksteinfelsen.

Preiskategorie: €€€

Die gehobenen Bungalows des ***Panvaree The Greenery*** liegen direkt neben dem simpleren Panvaree Resort und bieten hohen Komfort auf der Seeoberfläche.

Preiskategorie: €€€€

Kulinarisches: Auf dem Cheow Lan Lake erfolgt die Verpflegung über die ***Unterkünfte.***

Aktivitäten

Bootstouren: Bootstouren ermöglichen Ausblicke auf die monumentalen ***Kalksteinfelsen.*** Unterschiedliche Touren können über Unterkünfte, lokale Reisebüros oder direkt an der Ratchaprapha Marina gebucht werden. Häufig werden Zwischenstopps an ***Kalksteinhöhlen*** und ***Wasserfällen*** eingelegt. Mit Glück sieht man hierbei ***Wasserbüffel*** und ***wilde Elefanten.*** Die **Hin Sam Glur Felsen** (3-Brüder-Felsen) sind ein beliebtes Fotomotiv auf dem See. Bei Übernachtungen auf dem See sind Bootstouren häufig im Buchungspreis enthalten.

Wassersport: Von den schwimmenden Hotels aus kann man ***Kajak fahren*** und ***schwimmen.***

Sehenswert

Am ***Cheow Lan Lake Viewpoint*** bietet sich ein schöner Ausblick auf den Staudamm.

GPS: N 8.974524, E 98.810551

Koh Yao Yai 2

Koh Yao Yai liegt lediglich 25 Kilometer östlich der Urlaubsinsel Phuket und ist dennoch ein ***Reiseziel weit abseits jeglicher Form von Massentourismus.*** Auf der ***muslimisch geprägten Insel*** erwarten einen lange, wenig besuchte Strände, ausgedehnte Kautschukplantagen, Palmenhaine, Fischerdörfer und vor allem sehr viel Ruhe. Die ***touristische Infrastruktur*** der Insel wird nur langsam ausgebaut und Nachtleben ist hier nahezu inexistent. Die Kulisse auf Koh Yao Yai ist weniger malerisch als auf vielen anderen Inseln der Andamanensee. Dafür stellt ein Besuch der Insel einen erfrischend ***authentischen Kontrast*** zu vielen deutlich stärker bereisten Inseln und Reisezielen der Region dar.

Nützliches

Anreise: Ausgehend von Phuket, Krabi und den meisten Inseln der Andamanensee fahren mehrmals täglich ***Fähren und Schnellboote*** zu verschiedenen Anlegestellen auf Koh Yao Yai. An den Pieren warten ***Taxis*** auf Fahrgäste. Während der ***Regenzeit*** werden weniger Verbindungen angeboten.

Ab ***Phuket*** fahren Schnellboote und Fähren vom ***Bang Rong Pier***, vom ***Chean Vanich Pier*** und vom ***Laem Hin Pier*** nach Koh Yao Yai. Die Fahrt mit dem Longtailboot ist kaum günstiger und nur bei gutem Wetter empfehlenswert. Alternativ bieten einige ***Hotels*** auf Koh Yao Yai teurere ***Transferpakete*** mit Abholung am Flughafen oder an der Unterkunft auf Phuket an.

Unterkunft: Auf Koh Yao Yai befinden sich wenige Unterkünfte in unterschiedlichen Preisklassen. Die dichteste touristische Infrastruktur erwartet einen am ***Loh Pared Beach.*** Im Süden, Osten und Norden der Insel geht es sehr ruhig zu.

Info

Unsere Tipps für Koh Yao Yai

- Koh Yao Yai ist **touristisch kaum erschlossen.** Dennoch gibt es Geldautomaten, Wechselstuben, Tankstellen, Supermärkte, Apotheken, Cafés und einige sehr gute Restaurants.
- Die Insel lässt sich leicht mit dem **Motorroller** erkunden. Der Verkehr auf den gut befahrbaren Straßen ist ruhig, entlang ausgedehnter Erkundungstouren erhältst du authentische Einblicke. Achte auf Sand auf den Straßen!
- Koh Yao Yai eignet sich als Ausgangspunkt für **Ausflüge** zu den schönen Inseln rund um Koh Hong, zu den Khai Islands und in die Phang Nga Bay. **Bootstouren** kannst du über deine Unterkunft auf Koh Yao Yai organisieren

Das gehobene, größtenteils aus Holz erbaute Resort **Santhiya Koh Yao Yai** ermöglicht ausgehend von Zimmern mit Balkonen, Terrassen oder privaten Pools schöne Ausblicke in Richtung Sonnenuntergang und schnellen Zugang zur dichtesten touristischen Infrastruktur der Insel.

Preiskategorie: €€€

Die Unterkunft **Yao Yai Beach Resort** stellt eine günstige Alternative zum benachbarten Santhiya Resort dar und bietet ein gutes Preis-Leistungs-Verhältnis.

Preiskategorie: €€

Das komfortable Retreat **Koh Yao Yai Village** liegt an der ruhigen Ostküste der Insel. Der Pool blickt auf die vorgelagerten Inseln und in Richtung Sonnenaufgang.

Preiskategorie: €€€

Kulinarisches: Trotz der schwach ausgebauten touristischen Infrastruktur befinden sich auf der Insel einige herausragende Restaurants.

Im **Isaan Fine** und im **Chill Chill @ Pai** wird hervorragende Thai-Küche zu guten Preisen serviert.

Hochwertiges Seafood wird im **Baan Rim Nam** angeboten.

Aktivitäten

Rollertour auf der Insel: Koh Yao Yai einen Tag lang mit dem Motorroller zu erkunden, gehört zu den schönsten Aktivitäten auf der Insel. Die Hauptstraßen der Insel sind asphaltiert, wenig befahren und führen direkt zu den **schönsten Stränden.** Über Hügel, durch **Kautschukplantagen** und entlang von **Reisfeldern** gelangt man zudem in das **Fischerdorf** in der Nähe des südlichen gelegenen Ao Sai Beach. Im Norden der Insel blickt man ausgehend vom **Koh Yao Yai Viewpoint** auf die Nachbarinsel Koh Yao Noi. Motorroller können in den meisten Unterkünften gemietet werden.

Strände

Hua Lam Haad Beach: Der Hua Lam Haad Beach („Sandbank Beach") ist das **Wahrzeichen der Insel** und vor allem als **Fotomotiv** beliebt. Der helle Sandstrand geht in eine Landzunge über, die bei Ebbe bis weit in das Meer hinausragt. Zum Son-

Am ruhigen Loh Pared Beach

Die Straßen auf Koh Yao Yai führen an Reisfeldern vorbei

nenaufgang erhält man hier einen schönen Ausblick in Richtung der östlich gelegenen Hong Islands. Tagsüber halten hier auch Boote mit Tagestouristen. Der Strand ist ***kein optimaler Badestrand.***

Weitere Strände: Die schönsten Strände der Insel liegen an der ***Westküste.*** An der Ostküste befinden sich einige schwerer erreichbare Strände. Baden ist an den Stränden der Westküste gut möglich. Allerdings zieht sich das Wasser bei Ebbe teilweise stark zurück. Der ***Loh Pared Beach*** ist der beliebteste Strand der Insel und trotz gut ausgebauter touristischer Infrastruktur geht es hier ruhig zu. Im Gegensatz zu vielen anderen Stränden kann man hier auch bei Ebbe noch besser baden. Der ***Loh Jak Beach*** ist ein langer, ruhiger Badestrand. Noch ruhiger geht es am weiter südlich gelegenen ***Ao Muong Beach*** zu. Der ***Son Bay Beach*** ist ein weitläufiger, kaum besuchter Strand im Norden der Insel, der sich gut für ruhige Spaziergänge eignet. Im tiefen Süden der Insel befindet sich der kaum besuchte ***Ao Sai Beach*** an der Ostküste.

Sehenswert

Sonnenuntergang am Loh Jak Pier: Der Loh Jak Pier am Loh Jak Beach reicht weit aufs Meer hinaus und bietet einen schönen Ausblick auf den ***Sonnenuntergang hinter Phuket.*** Am Strand befinden sich einige Streetfoodstände, Restaurants und Jetski-Vermieter. Viele Einheimische kommen zum Sonnenuntergang hierhin.

In der Umgebung

Koh Hong: Auf der Insel Koh Hong erwartet einen eine ***traumhafte Kulisse*** mit türkisem Wasser, weißem Sand und beeindruckenden Felsformationen. Von einem

Bild 1: Kautschukplantagen prägen die Insel | Bild 2: Landzunge am Hua Lam Haad Beach

hochgelegenen ***Aussichtspunkt*** bietet sich ein spektakulärer Rundumblick. Die Insel liegt wenige Kilometer östlich von Koh Yao Yai und kann im Rahmen von ***Tagesausflügen*** schnell erreicht werden. In direkter Nachbarschaft zu Koh Hong liegen die ebenfalls sehenswerten Inseln ***Koh Lao Lading*** und ***Koh Pakbia.*** Kombinierte Touren zu den Hong-Islands und der nördlich gelegenen Phang Nga Bay werden vor Ort angeboten.

Phang Nga Bay: Die ***Kalksteininseln, Höhlen*** und ***Dörfer*** der Phang Nga Bay können auch ausgehend von Koh Yao Yai erreicht werden. Tagesausflüge mit unterschiedlichen Programmen können vor Ort gebucht werden. Seite 220

Khai Islands: Die Khai Islands liegen vor Koh Yao Yais südwestlicher Küste. Abseits ihrer schönen Kulisse sind die Inseln beliebte ***Schnorchel- und Tauchplätze.*** Bootstouren zu den Khai Islands können vor Ort gebucht werden.

Koh Yao Noi: Unmittelbar nördlich von Koh Yao Yai liegt die kleinere Insel **Koh Yao Noi.** Die touristische Infrastruktur auf der Insel ist stärker ausgebaut als auf Koh Yao Yai und dennoch erwartet einen hier eine entspannte Atmosphäre. Die Insel bietet zudem einige der schönsten Hotels der Region und eignet sich deswegen vor allem für komfortable Übernachtungen. Boote zwischen den beiden Inseln fahren tagsüber am Chong Lard Pier ab.

Koh Phi Phi 5 3 2 5 3

Helle Strände, türkises Wasser und monumentale Felsformationen machen die Phi Phi Islands zu einer der schönsten und beliebtesten Inselgruppen der Andamanensee. Auf der bewohnten **Hauptinsel Koh Phi Phi Don** wird jedes Backpacker-Klischee erfüllt und trotz großen Andrangs und teilweise wildem Nachtleben lassen sich auch hier weiterhin ruhige Buchten finden. Auf der **Nachbarinsel Koh Phi Phi Leh** liegt die durch den Film The Beach mit Leonardo DiCaprio weltweit bekanntgewordene **Maya Bay.** Seit Anfang der 2000er-Jahre kam es auch durch den Film zu einem massiven Wachstum der jährlichen Besucherzahlen. Zwei bis drei volle Tage reichen aus, um die wichtigsten Sehenswürdigkeiten der Hauptinsel zu besuchen und um eine Bootstour zu den umgebenden Inseln zu unternehmen. Vier bis fünf volle Tagen bieten genügend Zeit, um die meisten Strände der Hauptinsel zu erkunden, Wanderungen zu unternehmen und Bootsausflüge zum Schnorcheln und Tauchen einzuplanen.

Nützliches

Anreise: Koh Phi Phi Don ist ausgehend von Phuket, Krabi und nahezu allen Inseln der Andamanensee über zahlreiche **Fähr-** und **Schnellbootverbindungen** ganzjährig erreichbar. Die unbewohnte Nachbarinsel Koh Phi Phi Leh kann im Rahmen von Ausflügen mit **Schnell-** und **Longtailbooten** angefahren werden.

Unterkunft: Übernachtungen sind nur auf der **Hauptinsel Koh Phi Phi Don** möglich. Das **Preis-Leistungs-Verhältnis** vieler Unterkünfte ist im Vergleich zu vielen anderen Inseln schlechter.

Unterkünfte im sehr belebten **Tonsai Village** bieten schnellen Zugang zu Tourenanbietern, Restaurants und Angeboten des Nachtlebens.

Entlang der fußläufig schnell erreichbaren westlichen und östlichen Abschnit-

Pier auf Koh Phi Phi Don

Info

Unsere Tipps für Koh Phi Phi

- Auf Koh Phi Phi steht die **Kulisse** im Vordergrund. Übernachtungen sind empfehlenswert, aber für einen Badeurlaub gibt es unserem Empfinden nach besser geeignete Inseln.
- Die **Maya Bay** ist vom 1. August bis einschließlich 30. September geschlossen.
- Touristen können Koh Phi Phi nur **zu Fuß** und **mit Booten** erkunden. Stelle dich darauf ein, sehr viel zu laufen oder stattdessen teure Taxiboote zu nutzen.
- Das **Nachtleben** konzentriert sich auf einen kleinen Bereich des Tonsai Village. Dennoch solltest du bei Übernachtungen im Hauptort vorsichtshalber an Ohrenstöpsel denken! Abseits der zentralen Ortsbereiche wird es deutlich ruhiger.

te der Tonsai Bay geht es vor allem am Abend ruhiger zu.

Am südöstlich gelegenen, beliebten Badestrand **Long Beach** befinden sich einige Bungalowanlagen mit Ausblick in Richtung Koh Phi Phi Leh. An den zentralen Strandabschnitten legen häufig viele Boote an.

Übernachtungen an den abseitigen Stränden der Ostküste und in den großen Buchten des Nordens bieten viel Ruhe. In der schönen **Loh Ba Kao Bay** befindet sich ein großes Resort. Im Hinterland haben sich einige Restaurants, Geschäfte und Tourenanbieter angesiedelt. In den Unterkünften am weit nördlich gelegenen **Laem Tong Beach** geht es noch ruhiger zu. Im Norden und Osten muss man jedoch auf Ausblicke auf die beeindruckenden Kalksteinfelsen der Insel verzichten und der Hauptort ist nur über lange, anstrengende Wanderungen oder mit teuren Taxibooten erreichbar.

Taxiboot zum Tonsai Pier: ca. 1000 TBH.

Die Zimmer und Bungalows des **Phi Phi Andaman Beach Resort** bieten ausreichenden Komfort im ruhigen östlichen Bereich des Tonsai Village. Das Ortszentrum, Aussichtspunkte und die ruhigeren Strände entlang der südöstlichen Küste sind fußläufig erreichbar.

Preiskategorie: €€

Das Hotel **Mama Beach Residence** bietet schöne Ausblicke auf die Kalksteinfelsen der Tonsai Bay. Trotz fußläufiger Lage zum Hauptort geht es hier am Abend ruhiger zu. Tagsüber tummeln sich hier jedoch häufig viele Tagestouristen.

Preiskategorie: €€

Das Gasthaus **P2 Wood Loft** ermöglicht günstigere Übernachtungen inmitten des Hauptortes.

Preiskategorie: €€

Das luxuriöse **Zevola Resort** liegt am Laem Tong Beach, an der abgelegenen Nordspitze der Insel und gehört zu den schönsten Unterkünften auf Koh Phi

Filmreife Kulisse in der Maya Bay

Phi. Bootstouren zu den umgebenden Inseln sind auch von hier aus möglich. Taxiboote zum weit entfernten Hauptort sind jedoch teuer, sodass sich das Resort nur für Ruhesuchende eignet.
Preiskategorie: €€€€

Kulinarisches: Im Tonsai Village erwartet einen ein vielfältiges Angebot an Restaurants, Garküchen und Cafés. Hier haben sogar Filialen westlicher Fast-Food-Ketten eröffnet. Im alteingesessenen ***Garlic 1992 Restaurant*** wird hervorragendes Thaifood serviert, teilweise muss man sich auf Wartelisten eintragen.

Gutes, günstiges Thaifood wird zudem im ***Praiya Thaifood***, im benachbarten **Only Noodles** und bei ***Pad Thai Phi Phi*** angeboten.

Die Garküchen des ***Phi Phi Foodcourts*** sind vor allem am Abend beliebt.
GPS: N 7.738742, E 98.771930

Vegetarier und ***Veganer*** kommen im ***Dow Restaurant*** auf ihre Kosten.

Freunde der gehobenen Küche können im ***ACQUA Restaurant*** glücklich werden.

Überraschend gute mediterrane Küche kennzeichnet die Speisekarte des ***EFE Mediterranean Cuisine.***

Das ***Papaya Restaurant*** bietet gute indische Gerichte an.

Die ***Patcharee Bakery*** und das zugehörige ***Crunchy by Patcharee*** gehören zu Recht zu den beliebtesten Cafés/Bistros der Insel.

Aktivitäten

Bootstouren (Koh Phi Phi Leh, Maya Bay, Rund um Koh Phi Phi Don): Der malerische, teilweise für den ***Film „The Beach"*** modifizierte Strand der **Maya Bay** wird von beeindruckenden Klippen eingefasst und zieht täglich unzählige Menschen an. Nach langer Schließung konnte sich die Natur der Bucht erholen. Mittlerweile können gelegentlich wieder ***Riffhaie*** im flachen Wasser der Bucht gesehen wer-

Bild 1: Koh Phi Phi Leh | Bild 2: Longtailboote am Strand

den. Trotz deutlich verschärfter, vor Ort ausgeschilderter, Besuchsregeln stellt der ***übermäßige Tourismus*** weiterhin ein großes Problem dar. Vom 1. August bis einschließlich 30. September wird die Maya Bay für Touristen geschlossen, damit sich die Natur erholen kann. Die Maya Bay sollte ***außerhalb der Stoßzeiten*** angefahren werden. Frühmorgendliche Touren starten gegen 6.30 Uhr und ermöglichen es dem größten Andrang zuvorzukommen. Ab 7.45 Uhr morgens bis zur Mittagszeit kommen häufig sehr viele Ausflugsboote aus Phuket, Krabi und von Koh Lanta auf Koh Phi Phi Leh an. Zur Mittagszeit und nach 16:30 Uhr wird es ruhiger.

Private Bootstouren und Gruppentouren führen auch zu den weiteren Sehenswürdigkeiten auf der beeindruckend anmutenden Insel ***Koh Phi Phi Leh*** (vorbei am ***Viking Cave,*** in die ***Phi Leh Lagune***), zu malerischen Inseln ***(Bamboo Island, Mosquito Island)*** und zu abgelegenen ***Buchten auf Koh Phi Phi Don (Nui Beach, Monkey Beach, Wang Long Bay, Monkey Bay).***

Ganztägige und halbtägige Touren mit unterschiedlichen Programmen können bei zahlreichen ***Agenturen und Bootsfahrten im Tonsai Village*** und in den abgelegenen Unterkünften im Osten und Nordosten gebucht werden. Der Preis richtet sich nach Personenanzahl, Dauer, Jahreszeit, Tourprogramm und Verhandlungsgeschick. Zusätzliche Stopps zum Schnorcheln, zum Sonnenuntergang und zur Beobachtung des leuchtenden Planktons sind möglich. Die Eintrittsgebühr für den ***Hat Noppharat Thara-Mu ko Phi Phi National Park*** muss zusätzlich gezahlt werden.

Eintritt und Preise: Nationalpark 400 TBH; 3 Std. ca. 1800 TBH pro Boot, 6 Std. 3000–4000 TBH pro Boot.

Kajakfahrt zum Nui Beach: Der kleine Nui Beach gehört zu den schönsten Stränden der Insel und ist gut in Richtung Sonnenuntergang ausgerichtet. Mit einem Kajak oder Kanu erreicht man die kleine Bucht ausgehend vom **Loh Dalum Beach** innerhalb von 30 bis 40 Minuten. Bei Dunkelheit sollte man unter keinen Umständen mit dem Kajak fahren! Alternativ ist die ***Anfahrt bei Flut*** mit Longtailbooten möglich. **Bei Ebbe** ist der Nui Beach zu Fuß von der **Loh Lana Bay** aus erreichbar. Gelegentlich liegt leider viel Müll am Strand. Der Nui Beach wird auch als Station auf Bootstouren angefahren.

Streifzug durchs Tonsai Village: Der Hauptort der Insel liegt auf einer ***schmalen Landzunge*** zwischen Tonsai Bay und Loh Dalum Bay und wird von beeindruckenden Kalksteinbergen begrenzt. Das Tonsai Village lockt ein ***vorwiegend junges Publikum*** an. Auf kleinstem Raum befinden sich zahlreiche Unterkünfte, Restaurants, Cafés, Massagesalons, Tourenanbieter, Ärzte, Apotheken, Tauchschulen und Geschäfte. Insbesondere zur Mittagszeit, nach Ankunft der zahlreichen Tagestouristen, geht es im Tonsai Village ***sehr belebt*** zu. Ein Streifzug durch den Ort kann dennoch interessante Impressionen bieten und häufig fühlt man sich wie in einem Film über Thailands Backpacking-Szene. Obwohl der Ort häufig mit Übertourismus und ausschweifendem Nachtleben assoziiert wird, geht es hier am Morgen, am Nachmittag und abseits der zentralen Ortsbereiche auch ruhiger zu.

Wanderungen: Entlang der Küsten und durch das dicht bewachsene Inselinnere führen mehrere moderate Wanderwege. Festes Schuhwerk, die Mitfuhr ausreichender Mengen an Trinkwasser und Sonnenschutz sind dringend empfehlenswert. Die App **MAPS.Me** eignet sich gut zur Navigation. Entlang der Wege befinden sich Beschilderungen. Geführte Trekkingtouren werden von wenigen Veranstaltern angeboten.

Ausgehend vom Tonsai Village kann man entlang der südlichen Küste innerhalb von 30 bis 45 Minuten zum **Long Beach** wandern. Auf der Wanderung können die kleinen Strände **Love Beach** und **Viking Beach** besucht werden. Die ***leichte Wanderung*** kann bis zum **Loh Moo Dee Beach** und theoretisch bis hinauf zu den

Verkaufsstände im Tonsai Village

Phi Phi Viewpoints fortgesetzt werden. Zurück nach Tonsai kommt man mit Boot.

GPS: N 7.735348, E 98.779476 (Startpunkt der Wanderung)

Preise: 100 TBH p.P. für die Bootsfahrt

Für eine **Wanderung zur Loh Lana Bay** sollte mindestens ein halber Tag eingeplant werden. Allein der Hinweg der **anspruchsvolleren Wanderung** vom Tonsai Village zur Loh Lana Bay dauert bis zu zwei Stunden. Der Weg verläuft entlang des Ostufers der **Loh Dalum Bay**, durch den Dschungel und führt auch zum **Laem Tong Beach** sowie bis zur **Spitze des Tong Capes**. Auf dem Rückweg kann man ausgehend von der **Loh Ba Kao Bay** innerhalb von 60 bis 90 Minuten zu den **Phi Phi Viewpoints** hinaufwandern. Alternativ bietet sich die Rückfahrt mit dem Taxiboot an.

GPS: N 7.746039, E 98.773937 (Startpunkt der Wanderung)

Preise: Ca. 1000 TBH pro Taxiboot.

Vom Tonsai Village benötigt man ungefähr 45 Minuten bis zum Phi Phi Viewpoint 3, dem Startpunkt der **Wanderung zum Loh Ba Kao Bay**, von wo man innerhalb einer weiteren Stunde zum Ziel gelangt. Eine **moderate Dschungelwanderung** führt zunächst innerhalb von 20 bis 30 Minuten zu dem nicht fertiggestellten Bereich eines Resorts. Entlang des Weges befinden sich teilweise sehr steile Abzweigungen zu den kleinen Buchten der Ostküste. Die zweite Hälfte der Wanderung führt über befestigte Wege hinab zur Bucht. Hier erhält man malerische Ausblicke auf die Loh Ba Kao Bay. Die letzten Meter führen **bei Flut durch flaches Wasser.** Ausgehend von hier kann man weiter zur **Loh Lana Bay**, bei Ebbe zum **Nui Beach** sowie zum **Laem Tong Beach** laufen. Für die Rückfahrt empfiehlt sich ein Taxiboot.

GPS: N 7.749173, E 98.780017 (Startpunkt der Wanderung)

Preise: Ca. 1000 TBH pro Taxiboot.

Am Ende der Wanderung lässte es sich in der Loh Ba Kao Bay entspannen

Tauchen und Schnorcheln: Die Phi Phi Islands beheimaten einige der schönsten Tauchplätze des Landes. Rund um Koh Phi Phi Don, Koh Phi Phi Leh, im Bereich der Bida-Islands und am Wrack eines versenkten Schiffes können ***bunte Korallenriffe, Schildkröten, Haie, Rochen*** und gelegentlich sogar ***Walhaie*** beobachtet werden. Durch die geschützte Lage vieler Tauchplätze können die Tauchschulen der Insel das gesamte Jahr über Tauchgänge anbieten. Zahlreiche Agenturen bieten organisierte Schnorcheltrips an.

Abends finden im Tonsai Village Feuershows statt

Nachtleben

Koh Phi Phi ist für ihr ***ausgeprägtes Backpacker-Nachtleben*** bekannt. In einem kleinen Bereich, im Nordosten des Tonsai Village und dem angrenzenden Abschnitt des ***Loh Dalum Beach*** befinden sich zahlreiche Bars, in denen es teilweise zu ausschweifenden Partys kommt. Hier erwarten einen Eimertrinken, elektrisches Bullenreiten, Rauschmittelkonsum und wilde Poolpartys. Teilweise schallt laute Musik auch tagsüber bis hinauf zum Phi Phi Viewpoint 2. In der ***Freedom Bar*** kann man am Abend spektakulären Feuershows beiwohnen. Entlang der ***Tonsai Bay*** geht es abends bedeutend ruhiger zu. Bei entspannterer Atmosphäre werden in ***Carlito's Bar*** ebenfalls beeindruckende Feuershows aufgeführt.

Strände

Die Strände im Bereich des Hauptortes sind keine guten Badestrände. Die Bucht des häufig sehr belebten ***Loh Dalum Beach*** wird sehenswert von Felsen eingerahmt. Die Gezeiten beeinflussen die gesamte Bucht jedoch sehr stark. Nur bei Flut kann man direkt ausgehend vom Strand mit Longtailbooten und Kajaks fahren. Nordwestlich der Bucht gelangt man mit Kajaks und Booten zum ***Monkey Beach***. Der schöne Strand wird von zahlreichen Tagestouristen besucht. Die dort lebenden Affen sind teilweise aggressiv. Dementsprechend häufig werden Tollwutimpfungen in den Kliniken auf Koh Phi Phi Don verabreicht.

Die ***Tonsai Bay*** ist der südliche Hauptstrand der Insel und blickt auf beeindruckende Kalksteinklippen. Rund um den zentral gelegenen Pier geht es vor allem zur Mittagszeit teilweise übermäßig belebt zu. In der ausgedehnten Bucht ankern sehr viele große und kleine Boote und erzeugen eine entsprechende Geräuschkulisse. Mehr Ruhe bietet der Strandabschnitt am östlichen Ende der Tonsai Bay.

Gegen Mittag legen jedoch auch hier viele Boote an und bei Flut verschmälert sich der Strandabschnitt.

Die auf dem **Weg nach Südosten** liegenden kleinen Buchten wie beispielsweise der **Love Beach** werden wenig besucht und eignen sich besser zum Baden. Hier befinden sich lediglich wenige Unterkünfte und es legen keine Boote an. Entlang des Küstenweges gelangt man zum **Viking Beach.** Ausgehend vom kleinen Badestrand, dortigen Massageliegen und dem angrenzenden Strandrestaurant kann man den Ausblick auf Koh Phi Phi Leh genießen. Hier legen vereinzelt Boote an. Am Ende der südöstlichen Küste liegt der häufig stark besuchte **Long Beach.** Entlang des Strandes befinden sich einige Unterkünfte. Im Wasser ankern oft Longtailboote und vorbeifahrende Boote verursachen Lärm. Baden ist in abgesperrten Bereichen dennoch gut möglich.

Vorsicht vor den Affen am Monkey Beach!

Der vorgelagerte **Shark Point** gehört zu den beliebtesten Schnorchelplätzen der Inselgruppe. Wenige Gehminuten nördlich liegt der weitestgehend naturbelassene **Loh Moo Dee Beach.** Die Ästhetik des Strandes ist jedoch nicht mit der des Long Beach vergleichbar. Oberhalb des Strandes wurde ein skurril anmutendes Resort mit Wasserpark errichtet.

Die kleinen Strände entlang der Ostküste **(Rantee Bay, Phak Nam Bay)** können nur über anspruchsvollere Wanderungen und mit Booten erreicht werden. Hier haben sich vereinzelte Unterkünfte angesiedelt. Im vorgelagerten Meer kann man gut schnorcheln.

Die nordöstlich gelegene **Loh Ba Kao Bay** kann ebenfalls nur mit Booten oder über eine lange Dschungelwanderung erreicht werden. Die Bucht wird durch die weitläufige Anlage eines gehobenen Resorts dominiert, in deren Hinterland eine kleine Siedlung mit Restaurants, Geschäften, Bars und weiteren Unterkünften entstanden ist. Die breite Bucht besticht durch eine schöne Kulisse mit Kokospalmen, hellem Sand und türkis leuchtendem Wasser. Der schönste Strandabschnitt grenzt an den nördlich gelegenen Eingang zum Khlong. Die Loh Ba Kao Bay wird allerdings stark durch die Gezeiten beeinflusst. Bei Flut kann es zu stärkerem Wellengang kommen. Ausgehend von hier kann man über eine Brücke durch Mangroven weiter nach Norden

Ausblick vom Kho Phi Phi Viewpoint 2

laufen. Hier befinden sich die wenig besuchte ***Loh Lana Bay,*** von der aus man bei Ebbe bis zum schönen ***Nui Beach*** weiterlaufen kann. Der ***Laem Tong Beach*** ist der nördlichste Strand der Insel. In den Unterkünften entlang des langen, teilweise schmaleren Strandes erwartet einen sehr viel Ruhe.

Sehenswert

Aussichtspunkte: Der Ausblick vom hübsch gestalteten Garten am ***Viewpoint 1*** ist nett, aber nicht überwältigend. Für den Treppenaufstieg benötigt man ausgehend vom Tonsai Village 5–10 Minuten.

Entlang eines steileren Pfades erreicht man anschließend innerhalb von 10–15 Minuten den ***Viewpoint 2.*** Hier erwartet einen eines der bekanntesten Fotomotive Thailands. Vor allem zum Sonnenuntergang geht es hier sehr belebt zu. Cafés und Restaurants bieten Sitzgelegenheiten abseits der Aussichtsterrasse an.

Nach weiteren 15–20 Minuten erreicht man entlang eines teilweise unbefestigten Weges den hochgelegenen ***Viewpoint 3,*** der ebenfalls auf die Landzunge sowie auf zahlreiche Inseln der umgebenden Andamanensee blickt.

Beim Besuch zum Sonnenuntergang sollte man mindestens 30 Minuten vor dem eigentlichen Sonnenuntergang an den Aussichtspunkten ankommen. Beim Besuch werden niedrige Eintrittsgebühren verlangt. Die ***Tickets*** sollte man beim Besuch aller Viewpoints für den Rückweg aufbewahren. Die Aufstiege ausgehend vom Viking Beach, vom Long Beach und von der Loh Ba Kao Bay dauern länger als der Aufstieg vom Tonsai Village. Alle Aufstiege sind anstrengend.

GPS: N 7.741814, E 98.775654 (Beginn des Aufstiegs zu den Aussichtspunkten, die Beschilderung im Ort ist teilweise irreführend)
Eintritt: 30–50 TBH.

Am Strand des beliebten Badeorts Ao Nang

Ao Nang (Krabi) 4 3

Die ***Provinz Krabi*** bildet die Ostküste der nördlichen Andamanensee. Beeindruckende Kalksteinfelsen und Berge prägen die weitläufigen Landschaften des Festlandes und im vorgelagerten Meer erwarten einen einige der schönsten Inseln Thailands. Krabis touristisches Zentrum ist der ***belebte Badeort*** Ao Nang. Der weltweit bekannte Railay Beach ist nur wenige Bootsminuten vom Ao Nang Beach entfernt. Viele Reisende nutzen Ao Nang als ***Ausgangs- oder Endpunkt beim Inselhopping*** oder als Zwischenstopp auf kombinierten Reisen durch die Andamanensee und den westlichen Golf von Thailand. Entlang der Küste liegen weitere, deutlich ruhigere Strände. Die gut angebundene Provinzhauptstadt Krabi Town befindet sich abseits der Küste. Für Aufenthalte in Krabi sollten zwei bis fünf volle Tage eingeplant werden. In Anbetracht der Größe der Provinz und der Vielzahl an Sehenswürdigkeiten und möglichen Ausflügen kann man problemlos mehr als eine Woche in Krabi verbringen. Viele Pauschaltouristen nutzen den Badeort Ao Nang und die weiteren Strände entlang der Küsten sogar für wochenlange Urlaube.

Nützliches

Anreise: Die Provinzhauptstadt Krabi Town ist über einen ***internationalen Flughafen*** und ein dichtes Netz von ***Busverbindungen*** gut angebunden. Bei durchgebuchten Flügen kann Gepäck von Europa bis nach Krabi durchgecheckt werden. **Überlandtransfers** nach Krabi Town, Ao Nang und zu den Stränden entlang der Küste werden ausgehend von den meisten Reisezielen in Südthailand angeboten. **Schnellboote und Fähren** verbinden die Inseln der Andamanensee mit Krabi Town und Ao Nang. Zwischen Krabi Town, Ao Nang und den weiteren Stränden der Küste verkehren **Taxis und Sammeltaxis.**

Unterkunft: Der Badeort Ao Nang ist ein optimal angebundener Ausgangsort, um die gesamte Provinz zu erkunden. An abgelegeneren Stränden der Küste geht es ruhiger zu.

Das gehobene, moderne Hotel **Anana Ecological Resort** bietet Ruhe und Komfort in Ao Nang.

Preiskategorie: €€€

Das **Adult Only Hotel BlueSotel Smart** liegt fußläufig zum Ao Nang Beach und bietet viele Annehmlichkeiten, bei gutem Preis-Leistungs-Verhältnis.

Preiskategorie: €€€

Kulinarisches: Die Auswahl an guten Restaurants und Cafés in Ao Nang ist groß. Das durchschnittliche Preisniveau ist allerdings für thailändische Verhältnisse hoch. Hervorragendes, günstiges Thaifood wird bei **Mama Kitchen** und im benachbarten **Banana House** serviert.

Empfehlenswerte ***vegane Speisen*** werden bei **Plant-Erian** zubereitet.

In der **Last Fisherman Bar** erwartet einen eine schöne Atmosphäre zum Abendessen entlang der Strandpromenade des Ao Nang Beach.

Günstiges Streetfood wird am Abend auf dem **Ao Nang Mosque Market,** vor der **Al-Munawarah Moschee**, verkauft. Der größere **Ao Nang Landmark Night Market** richtet sich vorwiegend an Touristen. In

Info

Unsere Tipps für Ao Nang (Krabi)

- Die **Kulissen** an den Festlandstränden sind nicht mit denen der vorgelagerten Inseln vergleichbar. Der Badeort Ao Nang ist zudem **sehr touristisch.** Dennoch ist der Ort ein **hervorragender Ausgangspunkt** zur Erkundung der zahlreichen Sehenswürdigkeiten in der landschaftlich beeindruckenden Provinz.
- Sofern du nach mehr **Ruhe** suchst, empfehlen wir dir am **Klong Muang Beach** unterzukommen. Am nördlichen Strandabschnitt (Koh Kwang Beach) stört uns persönlich jedoch der Blick auf den Tiefwasserpier.
- **Frühmorgendliche Ausflüge** zu beliebten Orten und Inseln ermöglichen es dir, dem Großteil der anderen Touristen zuvorzukommen.
- Aufgrund der teilweise **langen Fahrstrecken** empfehlen wir dir ein **eigenes Fahrzeug** zu mieten. Alternativ können geführte Tagestouren und private Taxis vor Ort gebucht werden.

Bild 1: Walking Street in Krabi Town | Bild 2: Türkisblaue Lagune auf der malerischen Insel Koh Hong | Bild 3: Mit Longtailbooten von Insel zu Insel auf der 4-Islands-Tour

Krabi Town öffnen täglich authentische Nachtmärkte. Insbesondere die ***Walking Street*** bietet von Freitag- bis Samstagabend kulinarische Highlights.

Aktivitäten

Koh Hong: Weiße Sandstrände, türkisblaues Wasser und faszinierende Felsformationen machen Koh Hong zu einer der malerischsten Inseln Thailands. Der Viewpoint der Insel bietet einen spektakulären Rundumblick auf Koh Hong, das Meer und die umgebenden Kalksteininseln. Abseits der ***Hauptbucht*** befindet sich eine ***ausgedehnte Lagune.*** Die meisten Tagesausflüge nach Koh Hong führen zudem zu den ebenfalls sehenswerten ***Nachbarinseln Koh Lao Lading*** und ***Pakbia Island.*** Private Bootstouren und Gruppentouren zu den Hong Islands, mit unterschiedlichen Programmen, können bei zahlreichen Anbietern in Ao Nang und an den weiteren Stränden der Küste gebucht werden. Die ***Überfahrt*** nach Koh Hong ist häufig wellig. Es ist bereits zu Unfällen kleiner Boote gekommen. Das Tragen von Schwimmwesten ist dringend empfehlenswert.

4-Islands-Tour: Die ***Inseln Ko Poda, Tub Island, Ko Thap*** und ***Ko Kai*** gehören zu den beliebtesten Ausflugszielen Krabis. Ko Poda bietet Ausblicke auf beeindruckende Kalksteinfelsen, Tub Island und Ko Thap sind bei Ebbe durch eine begehbare Sandbank miteinander verbunden (Thale Waek). Ko Kai wird aufgrund einer markanten Steinformation als Chicken Island bezeichnet. In der Regel werden auf Touren ***Zwischenstopps zum Schnorcheln*** eingelegt. Private Bootstouren und Gruppentouren mit Longtailbooten und Schnellbooten können bei zahlreichen Anbietern in Ao Nang und an den weiteren Stränden der Küsten gebucht werden.

Krabi Walking Street: Von Freitag bis Sonntag wird jeden Abend im Zentrum der Provinzhauptstadt Krabi Town eine ***atmosphärische Walking Street*** ausgerichtet. Der Nachtmarkt gehört zu den schönsten und authentischsten Nachtmärkten in Thailand. Hier erwartet einen ein buntes Angebot an thailändischem und internationalem Streetfood, zahlreiche Händler und Live-Musik. Ausgehend von Ao Nang fahren ***günstige Pick-Up-Busse*** zur Walking Street. Motorroller können vor Ort abgestellt werden.

Öffnungszeiten: Fr–So ca. 17–23 Uhr.

Kajakfahren: Ungefähr 20 Fahrminuten nördlich von Ao Nang befinden sich der ***Nong Thale Lake*** und der ***Klong Root Clear Water Canal.*** Hier können Kajaks für Fahrten durch die Mangroven und über die häufig spiegelglatte Oberfläche des Sees ausgeliehen werden. Insbesondere zum Sonnenaufgang hinter den Kalksteinbergen erwartet einen hier häufig eine stimmungsvolle Bootsfahrt. Zum Sonnenaufgang werden Ausflüge zum Nong Thale Lake angeboten.

40 Fahrminuten nordwestlich von Ao Nang erreicht man den ***Ao Thalane Kayak Point.*** Ausgehend von hier kann man mit dem Kajak durch Mangroven und an sehenswerten Kalksteinfelsen vorbeifahren. Die meisten Kajaktouren dauern ungefähr zwei Stunden. Die Anfahrt ist für Selbstfahrer und im Rahmen geführter Touren möglich.

GPS: N 8.144097, E 98.746950 (Ao Thalane Kajakverleih)

Tauchen: Ausgehend von Ao Nang werden ***zahlreiche Tauchplätze*** im Bereich der vorgelagerten Inseln und auch weit entfernte Tauchspots, wie beispielsweise rund um Koh Phi Phi, angefahren. Professionell organisierte Ausfahrten, Tauchkurse und gute Ausrüstung werden bei **Fast Manta** an der Beach Road in Ao Nang angeboten.

Web: www.fastmanta.com

Sonstiges: Ao Nang ist ein klassischer Urlaubsort. Hier und auch ausgehend von den weiteren Stränden der Küste werden zahlreiche Tagesausflüge, Bootstouren und Aktivitäten wie beispielsweise ***Kochkurse***, ***Thaibox-Kurse*** und ***Ziplining*** angeboten.

Abendliche Promenade am Ao Nang Beach

Die Haltungsbedingungen in den ***Elefantencamps*** der Region sind unseren Erfahrungen und Eindrücken nach als kritisch zu bewerten.

Strände

Krabis Festlandstrände sind größtenteils lang und werden stark von den ***Gezeiten*** beeinflusst. Der Sand ist dunkler und gröber als auf den vorgelagerten Inseln. ***Nadelbäume*** kommen deutlich häufiger vor als Palmen. Dennoch eignen sich die Strände bei Flut gut zum ***Baden*** und bieten schöne Ausblicke in Richtung Sonnenuntergang.

Der belebte ***Ao Nang Beach*** wird von beeindruckenden Felsformationen begrenzt. Entlang des nördlichen Strandabschnittes legen zahlreiche Boote an, die für eine entsprechende Geräuschkulisse sorgen. Der ruhigere, südliche Strandabschnitt eignet sich besser zum Baden.

Der südlich benachbarte ***Pai Plong Beach*** kann nur mit Booten und entlang einer kurzen Wanderung über den von Affen bevölkerten ***Monkey Trail*** erreicht werden. Die mittelgroße Bucht wird malerisch von Kalksteinklippen eingerahmt.

Der ***Noppharat Thara Beach*** ist der nördliche Nachbarstrand des Ao Nang Beach. Hier geht es bei weniger schöner Kulisse deutlich ruhiger zu. Am nordwestlichen Strandende befindet sich eine Sandzunge, die in einen großen Khlong übergeht.

Am gegenüberliegenden Ufer des Kanals liegt der touristisch wenig erschlossene ***Antosil Beach.*** Weiter nordwestlich befindet sich der ***Klong Muang Beach.***

Der südliche Abschnitt des ruhigen Badestrandes ist bei Urlaubern beliebt. Am nördlichen Strandabschnitt, dem ***Koh Kwang Beach***, blickt man auf einen Tiefwasserpier, an dem Frachter anlegen.

Der nördlichste Strand der Region ist der **Tubkaek Beach**. Entlang des Strandes liegen mehrere gehobene Resorts mit Ausblick auf die vorgelagerten Inseln. Obwohl hier viele Touristen gerne ihren Urlaub verbringen, ist der Tubkaek Beach kein optimaler Badestrand. Zudem liegt er weit abseits vieler Sehenswürdigkeiten der Provinz.

Östlich von Ao Nang liegt der ***Ao Nam Mao Beach***. Der Strand wird sehr stark von den Gezeiten beeinflusst und eignet sich kaum zum Baden. Ausgehend vom benachbarten Pier können Boote zum Railay Beach genommen werden.

Aussicht vom Dragon Crest Mountain

Sehenswert

Tiger Cave Temple: Der Wat Tham Suea liegt am Fuße des Kalksteinberges ***Khao Kaew***, nördlich von Krabi Town. Im Inneren des Berges befindet sich ein ***Höhlentempel***, einschließlich des namensgebenden Tiger Cave. Außerhalb des Höhlentempels wurden zwei Pagoden, eine im chinesischen Stil, erbaut. Auf der Bergspitze befindet sich auf über 300 m Höhe ein ***sitzender Buddha***. Hier erhält man vor allem zum Sonnenaufgang und Sonnenuntergang beeindruckende Ausblicke auf die umgebenden Kalksteinberge. Der körperlich fordernde Treppenaufstieg dauert dreißig bis sechzig Minuten. Entlang des Aufstieges leben Affen. Lose Gegenstände sollten grundsätzlich in Rucksäcken transportiert werden. Aufgrund der steilen Stufen ist auch der Abstieg anspruchsvoll. Festes Schuhwerk und die Mitfuhr ausreichender Mengen an Trinkwasser sind dringend empfehlenswert. Auf der obersten Ebene können Wasserflaschen aufgefüllt werden. Die Anfahrt ab Ao Nang dauert ungefähr 30 Minuten.

Öffnungszeiten: Tägl. 5–18.30 Uhr; Übernachtungen auf dem Berg sind verboten.

Dragon Crest Mountain: 30 Rollerminuten nordwestlich von Ao Nang liegt der über 500 m hohe Berg ***Khao Ngon Nak***. Aus der Ferne betrachtet erinnert die Silhouette des Berges an den Rücken eines Drachens. Eine ***anspruchsvolle Wanderung*** führt entlang unbefestigter, teilweise steiler Wege hinauf zur Bergspitze. Hier bietet sich ein schöner Ausblick auf die Kalksteinberge der Provinz. Der Aufstieg dauert zwei bis drei Stunden. Für den **Auf- und Abstieg** sollten vier bis fünf Stunden eingeplant werden. Mindestens 1½ Liter Trinkwasser sollten pro Person mitgeführt werden. Festes Schuhwerk, Mückenschutz, Sonnenschutz und angepasste Kleidung sind dringend empfehlenswert. Bei Wanderungsbeginn am frühen Morgen erwarten einen angenehmere Temperaturen. Nach starken **Regenfällen** wird der Aufstieg in der Regel gesperrt. Die Wanderung muss vor Sonnenuntergang beendet werden. Zu Beginn der Wanderung muss man sich in eine Liste eintragen.

GPS: N 8.097597, E 98.749431 (Startpunkt der Wanderung)

Öffnungszeiten: Tägl. 8–14 Uhr.

Die Mud Crab Sculpture in Krabi Town

Hot Stream, Ron Waterfall, Emerald Pool und Blue Pool: Ungefähr 90 Rollerminuten südöstlich von Ao Nang befinden sich diese vier gut miteinander kombinierbaren Ausflugsziele. Die ***eigenständige Anfahrt*** über die viel befahrenen Hauptstraßen eignet sich jedoch nur für sichere Fahrer. Alternativ empfehlen sich ***geführte Tagestouren.***

Der **Hot Stream** führt warmes Quellwasser in Richtung des ***Ron Wasserfalls.*** Die Kaskaden des Wasserfalls bilden kleine Becken, in denen man in das ***Thermalwasser*** eintauchen kann.

Der **Emerald Pool** ist ein natürliches Schwimmbecken inmitten des Nor Chu Chi Forest. Bei direkter Sonneneinstrahlung leuchtet das über 30 °C warme Wasser strahlend blau. Ausgehend vom Emerald Pool führt ein kurzer Wanderweg zum oberhalb gelegenen **Blue Pool.** Der Teich leuchtet intensiv blau und bietet ein außergewöhnliches Fotomotiv.

Öffnungszeiten: Tägl. 8.30–16.30 Uhr, der Blue Pool ist von Mai bis Oktober gelegentlich nicht zugänglich.

Krabi Town: Die Provinzhauptstadt hat ihren ***ursprünglichen Charme*** bis heute erhalten und steht im entsprechend starken Kontrast zu Ao Nang. Auf Ausflügen in die Stadt können das Wahrzeichen der Stadt, die ***Mud Crab Sculpture,*** die ***Kalksteinhöhle*** im Berg ***Khao Khanab Nam*** und der weiße ***Wat Kaew Korawararam*** besichtigt werden.

Bootstouren durch die Mangroven und zum ***Khao Khanab Nam*** können mit Bootsfahrern an der Mud Crab Sculpture spontan vereinbart werden.

Bild 1: Der blau leuchtende Blue Pool | Bild 2: Die Kaskaden des Hot Stream

Am Abend öffnen in der Stadt ***authentische Nachtmärkte***. Von Freitag bis Sonntag wird abends eine atmosphärische Walking Street ausgerichtet.

Die Fahrt von Ao Nang nach Krabi Town dauert ungefähr 30 Minuten. Zwischen Ao Nang und Krabi Town fahren Sammeltaxis und Taxis.

Mountain Buddha Temple: Der Mountain Buddha Temple wird von wenigen Touristen besucht und eignet sich als ***kurzer Zwischenstopp*** auf Erkundungstouren rund um Ao Nang. Ein stimmungsvoll gestalteter Treppenaufstieg führt hinauf zum ***goldenen Buddha.*** Hier kann man den Blick über die Kalksteinfelsen der Umgebung schweifen lassen. Der Tempel liegt am östlichen Stadtrand von Ao Nang.

Sonnenaufgang am Din Daeng Doi Viewpoint: Ausgehend vom ***Café*** auf dem Hügel Din Daeng Doi erhält man zum Sonnenaufgang einen schönen ***Ausblick auf die Kalksteinberge*** der Region. Für den unbefestigten, zehnminütigen ***Aufstieg*** zum Aussichtspunkt sollte an festes Schuhwerk und eine Stirnlampe gedacht werden. Für die Anfahrt ab Ao Nang werden ungefähr 30 Minuten benötigt. Man sollte mindestens dreißig Minuten vor Sonnenaufgang am Parkplatz unterhalb des Hügels ankommen.

GPS: N 8.110207, E 98.782773 (Parkplatz)

Monkey Trail: Am südlichen Ende des Ao Nang Beach beginnt ein Pfad, der innerhalb von 15 Minuten zum benachbarten ***Pai Plong Beach*** führt. Entlang des Weges leben viele ***Affen,*** denen man mit Respekt gegenübertreten sollte. Tagsüber verkehren viele Touristen entlang des Monkey Trails. Die Holztreppen sind steil. Am Ende des Weges wird man mit der beeindruckenden ***Kulisse des Pai Plong Beach***

Entlang des Monkey Trails trifft man auf viele Affen, denen mit Vorsicht zu begegnen ist

belohnt. Nach Sonnenuntergang wird der Monkey Trail beleuchtet und Fledermäuse fliegen umher.

Wat Maha That Wachiramongkol (Wat Bang Thong): Ungefähr 60 bis 90 Minuten nördlich von Ao Nang befindet sich die durch ***hinduistische Einflüsse*** geprägte Tempelanlage des Wat Maha That Wachiramongkol. Im Inneren der teilweise monumental anmutenden Tempelanlage können ***prächtige Malereien*** besichtigt werden.

Wat Mahathat Laem Sak: 30 Minuten weiter südwestlich erhält man im wenig besuchten Wat Mahathat Laem Sak einen schönen ***Ausblick auf die Inseln der Phang Nga Bay.*** In der prächtig verzierten Pagode werden ***Reliquien Buddhas*** bewahrt. In Ao Nang können kombinierte Tagestouren zu beiden Tempeln gebucht werden.

Weitere Sehenswürdigkeiten: Der ***Huay To Wasserfall*** ist nur während der Regenzeit ein sehenswerter Zwischenstopp auf Ausflügen. Ausgehend vom Parkplatz führt eine kurze Dschungelwanderung durch den ***Khao Phanom Bencha Nationalpark*** zum Wasserfall. Der Wasserfall liegt ungefähr 45 Minuten nordöstlich von Ao Nang.

30 Minuten nördlich von Ao Nang liegt der kaum bekannte ***Blue Pool Sa Kaeo.*** Vor Ort kann man ***Tauchgänge*** im blauen Wasser des Teichs vereinbaren.

GPS: N 8.170269, E 98.808129

15 Minuten östlich von Ao Nang können am ***Fossil Shell Beach*** jahrtausendealte Steinformationen und Fossilien besichtigt werden. Viele Besucher empfinden den Eintrittspreis allerdings als zu hoch.

Eintritt: 200 TBH.

Railay Beach 6 6 4

Der Railay Beach liegt auf einer vom Festland der Provinz Krabi abgeschotteten **Halbinsel** und ist ***einer der landschaftlich beeindruckendsten Orte Thailands.*** Hunderte Meter hohe ***Kalksteinfelsen*** erzeugen eine monumentale Kulisse und ziehen Klettersportler aus der ganzen Welt an. Die Strände der Halbinsel sind allerdings keine optimalen Badestrände. Am Abend wird eine atmosphärische Walking Street ausgerichtet und zum Sonnenuntergang bieten sich häufig spektakuläre Aussichten. Zwischen den Stränden haben sich Unterkünfte, Tourenanbieter, Restaurants und Bars angesiedelt.

Nützliches

Anreise: Zwischen den meisten Inseln der Andamanensee und dem Railay Beach bestehen ***Bootsverbindungen*** zum schwimmenden Pier, am östlichen Ufer der Halbinsel. Ausgehend von Ao Nang können ***Longtailboote*** zum Railay Beach rund um die Uhr kurzfristig gebucht werden. Ausgehend von Krabi Town erfolgt die Anreise über den **Ao Nam Mao Pier.**

Unterkunft: Viele Unterkünfte am Railay Beach sind für thailändische Verhältnisse teuer. Die Unterkünfte am ***östlichen Ufer*** der Halbinsel bieten gegenüber den Unterkünften am eigentlichen Railay Beach das bessere Preis-Leistungs-Verhältnis. Am ***nordöstlichen Ende*** der Halbinsel befinden sich vorwiegend günstige Unterkünfte. Am ***südwestlichen Ende*** der Halbinsel und am ***Phra Nang Beach*** liegen luxuriöse Hotels. Am ruhigeren ***Tonsai Beach*** befinden sich weniger Unterkünfte. Der Strand ermöglicht Klettersportlern schnellen Zugang zu hohen Felswänden. Eine kurze Wanderung oder eine Fahrt mit dem Boot führt zum Railay Beach.

Das komfortable ***Adult Only Hotel Avatar Railay Resort*** verfügt über einen schönen Pool und bietet Live-Musik am Abend.

Preiskategorie: €€

Info

Unsere Tipps für den Railay Beach

- Buche deine Unterkunft am Railay Beach rechtzeitig! Die Nachfrage nach den **wenigen Hotels** der Halbinsel ist während der **Hauptsaison** sehr hoch.
- In der **Nebensaison** kommen bedeutend weniger Touristen an den Railay Beach und die Übernachtungspreise fallen stark.
- Ausgehend vom Railay Beach können **Touren** zu den bekannten **4-Islands** und nach **Koh Hong** unternommen werden.

Kulinarisches: Entlang der Walking Street und am östlichen Ufer der Halbinsel befinden sich viele thailändische und internationale Restaurants. Die Preise sind gegenüber dem Festland leicht erhöht. Viele Restaurants bieten ***fangfrischen Fisch*** und ***Meeresfrüchte*** an.

Gutes, günstiges Thaifood wird im ***Welcome Back Restaurant*** serviert.

Authentische indische Küche wird im ***Kohinoor Indian Restaurant*** angeboten.

Aktivitäten

Walking Street und Nachtleben: Im Zentrum der Halbinsel liegt das ***Railay-Village.*** Entlang der atmosphärischen Walking Street befinden sich zahlreiche Restaurants, Bars, Cafés und Shops. Am Abend wird in vielen Lokalen ***Live-Musik*** gespielt. Am nordöstlichen Ende des Railay Beach East öffnen am Abend ***Bars,*** in denen das vorwiegend junge Publikum teilweise die Nacht zum Tag macht.

Öffnungszeiten: Tägl. bis ca. 24 Uhr, teilweise länger.

Klettern: Die Halbinsel ist ein ***Paradies für Klettersportler*** aus der ganzen Welt. Am Phra Nang Beach, am Tonsai Beach und am südwestlichen Ende des Railay Beach East befinden sich teilweise mehrere ***hundert Meter hohe Kalksteinwände.***

Kletterkurse für Anfänger und Fortgeschrittene werden vor Ort angeboten. ***Kletterausrüstung*** kann ebenfalls vor Ort ausgeliehen werden.

Kajakfahren: Am Railay Beach West werden ***Kajaks*** und ***SUP-Boards*** vermietet, mit denen man nahe an die beeindruckenden Kalksteinfelsen und zu kleinen Höhlen fahren kann.

Strände

Der ***Railay Beach West*** ist der Hauptstrand der Halbinsel. Der Strand wird durch monumentale Kalksteinfelsen begrenzt und bietet einen schönen Ausblick in Richtung Sonnenuntergang. Tagsüber geht es hier häufig sehr belebt zu.

Der ***Railay Beach East*** ist kein Sandstrand und eignet sich aufgrund der Mangroven nicht zum Baden. Hier befinden sich der schwimmende Pier der Halbinsel, Unterkünfte, Restaurants, Ticketverkäufer und Bars.

Der ***Phra Nang Beach*** liegt auf der südwestlichen Spitze der Halbinsel. Der durch beeindruckende Kalksteinfelsen begrenzte Badestrand bietet Ausblicke auf die vorgelagerten Inseln. Am östlichen Ende des Strandes befindet sich die mit Phallussymbolen gefüllte ***Princess Cave.*** Am westlichen Strandende kann eine hochgelegene ***Fledermaushöhle*** besichtigt werden. Tagsüber geht es am Phra Nang Beach sehr belebt zu.

Nördlich des Railay Beach West befindet sich der ***Tonsai Beach.*** Der ruhigere Strand ist bei Klettersportlern beliebt. Ausgehend vom Railay Beach kann man zu Fuß und per Boot zum Tonsai Beach gelangen.

Sehenswert

Princess Cave: Die Princess Cave liegt am östlichen Ende des Phra Nang Beach. Der ***Schrein*** in der Höhle wird von unzähligen ***Phallussymbolen*** in allen erdenklichen

Bild 1: Morgendliche Sicht auf die beeindruckenden Kalksteinfelsen am Railay Beach West | Bild 2: Live-Musik in den Bars der Walking Street | Bild 3: Bars am Railay Beach East

Formen, Größen und Farben umgeben. Fischer bitten hier um sichere Ausfahrten. Paare bitten um die Erfüllung ihres Kinderwunsches.

Diamond Cave: Die Diamond Cave ***Tham Phra Nang Nai*** liegt im nördlichen Teil der Halbinsel. Beleuchtete Holzstege führen durch die sehenswerte ***Tropfsteinhöhle.***

Railay Viewpoint und Princess Lagoon: Der Railay Viewpoint und die Princess Lagoon können über einen teilweise gemeinsamen Aufstieg erreicht werden. Beim Aufstieg sollte festes Schuhwerk getragen werden. Der ***kurze Aufstieg zum Aussichtspunkt*** ist unbefestigt, anspruchsvoll und nach starken ***Regenfällen*** teilweise gesperrt. Hier blickt man auf große Teile der Halbinsel.

Der ***Weg zur Lagune*** ist anspruchsvoller und länger als der Weg zum Aussichtspunkt. Auf dem Weg zur Lagune müssen Kletterpassagen überwunden werden. Der Besuch der Lagune ohne ***Kletterführer*** ist gefährlich. Bei Ebbe ist die Lagune nicht sehenswert.

Phallussymbole aller Art umgeben den Schrein im Inneren der Princess Cave

Koh Lanta 5

Koh Lanta unterteilt sich in die touristisch nahezu unerschlossene Insel ***Koh Lanta Noi*** und die umgangssprachlich nur als Koh Lanta bezeichnete Insel ***Koh Lanta Yai.*** Koh Lanta ist eine ***ruhige Urlaubsinsel*** mit zahlreichen schönen Badestränden. Obwohl man hier nicht auf typische Aktivitäten und die Annehmlichkeiten einer gut ausgebauten touristischen Infrastruktur verzichten muss, ist der große touristische Andrang bisher ausgeblieben. Das ***bergige Inselinnere*** ist wenig erschlossen und an der durch Mangroven geprägten Ostküste geht es außerhalb der kleinen ***Inselhauptstadt Lanta Town*** weiterhin ursprünglich zu. Die Anzahl an Sehenswürdigkeiten und Aktivitäten ist überschaubar, abseits der Strände entlang der Westküste verliert Koh Lanta den ästhetischen Vergleich mit vielen kleineren Inseln und dennoch zieht der einzigartige, langsame Inselrhythmus viele Besucher schnell in ihren Bann. Das ***Nachtleben*** der muslimisch geprägten Insel beschränkt sich vorwiegend auf Strandrestaurants, Hippie-Bars und gelegentliche Feuershows. Entsprechend viele ***Familien, Paare und Ruhesuchende*** trifft man auf Koh Lanta. Vielgereiste erinnert die Insel weiterhin an längst vergangene Zeiten und die Anzahl langjähriger Stammgäste erstaunt sogar manche Hotelbesitzer. Während der ***Regenzeit*** schließen einige Unterkünfte und Restaurants.

Nützliches

Anreise: Zahlreiche ***Fähren*** und ***Schnellboote*** verbinden den ***Sala Dan Pier*** mit den Inseln der Andamanensee. Vom ***Hua Hin Pier,*** am Festland der Provinz Krabi, setzt tagsüber eine ***Autofähre*** in kurzen Abständen nach Koh Lanta Noi über.

Koh Lanta Noi und Koh Lanta Yai sind über die ***Siri Lanta Bridge*** miteinander verbunden. Von Krabi Town und Ao Nang kann die Anreise mit ***Taxis*** und ***Bussen*** unkompliziert vor Ort organisiert werden. Der Transfer vom ***Krabi Airport*** nach Koh Lanta dauert ungefähr zwei Stunden. Auf der Rückreise ist es mit privaten Taxis möglich, bereits gegen 7 Uhr morgens am Flughafen in Krabi anzukommen.

Unterkunft: Angrenzend an den nordwestlich gelegenen ***Pierort Sala Dan*** befindet sich der ruhige, flachabfallende, bei Familien beliebte ***Khlong Dao Beach.*** Der ***Long Beach*** ist der beliebteste Badestrand der Insel und dennoch ist er nicht überlaufen. Der Strand eignet sich als komfortabler Ausgangsort zur Erkundung der Insel. Je weiter man der Westküstenstraße nach Süden folgt, desto ruhiger wird es. Am felsigen ***Klong Khong Beach,***

Info

Unsere Tipps für Koh Lanta

- Beim **Sabai Sabai Viewpoint** erhältst du einen herrlichen Ausblick zum Sonnenuntergang hinter den vorgelagerten Inseln. Die besten Plätze müssen vorab reserviert werden!
- In der **Hippy Trail Bar** am Kho Kwang Beach wird oft sehr gute **Live-Musik** gespielt.
- In der **Pa Himaphan Monastery** werden täglich gegen 12.30 Uhr **geführte Meditationen** angeboten.
- Besuche im **Lanta Animal Welfare** machen Spaß und unterstützen ein sinnvolles Projekt.
- **Lokale Künstler** verkaufen wunderschöne **Batiken** und bieten **Batik-Kurse** an. Insbesondere **Sam Batik** auf der Walking Street in Sala Dan hat uns begeistert.

am **Klong Nin Beach** und in der schönen **Kantiang Bay** erwartet einen dennoch ein ausreichendes Angebot an Restaurants, Geschäften und Dienstleistern. Am **Khlong Chak Beach** haben sich nur wenige gehobenere Resorts und klassische Bungalowanlagen angesiedelt.

Im **The Sun Long Beach Resort** kommt man zu fairen Preisen fußläufig zum Long Beach unter.

Preiskategorie: €€

Im **Narima Bungalow Resort** nächtigt man in klassischen, aber komfortablen Bungalows abseits der Hauptstrände. Die kleine, felsige Bucht wird nahezu ausschließlich von Hotelgästen besucht.

Preiskategorie: €€

Das komfortable **Pimalai Resort & Spa** in der Kantiang Bay ist bei Paaren sehr beliebt.

Preiskategorie: €€€

Kulinarisches: Koh Lanta ist eine muslimische Insel. Dementsprechend verbreitet sind **Halal-Restaurants.** Khao Soi, Massaman Curry und interessanterweise auch Pizza gehören zu den am häufigsten angebotenen Speisen. Jeden Abend wird auf der kleinen **Sala Dan Walking Street** eine gute Auswahl an günstigem Streetfood angeboten. Der Nachtmarkt bietet zudem Gelegenheiten zum Shopping.

GPS: N 7.648313, E 99.037160 (Sala Dan Walking Street)

Am nahegelegenen Pier befinden sich viele **Seafood-Restaurants**. Im **VR.Minimart & Restaurant** kann man günstig und gut direkt am Strand essen und das in einer Atmosphäre, die man auf anderen Urlaubsinseln so kaum noch erlebt.

Bei **Bun Noodle** wird hervorragende Khao Soi serviert.

Überraschend gute Burger und Brownies werden bei **KinBurger** angeboten.

Bei **Mays Kitchen** sind insbesondere verschiedene Grillspezialitäten empfehlenswert.

Das **Happy Veggie** empfiehlt sich für Vegetarier und Veganer.

Freunde der gehobenen Küche sollten im **Yang Garden** vorbeischauen.

Bei **Nong Pheat Kitchen** gibt es liebevoll zubereitete Pizza.

Sehr gute thailändische Küche dominiert die Speisekarte im **Three Sisters Restaurant**.

GPS: N 7.5734215, E 99.035428

Das **SMOON** wird den Erwartungen an ein Hipster-Café mehr als gerecht.

Im versteckten **Siam Home Café & Bakery** wird man von einer großen Auswahl an Torten und Kuchen überrascht.

Im **Phad Thai Rock N Roll** wird hervorragend gekocht.

Herumkommen

Aufgrund der Inselgröße und des ruhigen Verkehrs ist ein **eigenes Fahrzeug** empfehlenswert. Motorroller, Motorräder und auch Autos können bei zahlreichen Vermietern und über Unterkünfte gemietet werden. Getankt wird vorwiegend aus Flaschen und Automaten. Insbesondere entlang der Westküste muss gut auf **Schlaglöcher** geachtet werden. Bei Nacht werden viele Straßenabschnitte nicht beleuchtet. Alternativ bieten viele **Taxifahrer und Sammeltaxis** ihre Dienste zu moderaten Inselpreisen an. Vor allem im Nordwesten können zahlreiche Rollertaxis mit Beiwagen entlang der Straße angehalten werden. Im Südwesten fahren deutlich weniger Taxis. **Inselrundfahrten** zu den wichtigsten Sehenswürdigkeiten werden vor Ort angeboten.

Aktivitäten

Tauchen und Schnorcheln: Rund um die kleinen Inseln der weitläufigen Umgebung befinden sich **zahlreiche schöne Tauch- und Schnorchelplätze.**

Ausflüge nach Koh Rok, Koh Haa, zu den Bida Islands und zu weiteren Inseln können über Unterkünfte und lokale Reisebüros gebucht werden.

In Sala Dan befinden sich mehrere professionell arbeitende **Tauchschulen.** Während der Nebensaison sind die Inseln teilweise nicht zugänglich.

Café auf Koh Lanta

Der kilometerlange Long Beach

4-Islands-Tour: ***Bootstouren*** führen zur ***Emerald Cave*** auf Koh Mook, zu den **Schnorchelplätzen** bei Koh Chueak, Koh Waen oder Koh Ma sowie auf die Inseln Koh Ngai und Koh Kradan. Unterschiedliche Bootstouren können vor Ort gebucht werden. Nicht alle Touren finden während der Regenzeit statt. ***Übernachtungen*** auf Koh Mook, Koh Ngai und Koh Kradan eignen sich deutlich besser als Tagesausflüge ab Koh Lanta, um diese Inseln zu besuchen.

Strände

Entlang der **Westküste** befinden sich zahlreiche, häufig lange und breite Badestrände. Die Strände können entlang der Hauptstraße leicht erreicht werden und bieten malerische Ausblicke auf die vorgelagerten Inseln und in Richtung Sonnenuntergang.

Angrenzend an den ***Hauptort Sala Dan*** liegt der ruhige ***Khlong Dao Beach.*** Bei Ebbe kann man hier nur stark eingeschränkt baden. Aufgrund des flach abfallenden Wassers gehört der Strand dennoch zu den beliebtesten Stränden für Familien. Am nördlichen Ende der großen Bucht geht der Strand in den ***Kho Kwang Beach*** auf einer schmalen Landzunge über.

Der ***Long Beach*** ist der beliebteste Badestrand der Insel und wird dennoch selbst während der Hochsaison nicht übermäßig stark besucht. Hier kann man auch bei Ebbe noch gut baden. Entlang des kilometerlangen Strandes befinden sich viele Unterkünfte und Restaurants. An den Strandenden geht es ruhig zu. Unmittelbar südlich des Long Beach befinden sich einige fußläufig miteinander verbundene, kleinere Buchten. Insbesondere der ***Beautiful Beach*** bietet eine schöne Kulisse.

Entlang des ruhigen ***Klong Khong Beach*** haben sich ebenfalls viele Unterkünfte und Lokale angesiedelt. Bei Ebbe zieht sich das Wasser weit zurück und legt viele Felsen frei. Entlang des weiter südlich gelegenen ***Klong Nin Beach*** geht es noch ruhiger zu und vor allem bei Ebbe kann man besser baden.

Auf dem weiteren Weg nach ***Süden*** gelangt man nach einem kurzen Abstieg zum ***Nui Beach.*** Der kleinere Badestrand ist unbebaut. Nach Vorbeifahrt am felsigen ***Khlong Hin Beach*** erreicht man die malerische ***Kantiang Bay.*** Hier befindet sich ein kleiner, ruhiger Ort. Ausgehend von der Straße am südlichen Ende der Bucht bietet sich ein schöner Ausblick auf den langen Strand und man gelangt entlang eines kurzen Dschungelweges zur kleinen, hübschen **Nui Bay.** Der benachbarte ***Khlong Chak Beach*** ist ein großer, breiter Badestrand. Die geringe Bebauung zieht ein ruhesuchendes Publikum an. Feiner, heller Sand, Palmen und türkises Wasser machen den nahegelegenen, nahezu unbebauten **Bamboo Beach** zu einem der schönsten Strände der Insel. Von der oberhalb das Restaurants ***Family Seafood*** gelegenen Straße blickt man über die Bucht.

Sehenswert

Mu Koh Lanta Nationalpark: Am südlichen Ende der Westküstenstraße erreicht man den Mu Koh Lanta Nationalpark. Nach Durchquerung zahlreicher Palmyrapalmen erreicht man ein ***Felsenkap (Laem Tanod).*** Von der Erhebung am alten Leuchtturm blickt man auf eine felsige Bucht und einen malerischen Sandstrand. Hier darf man baden. Am östlichen Ende des Sandstrandes beginnt ein steiler Treppenaufstieg, der nach wenigen Minuten einen ***Ausblick auf die Bucht*** ermöglicht. Der hier beginnende **Nature Trail** führt innerhalb von einer Stunde durch den Dschungel bis zum Parkplatz. Die ***anstrengende Wanderung*** führt entlang einer vielfältigen Flora und Fauna. Den hier lebenden ***Affen*** sollte man zurückhaltend begegnen. Der Nationalpark umfasst größere Teile der Umgebung und zahlreiche vorgelagerte Inseln.

Öffnungszeiten und Eintritt: Tägl. 8.30–17.30 Uhr, 200 THB.

In der Nui Bay im Süden Koh Lantas

Bild 1: Im Mu Koh Lanta Nationalpark | Bild 2: Dschungelwanderung zum Khlong Chak Wasserfall

Khlong Chak Wasserfall: Eine leichte 45-minütige ***Dschungelwanderung*** führt zu einer ***Fledermaushöhle*** und zum Khlong Chak Wasserfall. Zum Beginn der Wanderung werden in der Regel Parkgebühren und Eintritt verlangt. Vor Ort können **Guides** gebucht werden.

GPS: N 7.494785, E 99.086760 (Startpunkt der Wanderung)

Öffnungszeiten und Eintritt: Tägl. 8.30–16.30 Uhr, während der Regenzeit teilweise geschlossen, 200 THB inkl. Guide.

Mai Kaew Cave: Die Tham Mai Kaew ist die ***größte Kalksteinhöhle*** Koh Lantas. Der Besuch der Höhle ist abenteuerlich und darf ***nur mit Guides*** erfolgen, die am Startpunkt der Wanderung auf Kunden warten. Entlang einer ***Dschungelwanderung mit Kletterpassagen*** gelangt man in 30–40 Minuten zum Höhleneingang. Innerhalb einer Stunde erkundet man mehrere, teilweise beeindruckend große Kammern. Im Inneren der Höhle ist es rutschig und es müssen anspruchsvolle Passagen überwunden werden. Das ***ausgedehnte Höhlensystem*** wird über einen schmalen Gang verlassen, in dem man eine kurze Strecke kriechen muss. Für den Besuch sollte an Mückenschutz, Trinkwasser, festes Schuhwerk und angepasste, lange Kleidung gedacht werden. Kleine Rucksäcke können trotz enger Passagen mitgenommen werden. Stirnlampen werden von den Guides mitgeführt.

GPS: N 7.540621, E 99.068124 (Startpunkt der Wanderung)

Öffnungszeiten und Eintritt: Tägl. ca. 8.30–15.30 Uhr, während der Regenzeit geschlossen, 300 THB inkl. Guide.

Lanta Town und Ostküste: Die Inselhauptstadt Lanta Town liegt an der touristisch kaum erschlossenen Ostküste. Ausgehend von der großen ***Hummerstatue am Pier*** schlendert man durch die Altstadt ***Lanta Old Town.*** Entlang der Straße befinden sich zahlreiche alte Holzgebäude, in denen sich gute Restaurants, Cafés, Künstler und Geschäfte niedergelassen haben. Am Morgen steht die Altstadt häufig in schönem Licht. In ***Grandma's House*** werden zum Frühstück hervorragende Brot- und Kaffeespezialitäten angeboten. Ein anschließender Besuch des ***Koh Lanta Community Museum*** bietet Einblicke in die Vergangenheit und Gegenwart der Insel.

Von Lanta Town kann man bis zum ***Pirates Beach*** am südlichen Ende der Küstenstraße fahren. In der dortigen Hotelanlage beginnt eine ***kurze Dschungelwanderung*** zum vermeintlich ***ältesten Baum der Insel („1000 year old tree").*** Auf dem Rückweg nach Norden empfiehlt sich ein Zwischenstopp im ***Baan Khao Soi.*** Hier wird ausgezeichnete Khao Soi-Suppe serviert.

Im Nordosten der Insel kann man mit ***Kajaks*** und ***Motorbooten*** Touren durch die Mangroven unternehmen. Unterschiedliche Touren können über zahlreiche Anbieter oder direkt am ***Tung Yee Peng Pier*** vereinbart werden. Hier kann man über einen Steg durch die Mangroven laufen.

In der Umgebung

Koh Jum und Ko Sriboya: Die touristisch kaum erschlossenen Inseln Koh Jum (Ko Pu) und Ko Sriboya liegen nördlich von

Bild 1: Hausfassade in Lanta Old Town | Bild 2: Frühstück im Grandma's House | Bild 3: Die kleinen Geschäfte in Lanta Town laden zum Stöbern ein

Koh Lanta. Die Kulisse auf diesen festlandnahen Inseln ist nicht mit Inseln auf dem offenen Meer vergleichbar. Dennoch legen manche Reisende gerne einen ***Zwischenstopp weit abseits jeglichen Trubels*** ein. Tagesausflüge ab Koh Lanta sind nicht unbedingt empfehlenswert.

Koh Mook 2

Die festlandnahe Insel Koh Mook (auch Ko Muk) wird von vielen Touristen übersehen, dabei gehört der ***Morakot Cave*** zu den interessantesten Sehenswürdigkeiten der Andamanensee und viele Besucher können hier noch die Inselatmosphäre erleben, die sie andernorts vergeblich suchten. Mit etwas Glück kann man zudem ***Dugongs (Seekühe)*** sehen! Viele Bewohner Koh Mooks stammen von Seenomaden ab. Der Großteil der Inselbewohner ist muslimisch. Wildes Nachtleben gibt es hier dementsprechend nicht. Abseits der kleinen, atmosphärischen Walking Street und wenigen Hippie-Bars trifft man nach Sonnenuntergang vor allem auf Katzen, Hunde und Fledermäuse, während man den Rufen unzähliger Zikaden, Fröschen und Geckos zuhört. Einige Strände und die in den Mangroven erbaute Siedlung haben entsprechend vieler Inseln mit einem ***Müllproblem*** zu kämpfen. Die schönsten Strände der Insel werden jedoch sauber gehalten. Mit Fahrrädern, Motorrollern, Rollertaxis und auch zu Fuß kann Koh Mook innerhalb von zwei vollen Tagen erkundet werden. Mit drei bis vier vollen Tagen können Ausflüge zu den malerischen Inseln der Umgebung und zum Schnorcheln unternommen werden.

Nützliches

Anreise: Von Koh Lanta, Koh Lipe, Koh Phi Phi, Phuket und den meisten Inseln der Andamanensee erfolgt die ***Anreise mit Schnellbooten.*** Auch von zahlreichen Reisezielen am Festland werden ***kombinierte Transfers*** angeboten. Es ist sogar möglich, mit dem ***Nachtzug von Bangkok nach Trang*** zu reisen und von dort nach Koh Mook zu fahren. ***Fähren*** und ***Longtailboote*** nach Koh Mook legen bis ca. 16 Uhr vom ***Khuan Tung Ku Pier*** ab.

Unterkunft: Aufgrund der geringen Größe der Insel spielt die Lage der Unterkunft eine untergeordnete Rolle. In der Nähe des Piers befindet sich ein ***kleiner Ort*** mit den meisten Restaurants und Geschäften der Insel.

Die komfortabelste Unterkunft der Insel, das ***Koh Mook Sivalai Beach Resort,***

Info

Unsere Tipps für Koh Mook

- Nimm sicherheitshalber **ausreichend Bargeld** mit! Der **Geldautomat** fällt gelegentlich aus.
- Vom **Pier** und dem dort erbauten **Aussichtsturm** kannst du tagsüber und vor allem am Abend häufiger **Dugongs** und **Meeresschildkröten** sehen.
- **Private Bootstouren** ermöglichen es, die Morakot Cave, Koh Ngai, Koh Kradan und schöne Schnorchelplätze innerhalb eines Tages zu besuchen. Der **ganztägige Ausflug** kann vor Ort gebucht werden (3000–4000 THB).
- Im unscheinbaren **Koh Mook Family Health Massage** haben wir eine der besten Massagen unserer bisherigen Reisen erlebt (GPS: N 7.370326, E 99.306466).
- Ab **Mai bis Oktober** schließen viele Unterkünfte und Restaurants. Die Nachbarinsel Koh Kradan wird vom 1. Juni bis einschließlich des 30. Septembers geschlossen. Einige Unterkünfte schließen bereits gegen Mitte Mai. Die **Morakot Cave** ist in der **Nebensaison** oft nicht zugänglich und wird im September geschlossen.

bietet guten Service und direkten Zugang zum schönen Pearl Beach. Der Strand ist allerdings kein optimaler Badestrand.

Preiskategorie: €€€€

Die liebevoll geführte Bungalowanlage ***Forever Koh Mook Bungalows*** betreibt ein Café, in dem leckeres Kokosnusseis angeboten wird.

Preiskategorie: €€

Kulinarisches: Hervorragendes Thaifood wird im ***P'Su Restaurant*** und im ***Alin Kitchen*** serviert.

Miss Island überzeugt ganztägig mit thailändischen und internationalen Gerichten zu leicht erhöhten Preisen. Hier werden auch viele vegetarische und vegane Speisen angeboten.

Die Gerichte des ***Tuk Tuk Thai Kitchen and Noodles*** bestechen durch niedrige Preise und guten Geschmack.

Im Strandrestaurant ***Sugar's Coffee and Restaurant*** wird sehr gutes Roti als Beilage zu empfehlenswerten Gerichten serviert.

Im ***Forever Koh Mook*** wird leckeres Kokosnusseis aus eigener Produktion verkauft.

Entlang der abendlichen Walking Street bieten viele Restaurants ***fangfrischen Fisch*** und ***Meeresfrüchte*** an.

Aktivitäten

Viewpoint und Wanderung: Ein ***unbefestigter, steilerer Weg*** führt innerhalb von 30 bis 45 Minuten zu einem Aussichtspunkt mit Blick in eine größere Kalksteinschlucht. Rote Pfeile markieren den Aufstieg. Festes Schuhwerk ist dringend empfehlenswert. Im Inselinneren trifft

Bild 1: Unbedingt probieren: Kokosnusseis | Bild 2: Auf Koh Mook wird fangfrischer Fisch serviert

man häufig auf viele Moskitos. Gelegentlich kann man ***Affen*** und ***Nashorn-Vögel*** sehen. Ausgehend vom Aussichtspunkt kann man durch den Dschungel hinab zum **Sabai Beach** und zum ***Lo Dung Beach*** wandern. Der Rückweg entlang der nordöstlichen Küste ist möglich.

GPS: N 7.377182, E 99.302546 (Abbiegung zum Viewpoint-Trek, die unbefestigte Straße ist einige Minuten weiter befahrbar).

Schnorcheln und Tauchen: Rund um Koh Mook und ihre Nachbarinsel befinden sich ***zahlreiche schöne Schnorchelplätze,*** die im Rahmen vor Ort buchbarer Bootstouren angefahren werden. Entlang der Küsten von Koh Mook und insbesondere bei ***Koh Waen, Koh Chueak*** und ***Koh Ma*** erwarten einen bunte Unterwasserwelten. Auf privaten Bootstouren können die Schnorchelplätze mit Besuchen des Morakot Caves und der umgebenden Inseln kombiniert werden. Eine ***Tauchschule*** richtet sich an Gerätetaucher.

Strände

Der ***Pearl Beach*** erstreckt sich entlang der östlichen Landspitze von Koh Mook. Am nördlichen Strandabschnitt ist der Sand hell. Im Wasser sieht man viele Seesterne und gelegentlich sogar Dugongs. Am stärker durch die Gezeiten beeinflussten südlichen Strandabschnitt ist der Sand dunkler. Hier leben viele Krabben. Der Pearl Beach eignet sich aufgrund des flachen Wassers und der gelegentlich vorkommenden Stachelrochen nicht gut zum Baden. An der Spitze der Landzunge wird bei Ebbe eine ***Sandbank*** aus sehr hellem, feinem Sand freigelegt. Rund um die Sandbank kann es zu ***gefährlichen Strömungen*** kommen. Ausgehend von hier kann man den Sonnenaufgang hervorragend beobachten.

Der ***Charlie Beach*** ist der schönste Badestrand der Insel. Beeindruckende Kalksteinfelsen rahmen den langen, breiten Strand ein. Wenige Beach Bars, einige

Garküchen und Kajakvermieter ermöglichen komfortable Stunden am Strand. Zum Sonnenuntergang erhält man hier schöne Ausblicke in Richtung Koh Kradan und Koh Ngai. Im angrenzenden Palmenhain können Nashorn-Vögel beobachtet werden.

Der kleine **Sabai Beach** wird von beeindruckend hohen Klippen eingerahmt. Leider wird häufig sehr viel Müll an den Strand gespült. Bei Flut wird er teilweise vollständig von Wasser bedeckt. Der Strand kann über die Wanderwege des Inselinneren oder mit Booten erreicht werden.

Die nordöstlichen Strände werden stark von den Gezeiten beeinflusst. Der **Lo Dung Beach** eignet sich bei Flut jedoch gut zum Schnorcheln. Entlang der felsigen Strände im Südosten kann man zur **Meerjungfrauenstatue** in der **Mermaid Bay** laufen. Bei Ebbe tauchen hier Korallen teilweise aus dem Wasser auf. An Koh Mooks Stränden kommen **Sandfliegen** vor.

Sehenswert

Morakot Cave: Die zum Himmel geöffnete Morakot Cave (auch Emerald Cave) kann nur nach ***Durchschwimmen eines Tunnels*** an Koh Mooks Westküste erreicht werden. Die ***Lagune*** wird von 20 bis 30 m hohen, dicht bewachsenen Felswänden umgeben. Das Durchschwimmen des Tunnels dauert lediglich fünf bis acht Minuten und zählt dennoch zu den abenteuerlichsten Erlebnissen in Thailand. Aufgrund der teilweise beklemmenden Atmosphäre und unvorsichtiger anderer Besucher sollte unbedingt eine ***Schwimmweste*** getragen werden. Ohne wasserdichte Stirnlampe ist das Durchschwimmen kaum möglich. Diese kann auf Koh Mook leicht organisiert werden. Manche Bootsführer schwimmen gemeinsam mit ihren Fahrgästen durch den Tunnel. Die ***schönste Kulisse*** bietet sich bei Sonnenschein und mittlerem Meerespegel. Während der Stoßzeiten von 9 bis 14 Uhr kommen sehr viele Besucher zur Morakot Cave. Bei Ankunft gegen 7 Uhr morgens ist man oftmals allein in der Höhle. Die Anfahrt erfolgt mit Longtailbooten oder Kajaks. ***Kajaks*** können am Vortag am Charlie Beach reserviert und vor dem Eingang zur Cave angebunden werden. Das Durchfahren des Tunnels mit dem Kajak ist verboten und bei Flut gefährlich. Bei ***hohen Pegelständen*** und ***starkem Wellengang*** ist der Zugang zur Cave in der Regel nicht möglich.

Während der ***Regenzeit*** wird die Morakot Cave teilweise über Wochen hinweg gesperrt.

In der Umgebung

Koh Kradan: Ungefähr 30 Bootsminuten südwestlich von Koh Mook liegt ***einer der vermeintlich schönsten Strände der Welt.*** Koh Kradans Hauptstrand besteht aus feinem, hellem Sand. Im türkisenen Wasser des vorgelagerten Meeres erwartet einen ein ***ausgedehntes Korallenriff***, das sich hervorragend zum Schnorcheln eignet. Tagsüber wird die Insel von vielen Touren angesteuert. Vergleichsweise teure ***Übernachtungen*** sind möglich. Vom 1. Juni bis einschließlich des 30. Septembers wird Koh Kradan für Touristen geschlossen.

Bild 1: Sonnenaufgang am Pearl Beach | Bild 2: Sonnenuntergang am Charlie Beach | Bild 3: Kajakvermieter findet man am Strand | Bild 4: Vogelperspektive auf die Morakot Cave

Auf Koh Mook und den umliegenden Insel kann man beim Tauchen oder Schnorcheln einiges sehen

In den Seeanemonen tummeln sich Clownsfische

Rote Korallen zieren den Meeresboden

Vorsicht – auch Seeigel liegen dort!

Die Unterwasserwelt Koh Mooks ist farbenprächtig

Mit der richtigen Ausrüstung macht das Schnorcheln noch mehr Spaß

Bunte Korallenriffe beherbergen die Tierwelt unter Wasser

Koh Ngai: Ungefähr 40 Bootsminuten nordwestlich von Koh Mook liegt die wenig erschlossene Insel Koh Ngai (auch **Koh Hai**). Insbesondere der häufig schwach besuchte Hauptstrand bietet eine ***wunderschöne Kulisse.*** Auf der Insel befinden sich einige Unterkünfte und Restaurants, die teilweise während der Regenzeit schließen. Im Vergleich zu Koh Kradan kommen ***deutlich weniger Touristen*** nach Koh Ngai.

Koh Libong: Einige Kilometer südlich von Koh Mook liegt die ***große, touristisch kaum erschlossene Insel*** Koh Libong. Nach Ankunft am Pier kann man mit Mietrollern oder auf geführten Inselrundfahrten einige stark durch die Gezeiten beeinflusste Strände, kleine Siedlungen, interessante Felsformationen und den ***Dugong Sightseeing Tower*** besuchen. Am Ende des Piers des Hauptortes blickt man hier aus großer Höhe auf das Meer und kann mit et Dugongs beobachten. Bei Ebbe zieht sich das Meer allerdings weit zurück. Die meisten Strände und Sehenswürdigkeiten der Insel werden ausgeschildert. Wenige Homestays und Hotels ermöglichen es weit abseits der Touristenpfade zu übernachten. Für den Ausflug sollte mindestens ein halber Tag eingeplant werden. Die Überfahrt kann kurzfristig auf Koh Mook vereinbart werden.

Koh Lipe 4 1

Im tiefen Süden der Andamanensee liegt die lediglich ***3,5 km² große Insel*** Koh Lipe. Gemeinsam mit den umgebenden, größtenteils unbewohnten Inseln des Tarutao Nationalparks wird die Region auch als ***„Malediven Thailands“*** bezeichnet und bietet eine entsprechend malerische Kulisse mit weißen Sandstränden, bunten Korallenriffen und schönen Steinformationen. Trotz der geringen Größe erwartet einen auf Koh Lipe eine ***dicht ausgebaute touristische Infrastruktur.*** Der stark gewachsene Tourismus hat zur Verdrängung vieler einheimischer Seenomaden und zu Müllproblemen geführt. Regelmäßige Reinigungsaktionen sorgen dennoch für saubere Strände. Familien schätzen die Insel aufgrund des entspannten Nachtlebens und des fehlenden Autoverkehrs. Die Insel kann vollständig zu Fuß, mit Rollertaxis und Kajaks erkundet werden.

Nützliches

Anreise: ***Schnellboote*** nach Koh Lipe legen bis 13.30 Uhr am ***Pak Bara Pier*** an der Westküste der Provinz Satun ab. Vom 15. Mai bis 1. Oktober fahren die Boote vom Festland nur einmal täglich um 11.30 Uhr nach Koh Lipe. Von den Inseln in der Andamanensee bestehen während

Blick auf Koh Lipe vom Chado Cliff Viewpoint

der Trockenzeit zahlreiche ***Bootsverbindungen*** nach Koh Lipe. Vom 15. Mai bis 1. Oktober werden die direkten Bootsverbindungen jedoch eingestellt. ***Inlandstransfers zum Pier*** werden von vielen Reisezielen in Südthailand angeboten.

Die nächstgelegenen ***Flughäfen*** befinden sich in ***Trang*** und in ***Hat Yai.*** Von den Flughäfen fahren **Taxis** und **Minibusse** direkt zum Pak Bara Pier. Über Hat Yai werden im Vergleich mehr Verbindungen nach Koh Lipe angeboten. Es ist möglich, am frühen Morgen von Bangkok nach Hat Yai zu fliegen und am Nachmittag auf Koh Lipe anzukommen.

Einige Schnellboote legen auf dem Weg nach Koh Lipe ***Zwischenstopps*** am Steinbogen auf der Insel Koh Khai und auf Ko Tarutao ein.

Unterkunft: Die beliebtesten Unterkünfte liegen entlang des ***Sunrise Beach.*** Die Unterkünfte am ebenfalls beliebten ***Pattaya Beach*** sind älter. An den abgelegeneren Stränden der ***Nord- und Südküste*** befinden sich vorwiegend teurere, aber ruhige Unterkünfte. Unterkünfte entlang der abendlichen Walking Street eignen sich nicht für Ruhesuchende. Während

Info

Unsere Tipps für Koh Lipe

- Auf Koh Lipe steht die **Kulisse** im Vordergrund! Für einen Badeurlaub gibt es empfehlenswertere Inseln.
- Koh Lipe ist zu Recht **sehr beliebt.** Buche deine Unterkunft während der **Hauptsaison** weit im Voraus.
- Von **Mai bis Oktober** schließen viele Unterkünfte und Restaurants. Zudem werden weniger Bootsverbindungen in der Region angeboten.
- Während der Hochphase der **Regenzeit** werden viele umgebende Inseln für **Bootsausflüge** geschlossen.
- Behalte das bei Anreise gekaufte **Ticket für den Mu Ko Tarutao Nationalpark.** Die Tickets sind mehrere Tage gültig und werden auf Bootstouren rund um Koh Lipe kontrolliert.
- Abseits des Trubels der Hauptinsel kann eine Übernachtung auf der **Nachbarinsel Ko Adang** eine schöne Erfahrung sein.

der **Hauptsaison** sind die Preise auf Koh Lipe für thailändische Verhältnisse hoch und viele Hotels sind teilweise weit im Voraus ausgebucht.

Die komfortablen Bungalows des ***Ten Moons*** bieten schnellen Zugang zu einer schönen Bucht, am südlichen Ende des Sunrise Beach.

Preiskategorie: €€€

Das moderne Hostel ***The Chic Lipe*** liegt fußläufig zum Sunrise Beach und zur Walking Street. Das Preis-Leistungs-Verhältnis ist im Vergleich zu vielen Unterkünften der Insel gut.

Preiskategorie: €

Kulinarisches: Die Auswahl an guten Restaurants ist erstaunlich groß. Viele Restaurants der Insel bieten ***fangfrischen Fisch*** und ***Meeresfrüchte*** zu angemessenen Preisen an.

Frisches Seafood auf der Walking Street

Abseits der Walking Street wird in der familiengeführten ***Art Bar by Baracuda*** hervorragend zubereiteter, frischer Fisch serviert.

Gute, günstige thailändische Küche wird im ***Thaidurm Restaurant*** angeboten.

Vegane thailändische Gerichte gibt es bei ***Benny's on The Beach.***

Empfehlenswertes Massaman Curry wird im ***Tonkow Restaurant*** serviert.

Bei ***Bombay Indian*** erwarten einen authentisch indische Gerichte und viele Optionen für Vegetarier und Veganer.

Das ***Elephant Koh Lipe*** ist ein hippes Café mit veganen Gerichten.

Freunde der italienischen Küche kommen im ***La Luna Italian Restaurant*** auf ihre Kosten.

Aktivitäten

Bootstour im Tarutao Nationalpark: Rund um Koh Lipe liegen die malerischen ***Inseln, Tauch- und Schnorchelplätze*** des Tarutao Nationalparks. Die sehenswertesten Zwischenstopps auf den vor Ort buchbaren Ausflügen mit ***Longtailbooten*** und ***Schnellbooten*** sind die interessanten Steinformationen bei Koh Hin Son, der Aussichtspunkt auf Koh Ro Khloi, der weiße Sai Khao Beach auf Koh Ra Wi, die schwarzen Kiesel auf Koh Hin Ngam, der Schnorchelplatz bei Koh Jabang und die Insel Ko Adang. Hier führt eine anstrengende, 45-minütige ***Wanderung*** hinauf ***zum Chado Cliff,*** von wo aus sich ein herrlicher Ausblick auf Koh Lipe bietet.

Mit dem Boot erreicht man u.a. die Insel Koh Ro Khloi im Tarutao Nationalpark

Das bereits bei der Anreise nach Koh Lipe gekaufte ***Ticket*** für den Nationalpark wird auf mehreren Inseln der Umgebung kontrolliert. Ab zwei Personen ist das Preis-Leistungs-Verhältnis privater Bootstouren deutlich besser als bei Gruppentouren.

Bootstouren mit unterschiedlichen Programmen können bei zahlreichen Ticketverkäufern und Bootsfahrern vor Ort gebucht werden. Während der ***Hochphase der Regenzeit*** werden viele Inseln des Nationalparks gesperrt.

Walking Street: Die Walking Street ist das ***touristische Zentrum*** der Insel. Entlang der blau bemalten, 500 m langen Fußgängerzone liegen zahlreiche gute thailändische und internationale Restaurants, Bars, Cafés, Massagesalons, Tourenanbieter, Geschäfte, Ärzte, Apotheken, Tauchschulen, Ticketverkäufer, Boutiquen, Geldwechselstuben und Unterkünfte.

Ab 18 Uhr wird es auf der Walking Street zunehmend belebter und atmosphärischer. Entlang der schön beleuchteten Straße öffnen dann zahlreiche Seafood-Restaurants, Streetfoodstände und in vielen Bars wird ***Live-Musik*** gespielt. Gegen Mitternacht wird es ruhiger.

Öffnungszeiten: Tägl. 17–24 Uhr.

Tauchen: Die Tauchplätze rund um Koh Lipe bestechen durch ihre ***Artenvielfalt.*** Mehrere Tauchschulen bieten freie Tauchgänge sowie ***Kurse für Anfänger und Fortgeschrittene*** an. Professionell organisierte Tauchgänge werden von ***Castaway Divers*** angeboten.

Web: www.kohlipedivers.com

Schnorcheln: Vor Ort buchbare Bootstouren führen zu den schönsten Schnor-

Bild 1: Abendliches Getümmel auf Koh Lipes Walking Street | Bild 2: Zum Herumkommen bieten sich Rollertaxis an

chelplätzen der Umgebung. Unabhängig von Touren kann man rund um die beiden, dem ***Sunrise Beach*** vorgelagerten und mit Kajaks erreichbaren Inseln sowie in den ***ruhigen Buchten entlang der Nordküste*** schnorcheln. Unmittelbar an den Hauptstränden der Insel kann man nicht gut schnorcheln.

Strände

Koh Lipes Strände bieten vor allem schöne Kulissen. Die meisten Strände werden allerdings stark durch die ***Gezeiten*** beeinflusst. Schwimmen und Schnorcheln ist bei Flut und Ebbe teilweise nur eingeschränkt möglich.

Der ideal in Richtung Sonnenaufgang ausgerichtete ***Sunrise Beach*** ist der beliebteste Strand der Insel. Dementsprechend viele Unterkünfte, Restaurants und Bars haben sich entlang des kilometerlangen Strandes angesiedelt. Entlang großer Strandabschnitte ankern viele Longtailboote und vorbeifahrende Boote erzeugen tagsüber eine entsprechende Geräuschkulisse. Am nördlichen Ende des Sunrise Beach liegt der **North Point Beach.** Die Landzunge eignet sich gut zum Baden und bietet Ausblicke in Richtung Sonnenuntergang sowie auf die Nachbarinsel Ko Adang. Ausgehend vom **Mountain Resort** erhält man einen malerischen Ausblick auf die Landzunge. Am südlichen Ende des Sunrise Beach liegen zwei kleine Buchten, die aufgrund ihrer ruhigeren Atmosphäre bei Familien und Paaren beliebt sind.

Der ***Pattaya Beach*** an der Südküste ist der zweitgrößte Strand Koh Lipes. Hier haben sich ebenfalls viele Unterkünfte, Restaurants und Bars angesiedelt. Im Wasser ankern viele Boote und am östlichen Strandende befindet sich der schwimmende Pier der Insel, wodurch das Baden an großen Strandabschnitten eingeschränkt wird. Am Abend bieten viele Restaurants am Pattaya Beach Dinner am Strand an.

In einer kleinen, westlich benachbarten Bucht, liegt der schöne ***Sanom Beach***. Hier befindet sich lediglich eine Hotelanlage. Externe Gäste können den Strand dennoch nutzen.

Der ***Sunset Beach*** an der Nordküste bietet tagsüber viel Ruhe und am Abend einen schönen Ausblick in Richtung Sonnenuntergang. Der Sand ist im Vergleich zum Sunrise Beach und zum Pattaya Beach deutlich gröber, das Wasser der Bucht ist flach und zum Sonnenuntergang geht es sehr belebt zu.

Entlang der ***nördlichen Küste*** befinden sich weitere kleinere, teilweise malerische Strände, die selbst während der Hochsaison wenig besucht werden. Die dortigen Unterkünfte bieten viel Ruhe. Im vorgelagerten Meer sind lebendige Korallen beim Schnorcheln sichtbar und bei Nacht kann man gelegentlich leuchtendes Plankton beobachten.

Sehenswert

Chado Cliff: Das Chado Cliff befindet sich auf Koh Lipes ***Nachbarinsel Ko Adang*** und bietet einen spektakulären Ausblick auf Koh Lipe. Entlang des ***anstrengenden, 45-minütigen Aufstieges*** zur Klippe befinden sich weitere Aussichtspunkte. An den unterhalb gelegenen Stränden blickt man beim Schnorcheln auf bunte Korallenriffe.

Ausblick auf den North Point Beach, ein beliebter Badestrand

Am Pattaya Beach liegen viele Boote

Die Wasserfälle der Insel sind wenig sehenswert. **Boote** nach Ko Adang können unkompliziert am Sunrise Beach auf Koh Lipe organisiert werden. Alternativ kann der Besuch der Insel auf Bootstouren eingeplant werden. Im **Adang Island Resort** können auch Übernachtungen gebucht werden.

Info

Auf dem Weg nach Malaysia

Am Pattaya Beach auf Koh Lipe befindet sich ein **kleines Immigrationsbüro.** Direkte Reisen zwischen der **Insel Langkawi** in Malaysia und **Koh Lipe** in Thailand sind möglich. Boote zwischen der malaiischen Insel und Koh Lipe fahren jedoch nur während der **Hauptsaison.** Teilweise werden Transfers von **Penang, Kuala Lumpur** und sogar **Singapur** nach Koh Lipe angeboten.

Hantalay Monastery: Der ***buddhistische Tempel*** auf Koh Lipe liegt im Inneren der Insel. Der kleine Waldtempel ist ein schöner Zwischenstopp auf Inselspaziergängen.

In der Umgebung

Ko Bulon Le: Ungefähr 50 km nordöstlich von Koh Lipe liegt die touristisch kaum erschlossene Insel Ko Bulon Le. Die Insel ermöglicht ***Übernachtungen weit abseits der Touristenpfade.*** Während der **Regenzeit** ist die Insel nicht zugänglich.

Bild 1: Abseits der Walking Street gibt es auch auf Koh Lipe ruhigere Wege | Bild 2: Vom Sunrise Beach auf Koh Lipe fahren Boote nach Ko Adang

Bild 1: Am Bottle Beach auf Koh Phangan | Bild 2: Die Taa Toh Lagune auf Koh Tao | Bild 3: Im Tarnim Magic Garden auf Koh Samui

Westlicher Golf

Kontrastreicher als erwartet

Im westlichen Golf von Thailand liegen die Inseln Koh Samui, Koh Phangan, Koh Tao und der Mu Ko Ang Thong Nationalpark. Die Urlaubsinsel Koh Samui ist die zweitgrößte Insel Thailands und verfügt sogar über einen eigenen Flughafen. Wenige Kilometer weiter nördlich liegt die aufstrebende Insel Koh Phangan, die vor allem aufgrund der monatlich stattfindenden Full Moon Party bekannt geworden ist. Abseits des ausgeprägten Nachtlebens in Teilen der Insel lockt die Insel ein stark durchmischtes Publikum mit zahlreichen schönen Stränden und entspannter Atmosphäre an. Die nördlichste Insel des Archipels, Koh Tao, ist international für ihre farbenfrohen Tauch- und Schnorchelplätze bekannt. Hier werden weltweit die meisten Tauchscheine ausgestellt und die Anzahl an schönen Stränden und Aussichtspunkten auf der kleinen Insel ist erstaunlich hoch. Die unbewohnten, malerischen Inseln des Mu Ko Ang Thong Nationalparks können im Rahmen geführter Ausflüge besucht werden. Der Nationalpark ist der zentrale Schauplatz des Romanes „The Beach" von Alex Garland, der im Jahr 2000 mit Leonardo DiCaprio in der Hauptrolle verfilmt wurde und vor allem der Maya Bay auf Koh Phi Phi Leh weltweite Bekanntheit verschafft hat.

Nicht verpassen!

- ***Namuang Wasserfall*** auf Koh Samui Seite 290
- ***Tarnim Magic Garden*** auf Koh Samui Seite 293
- Ausflug in den ***Mu Ko Ang Thong Nationalpark*** Seite 295, 306
- ***Full Moon Party*** auf Koh Phangan Seite 299
- ***Die Thong Sala Walking Street*** auf Koh Phangan Seite 301
- ***Bottle Beach Viewpoint*** auf Koh Phangan Seite 301, 305
- ***Tauchkurse*** auf Koh Tao Seite 309
- Koh Taos ***Strände*** und ***Aussichtspunkte*** Seite 312, 315
- Ausflug von Koh Tao nach ***Koh Nang Yuan*** Seite 317

Koh Samui ❶

Koh Samui ist die ***zweitgrößte Insel Thailands.*** Die Küsten werden von zahlreichen langen Stränden gesäumt, die jährlich über zwei Millionen Touristen anlocken können. Die schier unendliche Vielfalt an Unterkünften, Restaurants und Freizeitaktivitäten macht Koh Samui zu einer ***typischen Urlaubsinsel.*** Insbesondere der gehobene Tourismussektor ist in den vergangenen Jahren stark gewachsen. Außerhalb der touristischen Zentren in Chaweng und Lamai befinden sich dennoch weiterhin ruhigere Badeorte sowie kaum besuchte Regionen und Sehenswürdigkeiten. Das Hinterland der Strände wird weiterhin vielerorts von Palmenhainen bedeckt. Das ***bergige Inselinnere*** erhebt sich auf über 600 m Höhe und ist touristisch kaum erschlossen. Auf Zwischenstation entlang einer Rundreise sollten mindestens zwei bis drei Tage für Koh Samui eingeplant werden, um die schönsten Sehenswürdigkeiten und Strände der Insel besuchen zu können. Inselaufenthalte von bis zu einer Woche ermöglichen es, die Annehmlichkeiten der ***stark ausgebauten touristischen Infrastruktur*** auszukosten. Viele Pauschalurlauber verbringen ihren gesamten Urlaub auf Koh Samui.

Nützliches

Anreise: Koh Samui ist national und international sehr gut angebunden. Mit ***Zwischenlandung in Bangkok*** ist die ***direkte Anreise*** aus Europa nach Koh Samui möglich. Das Gepäck wird bei durchgebuchten Flügen bis zum Flughafen auf Koh Samui durchgecheckt, der optisch eher an ein gemütliches Resort erinnert. Flüge sind jedoch nur mit der teureren Fluggesellschaft ***Bangkok Airways*** möglich. ***Inlandsflüge nach Surat Thani*** und eine anschließende ***Fährfahrt*** ausgehend vom ***Tapee Pier*** oder vom weiter vom Flughafen entfernt liegenden ***Don Sak Pier*** sind günstiger, beanspruchen jedoch deutlich mehr Zeit.

Kombinierte Überlandtransfers mit ***Zügen, Bussen, Taxis*** und ***anschließenden Fährfahrten*** werden aus großen Teilen des Landes angeboten. Fähren und Schnellboote verschiedener Anbieter fahren vom Tapee Pier in Surat Thani, dem Don Sak Pier, Koh Tao oder Koh Phangan zu wechselnden Pieren auf Koh Samui.

Unterkunft: Auf der gesamten Insel gibt es Unterkünfte in allen Preiskategorien. Vor allem die ***Vielzahl an gehobenen Unterkünften*** ist erstaunlich. Zur Erkundung der Insel sollten Unterkünfte in der Nähe der ***Ringstraße*** bevorzugt werden. Vor allem während der ***Hauptsaison*** sind viele Unterkünfte häufig weit im Voraus ausgebucht.

Unterkünfte in ***Chaweng*** bieten schnellen Zugang zur dichtesten touristischen Infrastruktur und zum Nachtleben der Insel. Entlang des objektiv betrachtet schönen Chaweng Beach und in der Stadt geht es jedoch größtenteils sehr belebt zu.

Das gehobene ***Banana Fan Sea Resort*** liegt direkt am Chaweng Beach und bietet hohen Komfort.

Preiskategorie: €€€€

Weiter südlich bietet der Ort **Lamai** etwas mehr Ruhe, bei ebenfalls sehr stark ausgebauter touristischer Infrastruktur.

Die wenigen Bungalows des **Sunya Cottage (Sukanya)** liegen in einem schönen Garten abseits des Lamai Beach und bieten eine gute Ausgangslage zur Erkundung der Insel.

Preiskategorie: €€

Am **Bo Phut Beach** kommen vor allem Paare und Familien in ***komfortablen Hotels für Badeurlaube*** unter.

Das Resort **Hansar Samui** liegt direkt am Bo Phut Beach. Der große Pool der Anlage blickt auf den Strand.

Preiskategorie: €€€

Am westlich benachbarten **Mae Nam Beach** geht es noch ruhiger zu. An den benachbarten Stränden **Ban Tai Beach** und **Bang Por Beach** kommen nur wenige Touristen unter.

Im **Nordosten der Insel** befindet sich der aufstrebende Ort **Bangrak.** Der angrenzende Strand ist schön, aber wird vergleichsweise stark von den Gezeiten beeinflusst. Viele ***günstigere und einige gehobenere Unterkünfte*** ermöglichen schnellen Zugang zur Ringstraße und

Info

Unsere Tipps für Koh Samui

- Koh Samui **scheidet die Geister:** Chaweng, Lamai und das Fisherman's Village sind vielen Individualtouristen zu **belebt.**
- Ausflüge in den **Mu Ko Ang Thong Nationalpark** sind von Koh Samui aus sehr leicht zu organisieren.
- Während der **Hauptsaison** solltest du vorab Kontakt zur Unterkunft oder Vermietern aufnehmen, um nach Möglichkeit **Roller oder Autos** vorab zu **reservieren.**
- Auch von Koh Samui kannst du die **Full Moon Party** auf Koh Phangan besuchen. Während der Nacht fahren Boote.

Am Chaweng Beach gibt es viele Freizeitangebote für Touristen

zahlreichen Sehenswürdigkeiten. Viele Restaurants und Cafés locken hier ein vorwiegend junges Publikum und Expats an.

An der nordöstlichen Küste der Landzunge liegt der **Choeongmon Beach.** Hier befinden sich komfortable Unterkünfte für ruhige Strandtage. Der Strand liegt jedoch weit abseits der Ringstraße.

Kulinarisches: Eine hervorragende Auswahl an Streetfood erhält man auf dem **Si Khao Night Market** in Chaweng. Der täglich stattfindende Nachtmarkt ist auch bei Bewohnern der Insel beliebt.

Gute Falafel werden in der **Falafel Factory** in Chaweng zubereitet. Im nahegelegenen Einkaufszentrum Central Samui bietet der **Foodcourt Beach Eats** eine überraschend gute Auswahl an günstigem Thaifood.

Streetfood auf dem Si Khao Night Market

Gehobene Küche, bei schönem Ausblick, erwarten einem im beliebten **Jungle Club** südlich von Chaweng.

Das **Pure Vegan Heaven** in Lamai serviert hervorragende vegane Gerichte.

Abseits des Lamai Beach wird im kaum bekannten **Phet Tabtim** authentische Thaiküche von einem älteren Ehepaar zubereitet.

Das **Antica Locanda** und das **Pecore Nere** in Bangrak bieten hervorragende italienische Küche an.

Bei **Nang Sabai** werden gute vegane Speisen serviert.

Am abgelegenen **Bang Por Beach** erwartet einen außergewöhnliche Fusionsküche im Café und Restaurant **Wanngram.**

In der Inselhauptstadt **Nathon** bietet das **Krua Savoey** gutes Seafood an. Am nahegelegenen Pier öffnet am Abend ein authentischer Nachtmarkt.

Herumkommen

Die über **50 km lange Ringstraße** ist gut ausgebaut. **Parkplätze** für Roller und Motorräder sind breit verfügbar. Auch mit dem Auto kann man an den meisten Sehenswürdigkeiten parken. Aufgrund des starken Verkehrs kommt es jedoch häufig zu **Staus und Unfällen.** Roller und Motorräder werden von unzähligen Vermietern angeboten und häufig bis zur Unterkunft geliefert. International agierende Autovermieter betreiben Filialen am Flughafen. Alternativ können entlang der Ringstraße **Sammeltaxis und Taxis** zu Inselpreisen angehalten werden und auch die beliebten **Taxi-Apps** wie beispielsweise Grab funktionieren auf Koh Samui.

Vor Ort werden zudem **Rundfahrten** und **Ausflüge** ins Inselinnere und entlang der Ringstraße angeboten.

Aktivitäten

Die Ringstraße umrunden: Koh Samuis Ringstraße führt entlang einer Strecke von ca. 51 km zu zahlreichen Stränden, Sehenswürdigkeiten, Wasserfällen und Aussichtspunkten. Roller- und Autofahrer erhalten auf der ***ganztägigen Rundfahrt*** kontrastreiche Impressionen der unterschiedlichen Inselregionen. Ungeübte Fahrer sollten aufgrund des dichten Verkehrs geführte Inselrundfahrten in Anspruch nehmen. Die Rundfahrt kann an jedem Ort entlang der Ringstraße begonnen werden. Zusätzliche ***Abstecher und Zwischenstopps***, wie beispielsweise am authentischen Mae Nam Afternoon Market, ergeben sich häufig spontan entlang der Straße.

Rundfahrt durch den Südwesten (Maret, Taling Ngam, Naa Mueang, Lipa Noi): Die Bezirke Taling Ngam (auch: Limpang), Naa Mueang, Lipa Noi und Teile von Maret liegen abseits der Ringstraße, im Süden und Südwesten der Insel. Dichte Palmenhaine, kleine Dörfer, kaum besuchte Tempel, ruhige Strände und wenig bekannte Sehenswürdigkeiten erzeugen eine ***ursprüngliche Atmosphäre*** abseits der belebten Badeorte. Ausgehend vom muslimisch geprägten Ort ***Hua Thanon*** können der hölzerne ***Wat Samret, Buddha's Footprint*** und der ***Kao Lay Lae Viewpoint*** mit Ausblicken auf große Teile des Bezirks, der goldene ***Wat Phra Chedi Laem So,*** der ***Wat Khao Chedi*** mit Ausblick auf die Küste

Info

Empfohlene Stationen entlang der Ringstrasse

- Grandfather and Grandmother Rocks (Hin Ta Hin Yai)
- Overlap Stone
- Der rote Wat Ratchathammaram
- Guan Yu Shrine
- Mumifizierter Mönch im Wat Khunaram
- Namuang Waterfall 1 und 2
- Waldtempel am Hin Lat Waterfall
- Die authentische Inselhauptstadt Nathon
- Der kaum besuchte Wat Sawang Arom Chaweng
- Lad Koh Aussichtspunkt

Am Lad Koh Viewpoint kann man entlang der Ringstraße einen Stop einlegen

Immer gut besucht: die Walking Street im Fisherman's Village

Am Coral Cove Beach nördlich von Lamai kann man die Ruhe genießen

Die prächtige Gebetshalle des Wat Plai Laem steht mitten in einem See

Die Grandfather and Grandmother Rocks

Goldene Verzierungen an der Khao Hua Jook Pagoda

Bild 1: Zwischen Lamai und Mae Nam findet man ungewöhnlich gewachsene Palmen |
Bild 2: Der Pra Buddha Dipankara

und der ***mumifizierte Mönch im Wat Khiri Wongkaram*** als Stationen angefahren werden. Zum Abschluss des Tages bietet es sich an, den ***Sonnenuntergang am Lipa Noi Beach*** oder am hochgelegenen ***Wat Khao Phom*** zu beobachten. ***Taling Ngam*** kann auf eigene Faust oder mit vor Ort buchbaren Privatfahrern erkundet werden. Für den Ausflug sollte mindestens ein halber Tag eingeplant werden.

Ausflug ins Inselinnere: Das Inselinnere ist touristisch wenig erschlossen. Ausgehend von den Palmenhainen der Küsten führt ein ***verzweigtes Netz kleiner Wege*** zu Sehenswürdigkeiten, Wasserfällen, Plantagen, Tempeln und Aussichtspunkten auf Höhen von über 600 m. Ausgehend von der südlichen Ringstraße kann zunächst ein Zwischenstopp am ***Khao Yai Wasserfall*** eingelegt werden, bevor man den mystischen ***Tarnim Magic Garden*** besichtigt. Kleine, teilweise unbefestigte Straßen führen von hier aus zum ***Pra Buddha Dipankara.*** Hier erhält man schöne Ausblicke in Richtung Küste und fährt anschließend entlang steiler Straßen hinab nach ***Lamai.*** Entlang des Shortcuts zwischen Lamai und Mae Nam erwartet einen abschließend ein stimmungsvoller Abschnitt durch den ***Dschungel,*** wo man einige interessant gewachsenen Palmen sehen kann. Am ***Khun Si Waterfall*** kann ein Zwischenstopp eingelegt werden.

GPS: N 9.502613, E 100.026124 (Palmen)

Geübte Fahrer können die teilweise ***unbefestigten Wege*** mit Motorrollern befahren. ***Selbstfahrer*** sollten auf den Wartungszustand ihres Rollers und vor allem die Funktionsfähigkeit ihrer Bremsen achten, nicht nach Regenfällen ins Inselinnere fahren und zur Navigation die App **MAPS.Me** nutzen. Bei steilen Abfahrten können Bremsen überhitzen. Nach Sonnenuntergang sollte man nicht mehr im Inselinneren unterwegs sein. Alternativ können ***geführte Touren mit Quads, Offroad Buggys und SUVs*** gebucht werden. Für den Ausflug sollte mindestens ein halber Tag eingeplant werden.

Walking Streets: Koh Samuis Walking Streets ziehen aufgrund der großen Auswahl an günstigem ***Streetfood*** und ***Shoppinggelegenheiten*** zahlreiche Touristen an. Der ***Standort*** der Walking Street ***wechselt täglich.*** Es empfiehlt sich, vor Ort nach dem tagesaktuellen Veranstaltungsort zu fragen.

Elefantencamps: Elefantentourismus ist Gegenstand fortlaufender, berechtigter Diskussionen. Thailand Inside, Seite 352 Trotz Besserungen der ***Haltungsbedingungen*** der in Gefangenschaft lebenden Tiere gibt es auf Koh Samui weiterhin Elefantencamps, in denen Tiere gequält werden. Bei Interesse an einem Besuch eines Elefantencamps kann unseren Erfahrungen und Eindrücken nach das ***Samui Elephant Sanctuary*** empfohlen werden.

Web: www.samuielephantsanctuary.org

Sonstige Freizeitaktivitäten: Koh Samui ist eine ***Urlaubs- und Erholungsinsel.*** Besuchern der Insel wird eine beeindruckende ***Vielfalt an Ausflügen und Freizeitaktivitäten*** wie beispielsweise Zip-Lines, Tennisplätzen, Golfplätzen, Fitnessstudios, Thaiboxschulen, Kartbahnen und Paintball-Anlagen angeboten.

Strände

Entlang der ***Ostküste*** liegen die schönen, aber stark besuchten Hauptstrände der Insel. Diese Strände bestehen aus hellem, feinerem Sand und sind auch bei Flut in großen Abschnitten häufig breit.

Der Hauptstrand der Insel ist der ungefähr sieben Kilometer lange ***Chaweng Beach.*** Der Sandstrand bietet eine schöne Kulisse und wird entsprechend stark besucht. Entlang des Strandes und in der angrenzenden Stadt befindet sich die dichteste touristische Infrastruktur und das Zentrum des Nachtlebens der Insel. Am nordöstlichen und südlichen Ende des Chaweng Beach sowie am südlich benachbarten ***Chaweng Noi Beach*** geht es ruhiger zu.

Weiter südlich liegt der zweite Hauptstrand der Insel, der ungefähr fünf Kilometer lange, schöne ***Lamai Beach.*** Im Hinterland befindet sich ein großer Ort mit dichter touristischer Infrastruktur, in dem es dennoch ruhiger zugeht als in Chaweng. Unmittelbar nördlich von Lamai bieten die kleinen Strände ***Coral Cove Beach*** und ***Crystal Beach*** schöne Kulissen. Letzterer hat sich rasant von einem Geheimtipp zu einem stärker besuchten Strand entwickelt.

Die Strände der ***nordöstlichen Halbinsel*** liegen abseits der Ringstraße und sind bei ruhesuchenden Badeurlaubern beliebt. Das Wasser der Strände leuchtet allerdings oft weniger blau als entlang der Ostküste. Der ***Choeongmon Beach*** ist ein ruhiger Badestrand, in dessen Hinterland sich ein Ort mit einigen schönen Unterkünften und guten Restaurants befindet.

Der Crystal Beach – leider kein Geheimtipp mehr ...

Noch ruhiger, aber weniger malerisch, geht es am nördlich gelegenen **Thongson Beach** zu. Der **Bangrak Beach** ist bei Ebbe schön, aber wird bei Flut teilweise vollständig von Wasser bedeckt.

An den Badestränden der ***nördlichen Küste*** geht es bei ebenfalls gut ausgebauter touristischer Infrastruktur ruhiger zu. Die Strände bestehen aus gelblichem, gröberem Sand. Bei Flut werden die Strände teilweise schmal. Bei Ebbe ist Baden nicht immer optimal möglich. Der **Bo Phut Beach** ist ein langer Badestrand. Hier geht es deutlich ruhiger zu als in Chaweng und Lamai. Im Hinterland des Strandes befinden sich eine gut ausgebaute touristische Infrastruktur mit vorwiegend gehobeneren Unterkünften und das beliebte ***Fisherman's Village***. Der westlich benachbarte **W-Beach** bietet eine schöne Kulisse an der Spitze einer Landzunge. Der **Mae Nam Beach** ist der zweite große Strand der Nordküste. Im Vergleich zum Bo Phut Beach liegt der Strand etwas weiter abseits und es geht weniger gehoben, aber dafür authentischer zu. Am westlichen Ende der Küste liegen der **Ban Tai Beach** und der **Bang Por Beach**. Bei schöner Kulisse geht es hier aufgrund der großen Entfernung zu den touristischen Zentren sehr ruhig zu.

Die Strände entlang der ***Westküste*** liegen abseits von dichter touristischer Infrastruktur, werden stark von den ***Gezeiten*** beeinflusst und eignen sich nicht optimal zum Baden. Der schönste Strand der Region ist der ***Lipa Noi Beach***. Bei ruhiger Atmosphäre erhält man hier schöne

Ausblicke in Richtung Sonnenuntergang und schnellen Zugang zum ursprünglichen Bezirk Taling Ngam. Bei Flut ist der Strand zum Baden geeignet.

Die **Strände des Südens** sind touristisch wenig erschlossen und werden sehr stark von den **Gezeiten** beeinflusst. Die Unterkünfte im Bereich des **Bang Kao Beach** und des **Natien Beach** sind bei Ruhesuchenden dennoch beliebt.

Sehenswert

Big Buddha: Der 12 m hohe, sitzende Buddha auf der Tempelanlage des ***Wat Phra Yai*** ist die ***bekannteste Sehenswürdigkeit der Insel.*** Am Fuße des Buddhas befinden sich viele Shops. Der Tempel wurde auf einer kleinen Insel, die über einen Damm ausgehend von Bangrak erreichbar ist, erbaut. Entlang des zuführenden Damms erhält man einen schönen Blick auf den Sonnenuntergang hinter den Bergen.

Öffnungszeiten: Tägl. 7–18.30 Uhr.

Wat Plai Laem: In dem ausgedehnten ***Wasserbecken*** der Tempelanlage befinden sich ein ***großer lachender Buddha***, eine **Guanyin-Statue** und eine prächtige ***Gebetshalle.*** Aufgrund der außergewöhnlichen Architektur ist der Wat Plai Laem ein beliebtes Ziel für Tagestouren. Der Tempel befindet sich im Bezirk Bangrak, in der Nähe des Big Buddha.

Öffnungszeiten: Tägl. 7–18 Uhr.

Grandfather and Grandmother Rocks (Hin Ta Hin Yai): Die **Steine** ähneln männlichen und weiblichen Geschlechtsorganen. Hier geht es häufiger sehr belebt zu. Sie befinden sich am südlichen Ende des Lamai Beach.

Öffnungszeiten: Tägl. 8.30–18.30 Uhr.

Der Big Buddha im Wat Phra Yai

Fisherman‘s Village: Das Fisherman’s Village ist eine ***Flaniermeile mit Restaurants, Cafés, Boutiquen und Souvenirverkäufern*** im Ort **Bo Phut.** Das nachgebaute Fischerdorf ist am Abend eine reine Fußgängerzone und sehr beliebt bei Paaren und Familien. Restaurants ermöglichen es am Strand zu Abend zu essen und mit vorheriger Reservierung kann man der berühmten ***Feuershow im Coco Tam‘s*** beiwohnen. Das Preisniveau im Fisherman’s Village ist hoch. Am Freitagabend findet eine große ***Walking Street*** am westlichen Ende des Fisherman’s Village statt.

Overlap Stone: Der Overlap Stone gehört zu den ***bekanntesten Fotomotiven*** auf Koh Samui. Für das beliebte Foto mit den aufeinanderliegenden Steinen muss man teilweise anstehen. Gegen 17 Uhr geht es häufig etwas ruhiger zu und die Steine stehen in schönem Licht. Der Overlap Stone liegt an den ***Berghängen oberhalb von Lamai.*** An der Zufahrtsstraße wird oft mehrfach versucht, zusätzliche Eintrittsgebühren zu verlangen. Die Straße führt bis weit hinauf zu den Steinen. Nur hier muss man ein ***Ticket*** kaufen. Mittlerweile wurden weitere, ähnliche Steinformationen erschlossen.

Öffnungszeiten und Eintritt: Tägl. 8–18 Uhr, 200 TBH.

Guan Yu Shrine: Vor dem Guan Yu Shrine befindet sich eine große ***Statue des Kriegsgottes Guan Yu.*** Der Schrein befindet sich südlich von Lamai und gehört zu den beliebtesten Zwischenstopps auf Inselrundfahrten. Vor 9 Uhr geht es hier ruhiger zu. Am Abend wird die Statue schön beleuchtet. Ein Besuch des angrenzenden Ortes ***Thanon*** ermöglicht rund um die Moschee ***authentische Impressionen.***

Mumifizierter Mönch im Wat Khunaram: Auf der ***Tempelanlage*** kann ein mumifizierter Mönch besichtigt werden. Phra Khru Samathakittikhun starb im Jahr 1973 und wird seitdem mit Sonnenbrille in einem Glaskasten ausgestellt. Fotoshootings mit dem mumifizierten Mönch sind nicht angebracht. Der Wat Khunaram befindet sich südwestlich von Lamai, direkt an der Ringstraße. Tagsüber halten hier viele Tagestouren.

Wat Ratchathammaram (Snake Stone Pagoda): Der Wat Ratchathammaram ist ein vollständig ***roter Tempel*** und wird deswegen auch Snake Stone Pagoda genannt. Der außergewöhnliche Tempel liegt ***direkt am Meer,*** entlang der Ringstraße, südlich von Lamai. Tagsüber halten hier viele Tagestouren.

Lad Koh Viewpoint: Hier erhält man einen schönen Ausblick auf die ***Bucht von Chaweng.*** Bei starker Sonneneinstrahlung leuchtet das Meer prächtig türkis. Der Lad Koh Viewpoint liegt unmittelbar an der Ringstraße zwischen Chaweng und Lamai. Parkplätze sind direkt an der Straße vorhanden.

Namuang Wasserfall: Der Namuang Wasserfall unterteilt sich in den ***Namuang Waterfall 1*** und den höher gelegenen ***Namuang Waterfall 2.*** Der erste Wasserfall beeindruckt durch seine hohe Fallhöhe. Der zweite Wasserfall liegt im Dschungel oberhalb des ersten. Das ***felsige Flussbett*** durchzieht eine Schlucht.

Vom Parkplatz wandert man ***ca. 20 Minuten entlang guter Wege*** hinauf zum

1

2

3

Bild 1: Im Fisherman's Village | Bild 2: Beliebtes Fotomotiv: Der Overlap Stone | Bild 3: Der rötliche Wat Ratchathammaram

Am Namuang Wasserfall 1

Wasserfall. Rund um den einstigen Geheimtipp gibt es mittlerweile **Wasserrutschen.** Der berühmte Fotospot am Namuang Waterfall 2 befindet sich auf der obersten Ebene und ist nicht durch einen befestigten Weg erschlossen. Aufgrund des hohen Andrangs und zahlreicher Unfälle wird dieser Ort ***häufig gesperrt.***

Der Zugang zu beiden Wasserfällen erfolgt ausgehend von der südlichen Ringstraße über gut befahrbare Straßen. Tagsüber halten viele Tagestouren an beiden Wasserfällen. Beide Wasserfälle sind auch während der ***Trockenzeit*** sehenswert. Am frühen Morgen und zwischen 16.30 und 18 Uhr geht es hier ruhiger zu.

Öffnungszeiten: Tägl. ca. 9–18 Uhr.

Hin Lad Wasserfall: Am Zugang zum Wasserfall befindet sich der ***atmosphärische Waldtempel Wat Namtok Hin Lat.*** Inmitten des Waldes wurden eine prächtige, weiße Zeremonienhalle und ein beeindruckender Chedi errichtet. Ausgehend vom Eingangsbereich der Anlage beginnt eine ***moderate Wanderung*** entlang des felsigen Flussbettes zum eigentlichen Wasserfall. Dort befindet sich ein ***großes Schwimmbecken.*** Für den Hin- und Rückweg sollten ca. zwei Stunden eingeplant werden. Der Hin Lad Waterfall befindet sich in Koh Samuis Westen, in der Nähe der Inselhauptstadt Nathon.

Tan Rua Wasserfall: Am Tan Rua Waterfall, tief im Inselinneren, können ***zwei Ebenen*** über ***kurze Dschungelwege*** besichtigt werden. An der unteren Ebene kann man in einem ***kleinen Becken*** baden. Am Beginn der Wege liegen ein ***Café mit***

Ausblick in Richtung Küste und ein ***Park mit Zip-Lines.*** Der Zugang zum Café erfolgt über Hängebrücken. Ausgehend von der Nordküste ist der Wasserfall über gut befahrbare Straßen mit dem Motorroller erreichbar.

Pra Buddha Dipankara: Die ***Tempelanlage*** befindet sich tief im Inneren der Insel, auf einer ***Höhe von über 600 m*** und bietet ausgehend von der obersten Ebene der großen Pagode und der Terrasse des ***stehenden Buddhas*** einen schönen Ausblick in Richtung Lamai und auf große Teile Koh Samuis. Gelegentlich verschwindet die Anlage in den Wolken. Geübte Fahrer können den Tempel von der südlichen Ringstraße und ab Lamai mit Motorrollern erreichen. Alternativ werden vor Ort ***geführte Touren*** durch das Inselinnere mit Zwischenhalt am Pra Buddha Dipankara angeboten.

Tarnim Magic Garden: Der Tarnim Magic Garden ist ein ***liebevoll gestalteter Garten,*** im südlichen Inselinneren. Entlang eines kleinen Baches hat ein Landwirt ***zahlreiche Statuen*** und ***Bauwerke*** in unterschiedlichen Stilrichtungen errichtet. Vor allem für ***Kinder*** ist der Tarnim Magic Garden ein Ort, der die Fantasie anregt. Der Garten kann leicht mit dem Motorroller erreicht werden.

Wat Khao Chedi und Wat Phra Chedi Laem So: Der Wat Khao Chedi bietet ausgehend vom Gipfel eines Hügels einen

Bild 1: Waldtempel Wat Namtok Hin Lat | Bild 2: Hängebrücken am Tan Rua Wasserfall

Bild 1: Liegende Buddha-Statue am Wat Khao Chedi | Bild 2: Am Wat Sawang Arom Chaweng | Bild 3: Mönchsstatue am Wat Bo Phuttharam

schönen Ausblick auf die Südküste der Insel und die vorgelagerten Inseln **Ko Mat Sum** und **Ko Taen.** Am Fuße des Hügels befindet sich die ***goldene Laem Sor Pagode*** aus dem Jahr 1907.

Khao Hua Jook Pagoda: In der Pagode befinden sich ein ***großer goldener Chedi*** und eine ***prächtige Meditationshalle.*** Von der obersten Ebene erhält man einen ***Rundumausblick*** auf die Landebahn des Flughafens und die Umgebung von Chaweng. Die Pagode wird von vielen burmesischen Gastarbeitern besucht.

Wat Bo Phuttharam: Auf dem Tempelgelände wurde eine ***große, schwarze Mönchsstatue*** erbaut, die auf einem großen Schiff sitzt. Geld auf die Zehennägel der Statue zu legen und/oder die Welse im umgebenden Graben zu füttern soll Glück bringen. Der Tempel liegt in **Bo Phut,** südlich des Fisherman's Village.

Wat Sawang Arom Chaweng: Der ***weiße Tempel*** beeindruckt durch ***außergewöhnliche Malereien*** im Inneren der Zeremonienhalle, die sich auch auf die Gegenwart Koh Samuis beziehen. Auf dem Tempelgelände befindet sich zudem ein ***kaum bekannter mumifizierter Mönch.*** Der Wat Sawang Arom liegt in Chaweng, direkt an der Ringstraße.

In der Umgebung

Mu Ko Ang Thong Nationalpark: Der Ang Thong Nationalpark ist eine ***Inselgruppe mit 42 unbewohnten Inseln.*** Beeindruckende Kalksteinfelsen, türkises Wasser, bunte Unterwasserwelten, traumhafte Strände, der beeindruckende ***Emerald Lake*** auf Ko Mae Ko und der ***Pha Jun Jaras Viewpoint*** auf Ko Wua Ta Lap machen den Nationalpark zu einem der faszinierendsten Orte der Region.

Der Nationalpark liegt ungefähr 35 km westlich von Koh Samui. ***Tagesausflüge*** können vor Ort und online bei zahlreichen Anbietern gebucht werden. Der Ausflug lohnt sich vor allem bei sonnigem Wetter.

Ko Mat Sum: Die kleine Insel Ko Mat Sum liegt wenige Kilometer südlich von Koh Samui. An dem schönen Strand der Insel leben ***schwarze Schweine.*** Besucher der „Schweineinsel" sollten bedenken, dass die Tiere ausschließlich aufgrund der Touristen dort leben.

Bootstouren nach Ko Mat Sum können am ***Thong Krut Pier*** kurzfristig gebucht werden.

GPS: N 9.420464, E 99.956568

Koh Phangan 5 8 2 4

Die ***zweitgrößte Insel des Samui Archipels*** zieht Alleinreisende, Partytouristen, Familien, alternatives Publikum, Yogis, digitale Nomaden und immer mehr Expats zugleich an. Pauschalurlauber trifft man hier weiterhin selten. Koh Phangan ist weltweit für die regelmäßig stattfindende ***Full Moon Party,*** das ausgeprägte

Ausblick vom 420 Club

Kulinarisches: Die Auswahl an guten thailändischen und internationalen Restaurants sowie Streetfood ist sehr groß.

Auf dem **Pantip Market** in der Inselhauptstadt Thong Sala wird jeden Abend günstiges Streetfood angeboten.

Im nahegelegenen **Phangan Foodcourt** wird ebenfalls eine große Auswahl thailändischer und internationaler Gerichte zu guten Preisen angeboten.

Eine moderne, teurere Alternative ist der **Ban Tai Night Market** an der Südküste.

GPS: N 9.700129, E 100.024646

Nördlich von Thong Sala erhält man in den beliebten Bars **Bluerama, Amsterdam Bar** und **Top Rock Bar** schöne Ausblicke zum Sonnenuntergang.

Für Liebhaber der nordthailändischen Küche lohnt sich ein Besuch im kleinen Restaurant **At Chiang Mai** zwischen Thong Sala und Haad Rin.

Im Einzugsgebiet des Ortes Sri Thanu ist die Dichte an Restaurants und Cafés am höchsten. ***Vegetarische und vegane Speisen*** sind hier breit verfügbar.

Im **Chana Masala** wird hervorragende indische Küche serviert.

Im **La Terrazza Restaurant** bietet sich ein schöner Ausblick zum Sonnenuntergang bei gehobener italienischer Küche.

Das nahegelegene **Pure Vegan Heaven** besticht durch außergewöhnliche vegane Speisen.

Bei **Mama Kop** wird sehr gutes und dennoch günstiges Thaifood zubereitet.

Das nachhaltige **Footprint Café** und **Mimi's Café** bieten gutes Frühstück an.

Oberhalb des Koh Ma Beach ermöglicht der **420 Club** zum Sonnenuntergang schöne Ausblicke auf die Sandbank des Strandes.

Im nördlichen Ort Ban Chalok Lam wird im **Phorn Restaurant** frisches Seafood angeboten. Im Ort findet zudem für gewöhnlich am Sonntag eine **Walking Street** statt.

Herumkommen

Der **Verkehr** entlang des gut ausgebauten Straßennetzes ist ***vorwiegend ruhig.*** **Motorroller** und **Motorräder** werden von unzähligen Vermietern und den meisten Unterkünften vermietet. **Mietwagen** und **kleine Elektroautos** sind ebenfalls verfügbar. Alternativ fahren vor allem entlang der Westküste ***Sammeltaxis*** zu Inselpreisen. Taxifahrten in den abgelegenen Nordosten können teuer werden.

Aktivitäten

Full Moon Party und Nachtleben: Die Full Moon Party auf Koh Phangan ist die mit Abstand ***größte Party in Thailand.*** Jeden Monat bei Vollmond kommen ***bis zu 20.000 Partygäste*** an den Haad Rin Beach und machen die Nacht zum Tag. Leuchtende Neonfarben, Getränke aus Eimern, Feuershows, international bekannte DJs und ein bunt durchmischtes Publikum machen die Veranstaltung zu einem außergewöhnlichen, aber mittlerweile auch stark kommerzialisiertem Erlebnis. ***Taxis*** verbinden alle Strände der Insel mit der Full Moon Party und sollten im Voraus gebucht werden. Bereits in der Woche vor der Full Moon Party wird es zunehmend belebter auf Koh Phangan. Auch wenn die meisten Partygäste im südlichen Einzugsgebiet von Haad Rin oder sogar auf Koh Samui übernachten, sind teilweise alle ***Hotels*** der Insel ***weit im Voraus ausgebucht*** und die Preise für freie Betten steigen stark an. Im Norden und Nordosten der Insel geht es rund um die Full Moon Party deutlich ruhiger zu als im Süden. Partygäste sollten auf ihre Wertsachen achten und nach Möglichkeit als Gruppe unterwegs sein. Auf der Party werden auch ***illegale Drogen*** konsumiert. In den Tagen nach der Full Moon Party ziehen viele Touristen weiter nach Koh Samui oder Koh Tao.

Der Andrang zur ***Half Moon Party*** und weiteren großen Partys ist deutlich geringer. Für Freunde des ***Nachtlebens*** wird sich vor allem im ***Süden der Insel*** täglich eine passende Veranstaltung finden. Vor allem im Nordwesten und im abgelegenen

Ausblick über Haad Rin

Exkurs

Die Full Moon Party

Die Full Moon Party entstand im Laufe der **1980er-Jahre** als Party weniger Backpacker. Aus dem einmaligen Ereignis, am damals kaum besuchten Haad Rin, wurde im Laufe der Jahre **eine der größten Partys des Landes.** Mittlerweile können in Abhängigkeit der Jahreszeit **mehrere zehntausend Menschen** zum monatlichen Vollmond an den Haad Rin kommen. Nach Sonnenuntergang verwandelt sich der Strand zu einem pulsierenden Ort mit **Musik, Feuershows und bunten Lichtern.** Im angrenzenden Ort wetteifern zahlreiche Bars und Clubs um Gäste. Die Full Moon Party hat die Wirtschaft und den Tourismus auf Koh Phangan stark beeinflusst und zahlreiche weitere Großveranstaltungen wie beispielsweise das **Half Moon Festival** wurden ins Leben gerufen.

Die Full Moon Party ist ein außergewöhnliches, atmosphärisches und häufig wildes Ereignis. Neben klassischen Partytouristen besuchen auch Paare und sogar Familien die Veranstaltung. Dennoch geht das Großereignis mit **Problemen** einher. Drogenkonsum, Alkoholvergiftungen, Diebstähle und sexuelle Übergriffe kommen im Umfeld der Full Moon Party und des gesamten Nachtlebens auf der Insel vor und am Morgen nach ausgedehnten Partys müssen häufig **Unmengen an Abfall** beseitigt werden.

Auf der Walking Street in Thong Sala wird neben Streetfood auch frisches Obst angeboten

Südosten finden zudem ***Veranstaltungen mit spirituellem Charakter*** statt.

Thong Sala Walking Street: In der Inselhauptstadt **Thong Sala** wird ausgehend vom Pier jeden Samstagabend ein ausgedehnter, atmosphärischer **Nachtmarkt** veranstaltet. Zahlreiche Garküchen und Händler locken Inselbewohner und Touristen an. In der Nähe der Walking Street kann das **Royal Navy Ship** besichtigt werden.

Öffnungszeiten: Sa ab 16/17 Uhr.

Wanderungen: Für die Wanderungen auf Koh Phangan sind ***festes Schuhwerk, Trinkwasser, Sonnenschutz*** und ***Mückenschutz*** essenziell. Entlang der Strecken gibt es teilweise ***keine Mobilfunkverbindung.*** Die App **MAPS.Me** ist zur Navigation hilfreich.

Der **Bottle Beach** ist ein malerischer Strand der Nordküste. Die anspruchsvolle ***Dschungelwanderung*** dorthin beginnt oberhalb des **Haad Khom.** Die Wanderung durch den Dschungel dauert ***etwa zwei Stunden.*** Die **Rückfahrt** zum Haad Khom ist mit **Taxibooten** möglich. Für den Ausflug sollten vier bis fünf Stunden eingeplant werden. Markierungen, Schilder und Plastikflaschen führen entlang ***teilweise steiler Passagen*** zum schönen Bottle Beach. Auf halber Strecke erreicht man einen ***Felsvorsprung*** mit schönem Ausblick auf die Bucht. Alternativ kann man ***entlang der Felsenküste*** zum Bottle Beach wandern. Der Strand eignet sich gut zum Baden und Restaurants laden zu einer Pause ein.

GPS: N 9.799328, E 100.019952 (Startpunkt der Wanderung)

Vom Bottle Beach kann man hinauf zum beeindruckenden **Bottle Beach Viewpoint** fahren. Mittlerweile ist der Strand auch über eine anspruchsvollere Straße und mit SUV-Taxis erreichbar.

Angekommen am Bottle Beach

Ausgehend von **Haad Rin** führt eine ***anspruchsvolle Wanderung*** innerhalb von ***ungefähr zwei Stunden*** zu den malerischen, abgelegenen Stränden **Haad Yuan, Haad Tien** und **Haad Wai Nam.** Die ***Rückfahrt*** nach Haad Rin erfolgt mit einem **Taxiboot** vom Haad Yuan. Insgesamt sollte man mindestens vier bis sechs Stunden für den Ausflug einplanen. Die Wanderung beginnt mit einer ***steilen Passage,*** die in den ***dichten Dschungel*** führt. Entlang der markierten Wege erreicht man zunächst den **Haad Yuan *Viewpoint*,** bevor es zügig hinab zum **Haad Yuan** und den ruhigeren Nachbarstränden geht.

GPS: N 9.679425, E 100.065728 (Startpunkt der Wanderung)

Am Haad Yuan befinden sich **Bars,** in denen auch tagsüber Partys veranstaltet werden. An den benachbarten Stränden erwartet einen eine ruhige Aussteigeratmosphäre. Alternativ kann man ausgehend vom **Haad Rin Beach** ein **Taxiboot** zum Haad Yuan buchen.

Der **Khao Ra** ist der ***höchste Berg der Insel.*** Von der Straße am Khao Ra Wasserfall führt eine ***anstrengende Wanderung*** zur Spitze des Berges. Hier erhält man einen ***Ausblick auf die Chaloklum Bay*** und in Richtung **Koh Tao.** Bei dieser Wanderung ist vor allem der Weg das Ziel. Für den Hin- und Rückweg sollten ungefähr drei bis vier Stunden eingeplant werden.

GPS: N 9.749012, E 100.010249 (Startpunkt der Wanderung)

Strände

Die gut erreichbaren ***Strände der Westküste*** bieten schöne Ausblicke in Richtung Sonnenuntergang und schnellen Zugang zu touristischer Infrastruktur. Der **Hin Kong Beach** ist zum Baden weniger gut geeignet. Entlang des Strandes befinden sich zahlreiche gute Restaurants und Bars. Bei Ebbe wird eine ausgedehnte Sandbank begehbar. Der nahegelegene **Zen Beach** ist der Badestrand des Ortes Sri Thanu. Zum Sonnenuntergang versammelt sich hier ein vorwiegend alternatives Publikum zum Musizieren und Meditieren. Die dortige Atmosphäre ist ein Erlebnis für sich. Am weiter nördlich gelegenen Badestrand **Haad Chao Phao** geht es ruhig und weniger alternativ zu. Der kleine **Haad Son** befindet sich in einer Bucht, die nur über das Haad Son Resort erreicht werden kann. Am nördlichen Ende des Strandes befindet sich auf einer Landzunge das interessant gestaltete Restaurant/Café **Koh Raham.** Die angrenzenden Felsen eignen sich gut zum Schnorcheln. Der benachbarte **Haad Yao** ist ein großer Badestrand mit vielen Unterkünften, die vor allem bei Paaren und Familien beliebt sind. Am weiter nördlich gelegenen **Salad Beach (Haad Salad)** geht es bei sehr schöner Kulisse ruhiger zu.

Im abgelegenen **Norden der Insel** befindet sich der **Koh Ma Beach.** Der Strand wird bei Ebbe malerisch über eine Sandbank mit der vorgelagerten Insel Koh Ma verbunden. Der südlich angrenzende **Mae Haad Beach** ist ein schöner Badestrand. Der **Chaloklum Beach,** am Ort Ban Chalok Lam, ist aufgrund des Piers kein optimaler Badestrand. Am westlichen Ende geht der Strand in den beliebten **Malibu Beach** über. Hier erwarten einen weißer

Der Hin Kong Beach wird von Restaurants und Bars gesäumt

Sand und Palmen. Am nordöstlichen Ende der befahrbaren Straße befindet sich der **Haad Khom.** Der kleine Strand bietet Ruhe und gehört zu den schönsten Stränden der Insel. Ausgehend von hier können Taxiboote zum **Bottle Beach** genommen werden.

Im abgelegenen **Nordosten** Koh Phangans bietet der **Thong Nai Pan Noi** eine traumhafte Kulisse. Die vorwiegend gehobenen Resorts der Bucht sind bei Ruhesuchenden äußerst beliebt. Am benachbarten **Thong Nai Pan Yai** geht es weniger malerisch, aber dafür günstiger zu. Weiter südlich liegt der **Haad Than Sadet.** Entlang des Strandes befinden sich wenige simple Unterkünfte, die eine ursprüngliche Atmosphäre versprühen. Ausgehend von hier kann der kleine **Haad Thong Reng** besucht werden.

Im **Süden der Insel** konzentriert sich die Partyszene. Am **Haad Rin** bietet sich dennoch eine schöne Kulisse. Der Strand grenzt unmittelbar an den belebten Ort und ist Veranstaltungsort der Full Moon Party. Am benachbarten **Rin Nai Beach** geht es weniger malerisch, aber dafür ruhiger zu. Die Strände entlang der Südküste, zwischen Haad Rin und Thong Sala, werden stark von den **Gezeiten** beeinflusst und eignen sich vor allem dafür, um in der Nähe der Full Moon Party unterzukommen.

Die Strände im **Südosten der Insel** sind schwer erreichbar. Am **Haad Yuan** werden in Bars auch tagsüber Partys veran-

Bild 1: Der Koh Ma Beach ist über eine Sandbank mit Koh Ma verbunden | Bild 2: Am ruhigen Strand Haad Wai Nam

Vom Bottle Beach Viewpoint genießt man eine fantastische Aussicht

staltet. Am ***Tien Beach East*** und am ***Haad Wai Nam*** erwarten einen hingegen Aussteigergefühle. Ausgehend von Haad Rin sind die Strände über eine anspruchsvolle Wanderung und mit Booten erreichbar. Übernachtungsgäste können mit SUV-Taxis zu ihren Unterkünften gebracht werden.

Sehenswert

Aussichtspunkte: Der ***Bottle Beach Viewpoint*** gehört zu den beeindruckendsten Aussichtspunkten in Thailand. Ausgehend von einem ***schmalen Felsvorsprung*** blickt man aus großer Höhe über den Bottle Beach und große Teile der Insel. Die Straße zum ***Parkplatz*** des Aussichtspunktes ist gut befahrbar. Eine ***moderate Wanderung*** führt innerhalb von ca. 20 Minuten zum Aussichtspunkt. Die letzten Meter des Weges führen steil zu den großen Felsen hinauf. Bereits am Beginn des Vorsprunges erhält man einen schönen Ausblick. Der Weg zur Spitze wirkt schmaler als er ist, aber eignet sich ***nur für schwindelfreie Besucher!***

Vom ***Haad Rin Rock Viewpoint*** erhält man zum Sonnenauf- und Untergang Ausblicke auf den Haad Rin, den Rin Nai Beach und große Teile der Insel. Der Viewpoint ist ***gut erreichbar.*** Lediglich das letzte Stück der Straße hinauf zum benachbarten ***Lighthouse Tower*** ist häufig nicht befahrbar. Am Ende eines kurzen Dschungelpfades muss man auf einen Felsen klettern.

Wasserfälle: Der Zugang zu beiden großen Wasserfällen der Insel ist ***kostenpflichtig.*** Das Ticket kann an einem Tag für den ***Besuch beider Wasserfälle*** ver-

Der Than Sadet Wasserfall

wendet werden. **Festes Schuhwerk** ist beim Besuch empfehlenswert.

Der **Than Sadet Wasserfall** verläuft entlang eines felsigen Flussbettes, bildet mehrere Becken und endet am Than Sadet Beach. Der **Eintritt** zum gleichnamigen Nationalpark wird an den zahlreichen Zugängen zum Flussbett oder an der Straße zum Than Sadet Beach gezahlt. Am **Namtok Deang** ist ein schöner Abschnitt des Wasserfalls **leicht zugänglich**. Der Wasserfall ist auch während der Trockenzeit einen Besuch wert.

GPS: N 9.749441, E 100.068377 (Abschnitt Namtok Deang)

Der **Phaeng Noi Wasserfall** liegt ebenfalls im Than Sadet Nationalpark. Ausgehend vom Parkplatz führt ein kurzer Weg zu dem Wasserfall mit hoher Fallhöhe. Hier beginnt eine **Wanderung über Trampelpfade, Felsen und Wurzeln** entlang eines felsigen Flussbettes mit mehreren Wasserfällen und Ebenen. Die gut ausgeschilderte, **anstrengende Wanderung** dauert ungefähr eine Stunde und führt zum **Domesila Viewpoint** mit Ausblick in Richtung Koh Samui. Während der Trockenzeit führt der Phaeng Noi Wasserfall häufig wenig Wasser.

Eintritt: 100 TBH.

Weitere Sehenswürdigkeiten: Abseits der Strände befinden sich der beeindruckend hohe **Yang Na Yai Tree**, der **Apichada Viewpoint**, der atmosphärische Waldtempel **Wat Khao Tham**, der **burmesische Chedi im Wat Phu Khao Noi**, der chinesische Tempel **Kuan Yin** und der **goldene Felsen** im benachbarten **Wat Ruese Pa Saeng Tham.**

Für Tierliebhaber empfiehlt sich ein Besuch im **Tierkrankenhaus** des Phangan Animal Care for Strays (kurz PACS).

In der Umgebung

Mu Ko Ang Thong Nationalpark: Auf Koh Phangan können **Ausflüge zu den Inseln** im Mu Ko Ang Thong Nationalparks gebucht werden. Die Anzahl an Anbietern ist im Vergleich zur Nachbarinsel Koh Samui deutlich geringer.

Koh Tao 6 9 3 5

Koh Taos **Unterwasserwelten** sind bei Tauchsportlern international bekannt. Dutzende **Tauchschulen** stellen hier weltweit die meisten Tauchscheine aus. Ein Besuch der kleinen **„Schildkröteninsel"** lohnt sich dennoch nicht nur zum Gerätetauchen und Schnorcheln! Bei einer maximalen Länge von 7,5 km und einer Breite von 3,5 km erwartet einen eine **traumhafte Szenerie auf kleinstem Raum.** Schöne Strände, zahlreiche Aussichtspunkte, hervorragende Restaurants und Cafés, buntes Nachtleben, ein breit gefächertes Angebot an Unterkünften sowie weiterhin kaum besuchte Buchten locken ein vorwiegend **junges** und dennoch **stark durchmischtes Publikum** an. Innerhalb von drei bis vier vollen Tagen können zahlreiche Strände und Aussichtspunkte der Insel besucht werden und Tauchkurse abgelegt werden. Koh Tao bietet jedoch genügend Aufenthaltsqualität, um deutlich länger zu verweilen und viele Touristen verbringen sogar ihren gesamten Urlaub auf der Insel.

Blick auf Koh Tao vom John Suwan Viewpoint

Auf Koh Tao gibt es viele Tauchschulen, die Kurse und Ausflüge anbieten

pertauchgänge für Anfänger. Viele Tauchschulen betreiben eigene Unterkünfte. Trotz vergleichsweise niedriger Preise kann man in der Regel ***gute Ausrüstung*** und ***gut geschulte Tauchlehrer*** erwarten. Die Zertifizierung erfolgt meistens nach den ***internationalen Standards*** PADI oder SSI. Innerhalb von drei bis vier Tagen werden theoretische und praktische Unterrichtseinheiten absolviert. Meistens wird am Vormittag getaucht. Am Ende eines Kurses muss eine theoretische Prüfung abgelegt werden. Für den Fall eines ***Tauchunfalls*** gibt es seit 2023 eine Druckkammer auf Koh Tao. Bei bestehenden ***Vorerkrankungen*** ist eine ärztliche Bescheinigung über die Tauchfähigkeit mitzuführen. Vor Tauchgängen sollte unbedingt auf die Absicherung durch eine ***Auslandskrankenversicherung*** geachtet werden. Geeignete Zusatzversicherungen können vorab und vor Ort bei **DAN Europe** abgeschlossen werden.

Web: www.daneurope.org/de/tauchversicherung

Bei der Tauchschule ***Diver's Boat*** erhält man eine hochwertige Ausbildung zu fairen Preisen. Auch abgelegene Tauchplätze werden häufig angefahren.

Web: www.thediversboat.com

Die Tauchschule ***Rainbowfish Divers*** am Sairee Beach richtet sich an ein vorwiegend junges Publikum und ermöglicht deutschsprachige Tauchkurse zu günstigen Preisen.

Web: www.rainbowfishdivers.com

Ausgehend von der ruhigen Tanote Bay, an der Ostküste der Insel, bietet die

Tauchschule ***Calypso Diving*** deutschsprachige Tauchkurse zu fairen Preisen an.

Web: www.diving-calypso.de

Schnorcheln: Viele Tauchplätze eignen sich auch sehr gut zum Schnorcheln. ***Schnorchelausrüstung*** kann in den meisten Unterkünften ausgeliehen werden. Alternativ bieten viele Geschäfte günstige Ausrüstungen zum Kauf an. Die schönsten Schnorchelplätze erreicht man mit vor Ort buchbaren ***Bootstouren.*** Unabhängig von geführten Touren bieten sich die ***Tanote Bay,*** die ***Hin Wong Bay,*** die ***Aow Luek Bay*** und die ***Shark Bay*** zum Schnorcheln an.

Wanderungen: Das Inselinnere wird von einigen Wanderwegen durchzogen. Ausreichend Trinkwasser, festes Schuhwerk, Mückenschutz, ein Hut und Sonnencreme sind für alle Wanderungen empfehlenswert. Die App **MAPS.Me** eignet sich sehr gut zur Navigation.

Die ***Bucht Ao Laem Thian*** liegt abgelegen an der Ostküste der Insel. Von der Straße am ***The Tarna Align Resort*** in Sairee erreicht man den kleinen Strand mit runden Felsen und türkisem Wasser entlang einer ***moderaten Wanderung.*** Ein abzweigender Weg führt zur benachbarten Mao Bay. Die meisten Besucher kommen wegen des verlassenen Resorts in die Bucht. Für den Hin- und Rückweg sollten mindestens drei Stunden eingeplant werden.

GPS: N 10.096081, E 99.837877 (Startpunkt der Wanderung)

Beim Schnorcheln begegnet man der bunten Unterwasserwelt Koh Taos

Von der schwer befahrbaren Straße zur **Mango Bay** biegt man zum **Por Jai Viewpoint** ab. Hier beginnt eine **anspruchsvollere Wanderung** durch den Dschungel zum **Lighthouse Beach.** In der Felsenbucht schwimmen viele Fische. Nach Überquerung der Felsen führt ein steiler Pfad hinauf zum Leuchtturm. Der Leuchtturm ist in der Regel offen. Der Ausblick von der oberen Ebene ist jedoch unspektakulär. Der Rückweg ist aufgrund der Steigung **sehr anstrengend.** Für den Hin- und Rückweg sollten mindestens zwei Stunden eingeplant werden.

GPS: N 10.117841, E 99.837429 (Startpunkt der Wanderung)

Die Wanderung zum **Grape Viewpoint** gehört zu den **längsten und anspruchsvollsten Wanderungen** auf Koh Tao. Eine steile Straße führt von der Sairee Road hinauf zum Top Point Viewpoint. Die Straße ist nur von geübten Fahrern, mit ausreichender Motorisierung und guter Bremsleistung befahrbar. Vom **Top Viewpoint** muss man einige Minuten entlang der steilen Betonstraße weiterlaufen, um eine Abzweigung in den Dschungel zu erreichen. Die anschließende Wanderung ist häufig **steil,** teilweise **dicht bewachsen** und **anstrengend.** Entlang des Weges befinden sich gelegentlich tiefe Rinnen und Löcher. Am Grape Viewpoint erhält man einen schönen **Ausblick auf Koh Nang Yuan** und in Richtung **Mango Bay.** Für den Hin- und Rückweg sollten mindestens zwei Stunden eingeplant werden. Alternativ können geübte Rollerfahrer, ausgehend vom Mango Viewpoint, entlang einer unbefestigten Straße zum Viewpoint fahren.

GPS: N 10.115223, E 99.824161 (Startpunkt der Wanderung)

GPS: N 10.112113, E 99.833634 (Beginn der unbefestigten Straße zum Viewpoint)

Ausblick vom Grape Viewpoint

Strände

Die meisten Strände der Insel sind leicht zugänglich. An vielen Stränden auf Koh Tao müssen **Eintrittsgebühren** gezahlt werden. Der Sand ist häufig fein, aber mit Kieseln und Korallen durchsetzt.

Hauptstrände der Insel: Der **Sairee Beach** verbindet die Orte Sairee und Mae Haad. Entlang des ca. 2 km langen Strandes liegen zahlreiche Restaurants, Bars, Cafés, Shops, Partylocations, Tauchschulen und Unterkünfte. Der Strand ist kein optima-

Bild 1: Im kleinen Hafenort Mae Haad | Bild 2: Türkisblaues Wasser in der Aow Luek Bay

ler Badestrand. Die Restaurants und Bars entlang des Strandes bieten zum Sonnenuntergang sehr schöne Ausblicke und Live-Musik.

Die ***Strände des Hafenortes Mae Haad*** eignen sich ebenfalls nicht optimal zum Baden. Nördlich des Piers befindet sich ein breiterer, palmenbewachsener Strand und einigen Hotelanlagen. Südlich des Piers befindet sich ein schmalerer Strandabschnitt, an dem oftmals viele Boote ankern. Hier erwarten einen vor allem ältere Unterkünfte sowie viele Restaurants, Bars, Tauchschulen und Geschäfte.

Der Strand in der ***Chalok Baan Kao Bay*** und der angrenzende Ort haben sich zum dritten Hauptort der Insel entwickelt. Der Strand eignet sich ebenfalls nur eingeschränkt zum Schwimmen und Schnorcheln. Dafür geht es hier deutlich ruhiger zu als am Sairee Beach und auch als am Mae Haad Beach.

Die schönsten Strände der Insel: In der ***Tanote Bay*** befindet sich ein breiter Badestrand. Rund um den großen Sprungfelsen im Meer erwartet einen eine ***bunte Unterwasserwelt.*** Die meisten Besucher sind Tagesgäste und übernachten nicht in den wenigen Unterkünften.

Die kleine ***Aow Luek Bay*** wird malerisch von Felsen eingerahmt. Das Wasser strahlt häufig türkis und eignet sich gut zum Schwimmen und Schnorcheln.

In der ***Hin Wong Bay*** liegt ein sehr kleiner Strand. Die großen Felsen unter der Wasseroberfläche machen die Bucht zu einem leicht erreichbaren Schnorchelplatz.

Der ***Haad Tien*** in der ***Shark Bay*** eignet sich gut zum Schwimmen und Schnor-

Bild 1: Über den „On The Rock Beach" erhält man kostenlosen Zugang zur Shark Bay | Bild 2: In der Hin Wong Bay | Bild 3: Sonnenuntergang am Top Viewpoint

cheln. Hier kann man vergleichsweise oft Babyhaie und Meeresschildkröten sehen.

In der ***June Juea Beach*** geht es bei schöner Kulisse sehr ruhig zu. Ausgehend von hier erreicht man fußläufig den ruhigen ***Sai Nuan Beach***, den ***Sai Thong Beach*** und kann entlang der Küste weiter zur ***Jansom Bay*** sowie bis nach Mae Haad wandern.

Auf der kostenpflichtigen ***John Suwan Halbinsel*** strahlt das flache Wasser am ***Taa Toh Lagoon Beach*** herrlich türkis. Der benachbarte ***Freedom Beach*** bietet eine schöne Kulisse und wird dementsprechend stark besucht.

Ruhiger geht es am ***Sai Daeng Beach*** zu. Der Strand ist nur über das vorgelagerte Resort betretbar.

In der abgelegenen ***Mango Bay*** befindet sich ein kaum besuchter Strand. Im vorgelagerten Meer erwartet einen eine bunte Unterwasserwelt. Die Bucht ist nur im Rahmen von Tauch- und Schnorchelausflügen, mit Taxibooten oder über eine schwer befahrbare Straße mit dem Roller erreichbar.

Sehenswert

Aussichtspunkte: Der beliebteste Aussichtspunkt der Insel ist der ***John Suwan Viewpoint.*** Ein unbefestigter Aufstieg führt innerhalb von zehn Minuten auf einen großen Felsen, von dem aus man große Teile der Insel überblickt. Das benachbarte ***Restaurant am Sun Suwan 360° Viewpoint*** bietet einen ähnlichen, aber weniger spektakulären Ausblick.

Ausgehend vom ***Restaurant am Mango Viewpoint*** überblickt man die Hauptbucht der Insel. Die Straße hinauf zum Mango Viewpoint ist für geübte Rollerfahrer befahrbar und bietet Zugang zu weiteren Aussichtspunkten, wie beispielsweise dem hochgelegenen ***Grape Viewpoint.*** Hier blickt man auf die Nachbarinsel Koh Nang Yuan.

Oberhalb von Sairee liegt der ***Fraggle Rock.*** Hier überblickt man ebenfalls große Teile der Westküste. Der Zugang zum Fraggle Rock erfolgt ausgehend von der Straße zur Ao Hin Wong. Das letzte Stück zum Aussichtspunkt führt zu Fuß durch den Dschungel.

Der ***West Coast Viewpoint*** bietet nach Durchquerung einer schmalen Felsspalte auch einen schönen Ausblick auf die Westküste. Der benachbarte ***Tanote Peak (Khao Nom Viewpoint)*** überblickt die Ostküste. Weiter unterhalb befindet sich am ***Love Koh Tao Viewpoint*** ein Restaurant mit Ausblick. Das ***Café High The Moon*** überblickt die ***Chalok Baan Kao Bay***. Der wenig besuchte ***Piera Point*** liegt oberhalb der malerischen Bucht Aow Luek.

Der ***Top Viewpoint*** blickt auf Koh Taos Nachbarinsel Koh Nang Yuan. Die Straße bis zum Top Viewpoint ist befahrbar, aber sehr steil. Zu zweit ist bei einem Gesamtgewicht bis maximal 130 kg mindestens ein Roller mit einem Hubraum von 150 ccm notwendig. Gute Bremsen sind für die steile Rückfahrt unabdingbar. Hinaufzuwandern ist deutlich sicherer.

An den meisten Aussichtspunkten werden Eintrittsgebühren verlangt. ***Festes Schuhwerk*** ist beim Besuch vieler Aussichtspunkte empfehlenswert. Zahlreiche ***Cafés*** und ***Restaurants*** wie beispielsweise

Bild 1: Palmengesäumte Straße auf Koh Tao | Bild 2: Drinks mit Ausblick – das Restaurant am Mango Viewpoint | Bild 3: Die vorgelagerte Insel Koh Nang Yuan

das **The Gallery Restaurant** bieten ebenfalls schöne Aussichten.

Eintritt: Ca. 100 TBH für die Aussichtspunkte.

In der Umgebung

Koh Nang Yuan: Die Insel Koh Nang Yuan entspricht größtenteils dem Ideal einer **Trauminsel**. Ausgehend vom Koh Nang Yuan Viewpoint erhält man einen schönen Ausblick auf die drei Inseln, die durch eine weiße Sandbank miteinander verbunden werden. Direkt am Strand kann man in den ***Japanese Gardens*** hervorragend schnorcheln.

Für den Besuch der Inselgruppe sollte mindestens ein ganzer Vormittag eingeplant werden. Die Eintrittsgebühr wird nach Ankunft am Pier gezahlt. Die drei Inseln liegen wenige Bootsminuten nordwestlich des Sairee Beach. ***Taxiboote*** können am ***Sairee Beach*** und in ***Mae Haad*** unkompliziert gebucht werden. Die Überfahrt mit dem Kajak ist riskant. Viele Tagestouren und sogar Ausflüge von Koh Phangan und Koh Samui halten ebenfalls auf Koh Nang Yuan. Manche Touristen übernachten auf der Insel.

Eintritt: 250 TBH.

Auf Koh Nang Yuan sind die Japanese Gardens perfekt zum Schnorcheln

Bild 1: Der Makayuk Tree auf Koh Kood | Bild 2: Strandbungalow auf Koh Chang | Bild 3: Sonnenuntergang am Ao Prao Pier auf Koh Mak

Östlicher Golf

Inselleben abseits der Touristenströme

Vor der Küste der Provinz Trat liegen die Inseln Koh Chang, Koh Mak, Koh Kood und ihre kleinen Nachbarinseln. Viele dieser Inseln bilden den Mu Koh Chang Nationalpark und sind touristisch weitaus weniger erschlossen als die Inseln im westlichen Golf und in der Andamanensee. Traumhaft schöne Strände, bunte Unterwasserwelten und eine ruhige Atmosphäre locken weiterhin verhältnismäßig wenige Touristen an. Die Insel Koh Chang ist die drittgrößte Insel des Landes und hat sich zu einer ruhigen Urlaubsinsel entwickelt, die in keinster Weise mit Phuket und Koh Samui vergleichbar ist. Im Inneren der Insel befinden sich beeindruckend hohe Berge und dichter Dschungel. An der Ostküste Koh Changs geht es ursprünglich zu. Die weiter südlich gelegene, deutlich kleinere Insel Koh Mak strebt eine nachhaltige Entwicklung des Tourismus an und besticht durch ihre außergewöhnlich ruhige Atmosphäre. Zwischen Koh Chang und Koh Mak befinden sich einige kleine Inselparadiese, die wunderschöne Schnorchel- und Tauchplätze beherbergen. Die große Insel Koh Kood ist die südlichste Insel des Archipels und wenig erschlossen. Neben komfortablen Resorts gibt es hier einige der schönsten Strände des Landes.

Nicht verpassen!

- Ein ***Ausflug*** zu ursprünglichen ***Ostküste*** Koh Changs Seite 323
- Sonnenuntergang am ***Kai Bae Viewpoint*** auf Koh Chang Seite 326
- ***Fischerdorf Bang Bao*** auf Koh Chang Seite 326
- ***Strand*** von Ko Kham bei Koh Mak Seite 336
- ***Bang Bao Beach*** auf Koh Kood Seite 340
- ***Heilige Bäume*** auf Koh Kood: Makayuk Tree und Sai Yai Big Chai Tree Seite 343

Mit der Autofähre gelangt man auf die Insel Koh Chang

Koh Chang

Koh Chang ist die ***drittgrößte Insel in Thailand*** und stellt trotz großer Pläne der lokalen Tourismusbehörden weiterhin eine deutlich ***ruhigere Alternative*** zu den beliebten Urlaubsinseln Phuket und Koh Samui dar. Koh Chang bedeutet übersetzt ***„Insel der Elefanten“.*** An den Stränden der Westküste befinden sich Badeorte mit komfortabel ausgebauter touristischer Infrastruktur. Die Ostküste wird durch ***Mangrovenwälder*** geprägt. Hier befinden sich einige ***ursprüngliche Fischerdörfer.*** Im Süden der Insel erwarten einen abgelegene Strände mit schöner Kulisse. Im größtenteils unerschlossenen Inselinneren erheben sich ***beeindruckende Berge.*** Der dichte Dschungel beheimatet eine erstaunliche Artenvielfalt. Koh Chang ist die Hauptinsel des Mu ***Koh Chang Marine Nationalparks*** und eignet sich als Ausgangspunkt zum Inselhopping auf den Inseln des östlichen Golfes von Thailand. Zur Erkundung der Insel sollten mindestens drei volle Tage eingeplant werden. Mit vier bis sieben Tagen können die meisten Sehenswürdigkeiten und Strände der Insel besucht werden und zusätzliche Bootsausflüge unternommen werden. Viele Touristen verbringen sogar ihren gesamten Urlaub auf Koh Chang.

Nützliches

Anreise: Die ***Autofähren*** nach Koh Chang legen ganzjährig im Abstand von 30 bis 60 Minuten vom ***Ao Thammachart Pier*** ab. Die letzte Fähre fährt gegen 18.30 Uhr. An Feiertagen und langen Wochenenden kann es zu ausgedehnten Staus vor der Fähre kommen.

Von ***Bangkok*** kann man den Pier mit ***Bussen*** und ***Taxis*** innerhalb von ca. sechs Stunden erreichen. ***Flüge*** von Bangkok nach Trat dauern ungefähr eine Stunde; die Anreise per Flug und über Land dauert in Summe aber ungefähr gleich lang. Der Flughafen Trat kann mit Zwischenlandung in Bangkok aus großen Teilen des Landes angeflogen werden. Bei durchgebuchten Verbindungen kann Gepäck aus Europa bis nach Trat durchgecheckt werden. Am Flughafen warten ***Taxis zum Pier und zur Unterkunft*** auf Koh Chang. Der späteste Flug mit Bangkok Airways ist zeitlich auf die späten Fähren abgestimmt. Von den Nachbarinseln Koh Mak und Koh Kood werden ***Transfers mit Schnellbooten*** und langsamen Fähren nach Koh Chang angeboten. Nach Ankunft am ***Bang Bao Pier*** erfolgt der Transfer zur Unterkunft mit Sammeltaxis. Direkte Verbindungen zwischen Koh Chang, Koh Kood und Koh Mak werden in der ***Nebensaison*** von Mai bis Oktober nur eingeschränkt angeboten. Die Daten für das Ende und die Wiederaufnahme vieler Bootsverbindungen variieren im Jahresvergleich.

Info

Unsere Tipps für Koh Chang

- Koh Chang liegt abseits der meisten Reiserouten. Dennoch erwartet dich hier eine komfortabel ausgebaute **touristische Infrastruktur** mit vielen **Restaurants, Tourenanbietern** und sogar einer **Klinik.**
- Es gibt gelegentlich **Sandfliegen** an den Stränden auf Koh Chang. **Insektenschutzmittel** und **Kokosnussöl** sind auf der Insel leicht verfügbar.
- Von **Mai bis Oktober** schließen einige Restaurants und Unterkünfte auf Koh Chang. Während dieser Zeit werden weniger direkte Transfers zu den Nachbarinseln angeboten.
- Im Vergleich zu Phuket und Koh Samui sind die **Taxipreise** auf Koh Chang erträglich. Ein eigener **Motorroller** bietet dennoch große Vorteile.
- Leider sind **Elefantenreiten** und **Elefantentrekking** auf der Insel weit verbreitet. Wir haben die **Haltungsbedingungen** in den Camps, die wir bisher gesehen haben, grundsätzlich als **nicht tiergerecht** empfunden.

Unterkunft: Die Strände ***White Sand Beach, Klong Prao Beach*** und ***Kai Bae Beach*** sind die ruhigen touristischen Zentren der Insel. Am ***Lonely Beach*** befinden sich mehr Angebote des Nachtlebens und mehr günstigere Unterkünfte. Im tiefen ***Süden*** der Insel bieten die Unterkünfte

Rund um den Klong Prao Beach findet man gute Übernachtungsmöglichkeiten

am ***Klong Kloi Beach*** viel Ruhe, bei schöner Kulisse. Im Osten der Insel befinden sich nur sehr wenige Unterkünfte und Homestays in Fischerdörfern.

Das moderne Resort **VAYNA *Boutique*** bietet direkten Zugang zum südlichen Ende des Klong Prao Beach. Der große Pool und die hoteleigene Beach Bar sind sehr beliebt bei Paaren und jungen Familien. Die Zimmer am Pool sind jedoch wenig empfehlenswert.

Preiskategorie: €€€

Das bei Backpackern beliebte ***Pajamas Hostel*** ermöglicht schnellen Zugang zum schönen nördlichen Abschnitt des Klong Prao Beach.

Preiskategorie: €€

Das Hotel ***The Splash*** im Süden von Klong Prao besitzt einen eigenen Wasserpark mit Rutschen und ist dementsprechend beliebt bei Familien.

Preiskategorie: €€€

Das moderne **AWA Resort** bietet hohen Komfort und schnellen Zugang zu den zahlreichen Restaurants im beliebten Ort Kai Bae.

Preiskategorie: €€€

Die Bungalows des ***Oasis Koh Chang*** ermöglichen Übernachtungen im Dschungel und schnellen Zugang zu den Angeboten des Nachtlebens am Lonely Beach.

Preiskategorie: €€

Kulinarisches: Insbesondere am ***White Sand Beach***, in ***Klong Prao*** und in ***Kai Bae*** erwarten einen viele thailändische und internationale Restaurants, Garküchen und kleine Nachtmärkte.

Abseits der Badeorte gibt es im ***Ever-***

flow hervorragende vegane Gerichte.

Im ***Tofu Kitchen*** erhält man große Portionen vegetarischer und veganer thailändischer Gerichte.

Gute italienische Küche wird im ***Babylon Ristorante Pizzeria*** angeboten.

Im benachbarten ***El Greco*** wird man von authentischer griechischer Küche überrascht und die ***Burger Station*** serviert leckere Burger und hausgemachte Pommes.

Zum Sonnenuntergang bietet die ***Mimo Beach Bar*** eine angenehme Atmosphäre am Lonely Beach.

Herumkommen

Koh Chang ist eine sehr große Insel, die am leichtesten mit einem ***eigenen Fahrzeug*** erkundet werden kann. Entlang der Küste verläuft eine ***gut befahrbare Straße*** mit wenigen Abzweigungen. Am Abend werden viele Straßenabschnitte allerdings nicht beleuchtet. Die ***Ringstraße*** ist nicht geschlossen, sodass vor allem bei Fahrten in den Osten ausgedehnte Strecken zu bewältigen sind. Vor Ort werden ***Motorroller und Mietwagen*** angeboten. Zahlreiche ***weiße Sammeltaxis*** können entlang der Westküste angehalten werden. Die Preise sind für eine thailändische Insel als akzeptabel einzustufen. Mit den Fahrern, über Unterkünfte und Reisebüros können ***Gruppentouren*** und ***private Fahrten*** vereinbart werden.

Aktivitäten

Trekking: Das bergige Innere der Insel ist Bestandteil des **Nationalparks** und beheimatet eine ***vielfältige Flora und Fauna.*** Auf geführten Wanderungen gelangt man zu abgelegenen Wasserfällen, beeindruckend hohen Bäumen und auf überraschend hohe Berggipfel. Mit etwas Glück kann man **Nashorn-Vögel** aus nächster Nähe beobachten. Die beliebteste ***Wanderung*** führt zum Gipfel des 650 m hohen ***Khao Laem Salak Phet Mountain.***

Wanderungen im Nationalpark sind nur gemeinsam mit **Guides** erlaubt, die vor Ort gebucht werden können. Festes Schuhwerk wird für die anstrengenden Wanderungen unbedingt benötigt.

Tauchen: Vom ***Bang Bao Pier*** im Süden der Insel fahren Tauchboote zu schönen Tauchplätzen im ***Mu Koh Chang Marine Nationalpark,*** rund um die Insel Koh Mak und zum ***Wrack der HTMS Chang.*** Vor Ort werden Tauchkurse, freie Tauchgänge, Schnuppertauchgänge und auch Schnorchelausflüge von mehreren Tauchschulen wie beispielsweise **BB Divers** angeboten.

Web: www.bbdivers-koh-chang.com

Glühwürmchen beobachten: In den Mangroven auf Koh Chang leben viele Glühwürmchen, die nach Sonnenuntergang beobachtet werden können. Das ***Iyara Seafood Restaurant*** bietet Gästen kostenlose Touren in die Mangroven an. Alternativ kann im ***Aana Resort*** nach kostenpflichtigen ***„Fireflies Tours“*** gefragt werden.

Ausflug zur Ostküste: Ein ausgedehnter Ausflug mit dem ***Roller*** oder dem ***Taxi*** an die ursprüngliche Ostküste der Insel gehört zu den interessantesten Aktivitäten auf Koh Chang. Hier befinden sich Mangrovenwälder, Wasserfälle, Fischerdörfer und kaum besuchte Strände. Aufgrund

Bild 1: Weg zum Khlong Phlu Wasserfall | Bild 2: Brücke auf dem Weg zum Than Mayom Wasserfall | Bild 3: Blick auf die Landzunge auf Ko Ngam | Bild 4: Steg durch den Salak Phet Mangrove Forest

der **langen Fahrzeiten** sollten die Sehenswürdigkeiten und Strände der Ostküste nach Möglichkeit an einem Tag miteinander kombiniert werden.

Der Ausflug beginnt morgens mit der Besichtigung des **Khlong Phlu Wasserfalls** an der Westküste. Das dort gekaufte Ticket kann am selben Tag für den Besuch weiterer Orte im Osten der Insel verwendet werden. Im Nordosten der Insel befindet sich der schöne chinesische Tempel **Godess Tub Tim Shrine** und der große **Than Mayom Wasserfall.**

Entlang der Straße nach Süden kann ein Zwischenstopp in **Ronnie's Organic Coconut Garden** eingelegt werden. Hier werden gute thailändische Gerichte und hervorragende Kuchen verkauft. Der Garten und die ungewöhnliche Toilette des Restaurants sind sehenswert.

Auf dem Weg in Richtung Süden erreicht man den **Ao Ka Rang.** Hier erhält man einen schönen Ausblick auf die große Bucht. Anschließend gelangt man zum ruhigen **Long Beach**, zum **Ko Chang Memorial** und zu den Booten auf die kleine **Insel Ko Ngam.** Auf Ko Ngam befindet sich eine palmenbewachsene Landzunge mit zwei direkt gegenüberliegenden Stränden. Die kurze Überfahrt erfolgt mit dem Kajak oder einem Motorboot. Gelegentlich muss vorab eine ausgehängte Telefonnummer angerufen werden. Das Ticket für den Nationalpark wird auf der Insel verkauft beziehungsweise kontrolliert.

Das nächste Ziel ist der größte Ort des Ostens, **Salak Phet.** Hier befinden sich einige Restaurants, Cafés und Homestays. Sehenswert sind die prächtigen Malereien im **Wat Salak Phet** und der Steg im **Salak Phet Mangrove Forest.** Die 520 m lange Holzbrücke ermöglicht einen atmosphärischen Spaziergang durch die Mangroven. Der Weg öffnet sich malerisch zur Bucht. Am westlichen Ufer der Bucht erhält man am **White Buddha Viewpoint** einen herrlichen Ausblick. Im unterhalb gelegenen **Aoy's Little Farm & Bakery** werden liebevoll zubereitete Backwaren und herzhafte Speisen serviert. Sehr geübte Rollerfahrer können über eine sehr schwer befahrbare Straße weiter zum schönen **Wai Chaek Beach** fahren.

Strände

Koh Changs Strände sind häufig lang, verhältnismäßig breit, aber werden stark von den **Gezeiten** beeinflusst.

Entlang der **Westküste** befinden sich zahlreiche Strände, die größtenteils optimal in Richtung Sonnenuntergang ausgerichtet sind. Der **Klong Son Beach** ist der nördlichste Strand der Insel. Der ruhige, stark von den Gezeiten beeinflusste Strand eignet sich gut für lange Spaziergänge. Der kilometerlange **White Sand Beach** ist einer der beliebtesten Badestrände der Insel. Entlang des Strandes erwartet einen gut ausgebaute touristische Infrastruktur.

Weiter südlich liegt der in drei Abschnitte unterteilte **Klong Prao Beach.** Der schönste und belebteste Strandabschnitt ist der nördliche **Chai Chet Beach.** Am südlichen Ende des Klong Prao Beach geht es noch ruhiger, bei ebenfalls schöner Kulisse, zu. Dieser Strandabschnitt wird jedoch stärker von den Gezeiten beeinflusst. Der mittlere Strandabschnitt wird sehr stark von den Gezeiten beeinflusst. Wenige Fahrminuten weiter südlich befindet sich der **Kai Bae Beach.** Der Badestrand wird ebenfalls stark von den Gezeiten beeinflusst, aber bietet dafür schnellen Zugang zum aufstrebenden, beliebten Ort Kai Bae.

Die Straße nach Süden führt weiter zum **Lonely Beach.** In der Nähe des schönen Strandes liegt ein Ort mit Angeboten des Nachtlebens, der ein vorwiegend junges Publikum anzieht. Im tiefen Süden der Insel bietet der **Klong Kloi Beach** eine schöne Kulisse abseits der Badeorte.

Die Strände entlang der **Ostküste** werden größtenteils durch **Mangroven** geprägt und eignen sich kaum zum Baden. Im tiefen **Süden der Ostküste** befinden sich jedoch wunderschöne, abgelegene Strände. Entlang einer Panoramastraße auf der südöstlichsten Landzunge erreicht man den ruhigen **Long Beach.** Bei Flut wird der Strand allerdings häufig gänzlich überschwemmt. Ausgehend vom großen Fischerort Salak Phet kann man über eine sehr schwer befahrbare Straße den abgelegenen, malerischen **Wai Chaek Beach** erreichen. Die Anfahrt mit dem Boot ist deutlich leichter.

Sehenswert

Kai Bae Viewpoint: Der Aussichtspunkt liegt unmittelbar an der Straße entlang der Westküste und ermöglicht einen schönen **Ausblick auf die vorgelagerten Inseln** und in Richtung **Sonnenuntergang.** Direkt am Aussichtspunkt befinden sich Terrassen und ein Café.

Wasserfälle der Westküste: Der **Khlong Phlu Wasserfall** kann ausgehend vom Parkplatz über einen 500 m langen Dschungelpfad erreicht werden. Am Ende des Weges fällt das Wasser aus großer Höhe in ein vorgelagertes Becken, in dem man schwimmen kann. Das Ticket für den Khlong Phlu Wasserfall gilt am selben Tag auch für **Wasserfälle auf der Ostseite** der Insel und den Besuch auf der **Insel Ko Ngam.**

Eintritt: 100 THB.

Weitere Wasserfälle der Westküste, wie beispielsweise der **Khlong Chao Lueam Wasserfall** und der **Kai Bae Wasserfall,** sind während der **Trockenzeit** kaum sehenswert.

Koh Chang Ghost Ship (Laguna Resort): Auf dem Gelände des verlassenen Laguna Resorts befindet sich das bekannte **Geisterschiff von Koh Chang.** Das Schiff gehört zu den **beliebtesten Fotomotiven** der Insel. Entlang der Zufahrtsstraße muss eine Gebühr gezahlt werden. Gelegentlich ist das Gelände nicht zugänglich. Das Geisterschiff an sich darf nicht betreten werden, auch wenn einigen Touristen Zugang gewährt wird. Der angrenzende Strand ist schön und wird kaum besucht.

GPS: N 11.982917, E 102.326959 (Zufahrtsstraße)

Eintritt: 150 TBH.

Fischerdorf Bang Bao: Das Fischerdorf Bang Bao befindet sich im tiefen Süden der Insel. Ein überdachter Steg durchzieht die **Stelzenhäuser** der flachen Bucht. Hier haben sich zahlreiche Seafood-Restaurants, Souvenirshops, Tourenanbieter,

Bild 1: Sonnenuntergang am Kai Bae Viewpoint | Bild 2: Beliebtes Fotomotiv „Lonely Tree in the Sea“ | Bild 3: Stelzenhäuser in Bang Bao | Bild 4: Das Geisterschiff im Laguna Resort

Tauchschulen sowie wenige Unterkünfte niedergelassen. Am Ende des Dorfes gelangt man auf den großen **Bang Bao Pier.** Hier legen Ausflugsboote, Fischerboote, Tauchboote und die Boote auf die Nachbarinseln Koh Mak und Koh Kood an. Am Ende des Piers befindet sich ein **Leuchtturm.** Nördlich des Dorfes kann im **Wat Bang Bao** eine sehenswerte Meditationshalle aus Holz besichtigt werden. Nordöstlich des Dorfes liegt die **Bar Rasta View** mit Ausblick auf das Dorf in der Bucht.

Tempel: Der **Wat Khlong Phrao** ist der sehenswerteste buddhistische Tempel der Insel. Die Rasenflächen des Tempels wirken im Vergleich zu den meisten Tempeln des Landes ungewohnt.

Weiter nördlich liegt der prächtige chinesische Tempel **Chao Por Shrine.**

In der Umgebung

Ko Wai: Ko Wai ist ein ***wahrhaftes Inselparadies,*** das sich als ***Übernachtungsstopp*** auf dem Weg von Koh Chang nach Koh Mak anbietet. Bootstransfers nach Ko Wai können vor Ort gebucht werden. Alternativ können ***Tagestouren*** von Koh Chang nach Ko Wai und zu weiteren kleinen Inseln wie beispielsweise **Ko Rang, Ko Khlum** und **Ko Yak** gebucht werden.

Der Wat Khlong Phrao ist von Rasenfläche umgeben

Auf Koh Mak liegt Entschleunigung in der Luft

Koh Mak 5 2

Palmenhaine, Kautschukplantagen, rotbraune Erde und eine entspannte Atmosphäre prägen die lediglich ***12,5 km² kleine, flache Insel*** Koh Mak. Entlang der Küsten liegen einige schöne Strände. Komfortable Hotels, Villen und Ferienhäuser laden hier zum Entspannen ein. Die umgebenden Inseln bieten zudem herrliche Kulissen und einige der ***schönsten Tauch- und Schnorchelplätze des Landes.*** Trotz der geringen Größe der Insel sorgen Restaurants, Geschäfte, eine Apotheke und sogar Ärzte für eine ***grundlegende Versorgung.*** Ausgeprägtes Nachtleben gibt es nicht. Koh Mak befindet sich im ***Privatbesitz*** einiger Familien, die das Geschehen auf der Insel bestimmen. Die wenigen hundert Inselbewohner streben eine möglichst ***nachhaltige*** und ***klimafreundliche Entwicklung des Tourismus*** an und haben eigene Inselregeln aufgestellt, die jeder Besucher auf Schildern nachlesen kann. Innerhalb von ein bis drei vollen Tagen können große Teile der Insel mit Fahrrädern, E-Bikes, Motorrollern, Golfwagen oder Taxis erkundet werden. Vier volle Tage ermöglichen es, die ruhige Atmosphäre der Insel zu genießen und mehrere Tauch- und Schnorchelausflüge zu unternehmen.

Info

Unsere Tipps für Koh Mak

- Der **Geldautomat** auf Koh Mak ist nicht zuverlässig. Nimm ausreichend **Bargeld** mit auf die Insel!
- Von **Mai bis Oktober** schließen viele Unterkünfte und Geschäfte. Viele direkte Bootsverbindungen zu den Nachbarinseln werden dann eingestellt. Die genauen Daten der Einstellung und Wiederaufnahme der Bootsverbindungen variieren im Jahresvergleich.
- Am Abend fliegen sehr viele **Mücken** auf der Insel. Denk an geeigneten **Mückenschutz.** An den Stränden der Insel können zudem **Sandfliegen** vorkommen. Mückenschutzmittel und Kokosnussöl sind vor Ort verfügbar.
- Bei **Nong Thai Massage** arbeiten hervorragend ausgebildete Masseurinnen.

Nützliches

Anreise: Von den ***Nachbarinseln*** Koh Chang und Koh Kood werden von Mitte Oktober bis Anfang Mai viele ***Transfers mit Schnellbooten*** und langsamen ***Holzbooten*** nach Koh Mak angeboten. Während der ***Nebensaison*** werden nur wenige direkten Bootsverbindungen angeboten. ***Festlandfähren*** legen ganzjährig, mehrmals täglich vom ***Laem Ngop Pier*** ab. Das letzte Boot legt am frühen Nachmittag ab. Weniger Boote legen vom ***Laem Sok Pier*** ab. Von Juni bis November wird die Anzahl an Bootsverbindungen reduziert. Vor der Anreise sollte man sich über lokale Reisebüros über die ***aktuellen Fahrpläne*** informieren.

Von ***Bangkok*** können die Piere mit ***Bussen*** und ***Taxis*** innerhalb von ungefähr sechs Stunden erreicht werden. ***Flüge*** von Bangkok nach Trat dauern etwas mehr als eine Stunde und stellen letztendlich dennoch nur eine minimale Zeitersparnis dar. Am Flughafen in Trat warten Taxis zu den Pieren.

Unterkunft: Die meisten Unterkünfte befinden sich am ***Ao Kao Beach*** und am ***Ao Soun Yai*** Beach. In den Unterkünften abseits dieser beiden Hauptstrände geht es noch ruhiger zu.

Das Hotel ***By The Sea*** liegt direkt an einem schönen Abschnitt des Ao Kao Beach und besticht durch modernes Design und die fußläufige Lage zu Restaurants, Cafés, Geschäften und Bars.

Preiskategorie: €€

Die günstige, liebevoll geführte Unterkunft ***Hanoii House*** liegt abseits der Strände und bietet eine gute Ausgangslage zur Erkundung der Insel.

Preiskategorie: €

Kulinarisches: Die Auswahl an Restaurants auf Koh Mak ist klein, aber gut. Viele Restaurants bieten thailändische und internationale Küche zu guten Preisen an.

Im ***Tabletales Restaurant*** wird hervorragendes Massaman-Curry nach einem alten Familienrezept serviert.

Massaman-Curry mit Familientradition

Überraschend gute italienische Pizza wird im ***Little Red Oven*** serviert.

Für frischen Fisch und Meeresfrüchte ist das Restaurant ***Koh Mak Seafood*** eine hervorragende Wahl.

Zum Frühstück bieten sich die liebevoll geführte Bäckerei ***Sweet Cake*** und das moderne ***Ball Café*** an.

Aktivitäten

Schnorcheln und Tauchen: Von Koh Mak aus können einige der ***schönsten Tauch- und Schnorchelplätze Thailands*** leicht erreicht werden. Zwischen Dezember und April sind die Sichtverhältnisse hier häufig optimal. Insbesondere im Bereich der ***Insel Ko Rang*** und in abgelegenen Buchten wie beispielsweise der ***Ao Lom Bay*** kann man ***lebendige Korallen*** und eine große Artenvielfalt sehen. Tauchgänge zum ***Schiffswrack der HTMS Chang*** werden ebenfalls angeboten. Die professionell ausgestattete Tauchschule ***Koh Mak Divers*** bietet Ausflüge zum Schnorcheln und Tauchen an. Tauchkurse nehmen drei bis vier Tage in Anspruch.

Web: www.kohmakdivers.com

Wanderung zum Turtle Beach: Der kaum besuchte Turtle Beach liegt an der ***nördlichen Spitze der Insel.*** Hier blickt man malerisch auf die vorgelagerten Inseln und die beeindruckend hohen Berge von Koh Chang. Gelegentlich können im flachen, türkisen Wasser des Strandes ***Meeresschildkröten*** beobachtet werden. Vom ***Happy Days Resort*** muss man entlang des Ao Soun Yai Beach nach Norden laufen. An der schmalsten Stelle der Landzunge

Am Turtle Beach im Norden Koh Maks

verlässt man den Strand und stößt nach einigen Metern auf einen unbefestigten Weg in Richtung Turtle Beach. Die **leichte Wanderung** dauert ungefähr 30 Minuten.

GPS: N 11.833654, E 102.469591 (Abzweigung vom Strand in den Wald)

Weitere Aktivitäten: Im **Roja Studio of Art** werden Batik-Kurse angeboten. Touristen können sich wie auf vielen thailändischen Inseln zudem an den **Reinigungsaktionen** von **Trash Hero** beteiligen.

Web: www.trashhero.org

Yoga-, Koch- und Thaiboxkurse werden ebenfalls vor Ort angeboten.

Mit dem **Kajak** und geführten Touren können die Inseln Ko Rayang Nok und Ko Rayang Nai besucht werden. Wenige Anbieter ermöglichen **Angelausflüge,** Bootsfahrten zum Sonnenuntergang und Inselrundfahrten.

Für Tierliebhaber lohnt sich ein Besuch der **Koh Mak Animal Clinic.**

Web: www.kohmakanimalclinic.com

Das Roja Studio of Arts bietet Batik-Kurse an

Strände

Koh Maks Strände kennzeichnen sich durch schöne Kulissen und mittelfeinen Sand. Die Strände werden allerdings stark durch die **Gezeiten** beeinflusst, das Wasser ist auch bei Flut häufig flach und gelegentlich kommen **Sandfliegen** vor.

Der **Ao Soun Yai Beach** ist der nordwestliche Hauptstrand der Insel. Hier befinden sich einige Hotels und Resorts. Die touristische Infrastruktur ist abseits der Unterkünfte schwach ausgebaut. Der nordöstliche Strandabschnitt ist nahezu unbebaut und bietet schöne Ausblicke in Richtung Sonnenuntergang. Die Insel **Ko Kham** liegt dem Strand unmittelbar vorgelagert. Der benachbarte, isolierte **Strand am Mira Montra Resort** kennzeichnet sich durch sehr hellen Sand und türkises Wasser.

Der **Ao Kao Beach** ist der südwestliche Hauptstrand der Insel. Entlang des zentralen Strandabschnittes liegen einige Unterkünfte. An der Straße im Hinterland haben sich Restaurants, Cafés und Geschäfte angesiedelt. Im Bereich der östlichen und westlichen Enden der Bucht befinden sich teilweise abgetrennte Abschnitte, an denen es sehr ruhig zugeht.

An der östlichen Spitze der Insel liegt der ruhige **Ao Laem Son.** Vom Strand

Bild 1: Der Pebble Beach eignet sich zwar nicht zum Baden, ist aber trotzdem sehenswert |
Bild 2: An der Nord-Ost-Küste ist der Sand dunkler und das Wasser sehr flach

Der Bodhi-Baum am Wat Samakeetham

können Ausflüge auf die Nachbarinsel **Ko Kradat** unternommen werden.

Die Strände der nordöstlichen Küste kennzeichnen sich durch dunkleren Sand, sehr flaches Wasser und Mangroven. Im Südosten der Insel befinden sich ***felsigere Strände,*** die bei Flut häufig vollständig überschwemmt werden.

Sehenswert

Aussichtspunkte: Am ***Cape Kradun*** blickt man auf die südliche Langzunge von Koh Mak. Am ***Cape Tukata*** erhält man einen Ausblick auf das offene Meer und die vorgelagerten Inseln. Unterhalb des Aussichtspunktes befindet sich der ***Pebble Beach,*** der mit seinen scharfen Vulkansteinen und den großen, runden Kieseln einen starken Kontrast zu den anderen Stränden der Insel darstellt.

Vom ***Strand am Happy Days Resort*** bietet sich ein schöner Ausblick in Richtung Sonnenuntergang und auf die vorgelagerte Insel Ko Kham. Die **Blue Pearl Bar** am Ende des Ao Pra Piers gehört zu den beliebtesten Orten zum Sonnenuntergang. Der kostenpflichtige Zugang erfolgt über das **Cococape Resort.**

Schöne Ausblicke in Richtung Sonnenuntergang erhält man auch in der ***Banana Sunset Bar,*** im ***Ta-Lay Time Restaurant*** und von der **White Sand Rooftop Bar.**

Wat Samakeetham (Wat Koh Mak): Der Wat Samakeetham liegt auf der südlichen Landzunge der Insel und überblickt das vorgelagerte Meer. Auf dem Gelände des kleinen Tempels befinden sich ein ***großer Bodhi-Baum,*** goldene ***Buddhafiguren*** und eine ***Meditationshalle.*** Der Tempel wird von wenigen Touristen besucht.

Cinnamon Scenic Boardwalk: Der große ***Holzsteg am Ao Tan Beach*** führt weit hinaus aufs Meer und ist ein beliebtes Fotomotiv. Rund um den Steg schwimmen häufig viele Fische.

Kingdom of Somchai's Affection: Im Hinterland des Ao Soun Yai Beach hat ein Inselbewohner zahlreiche, häufig ***skurrile Statuen und Kunstwerke*** erbaut, die einen interessanten ***Zwischenstopp*** auf Rundfahrten über die Insel darstellen können. Die Bauten stehen versteckt im Wald.

In der Umgebung

Ko Kradat: Auf der großen, flachen Insel Ko Kradat befindet sich ein ***kleines Fischerdorf***, in dem eine ***Herde freilaufender Rehe*** lebt. Bei flachen Wasserständen kann man an der nördlichen Spitze der

Bild 1: Auf Ko Kradat leben freilaufende Rehe| Bild 2: Unterwegs mit dem Rollertaxi auf Ko Kradat | Bild 3: Malerische Strandidyllle auf Ko Kham

Ko Kham: Schwarzes Lavagestein trifft auf türkis-leuchtendes Meer

Insel über eine Sandbank zu den kleinen Inseln Ko Nok Nok und Koh Nok Nai sowie zum Lonely Tree in the Sea laufen. Ausgehend vom Laem Son Beach fahren Boote nach Ko Kradat. Alternativ kann man über Unterkünfte auch Abholungen an weiteren Stränden organisieren. Der Preis für die Hin- und Rückfahrt beinhaltet eine Tour mit dem Rollertaxi auf Ko Kradat. Der Ausflug dauert zwei bis vier Stunden.

Ko Kham: Auf der kleinen Insel Ko Kham befindet sich ***einer der schönsten Strände Thailands.*** Weißer Sand, Palmen, türkises Wasser, Lavagestein und eine bunte Unterwasserwelt erzeugen eine ***traumhaft schöne Szenerie,*** die allerdings in Teilen künstlich erschaffen wurde. Im vorgelagerten Meer können ***Schwärme fliegender Fische*** beobachtet werden. Das einzige Hotel der Insel wurde nie eröffnet. Ko Kham ist dem Ao Soun Yai Beach unmittelbar vorgelagert. ***Transfers mit Motorbooten*** können von 9 bis 15 Uhr beispielsweise im ***Koh Mak Resort*** gebucht werden. Alternativ ist die Insel mit dem ***Kajak*** erreichbar. Am Morgen geht es auf Ko Kham ruhig zu. Im Laufe des Vormittags kommen zunehmend mehr Touristen von Koh Mak und den Nachbarinseln auf der Insel an. Der Ausflug dorthin dauert ein bis drei Stunden.

Koh Kood 3

Koh Koods ***weiße Sandstrände*** zählen zu den schönsten des Landes und dennoch ist die ***touristische Infrastruktur*** der Insel weiterhin vergleichsweise ***schwach ausgebaut.*** Große Teile Koh Koods sind nicht erschlossen und werden von ***dichtem Dschungel*** bedeckt, in dem sich einige sehenswerte Wasserfälle und beeindruckend hohe Bäume befinden. An der Ostküste liegen ***ursprüngliche Fischerdörfer***. In der Regel empfiehlt es sich, Besuche Koh Koods mit Aufenthalten auf den beiden Nachbarinseln Koh Chang und Koh Mak zu verknüpfen, um eine Reise mit ruhigen Strandtagen abzurunden.

Nützliches

Anreise: Von den Nachbarinseln Koh Chang und Koh Mak fahren von Mitte Oktober bis Anfang Mai **Schnellboote** und ***langsamere Fähren*** nach Koh Kood. Viele Schnellboote halten unmittelbar an den Zielstränden der Fahrgäste. Bei Ankunft an einem der Piere erfolgt der Transfer zur Unterkunft mit **Sammeltaxis.** Während der **Nebensaison** werden deutlich weniger direkten Bootsverbindungen angeboten. **Festlandfähren** legen ganzjährig, mehrmals täglich am **Laem Sok Pier in Trat** ab. Das letzte Boot legt am frühen Nachmittag ab. Von Juni bis November wird die Anzahl an Bootsverbindungen reduziert. Vor der Anreise sollte man sich über lokale Reisebüros über die aktuellen Fahrpläne informieren.

Von **Bangkok** gelangt man mit **Bussen** und **Taxis** innerhalb von etwa sechs bis sieben Stunden zum Pier. **Flüge** von Bangkok nach Trat dauern etwas mehr als eine Stunde und stellen letztendlich dennoch nur eine minimale Zeitersparnis dar. Am Flughafen in Trat warten **Taxis** zum Pier.

In der Ao Yai Bucht auf Koh Kood

Info

Unsere Tipps für Koh Kood

- Wir empfehlen dir, einen eigenen **Motorroller** zu mieten. Taxifahrten sind teuer. Die wenigen, ruhigen **Straßen** sind **gut befahrbar.**
- Der kleine **Ao Noi Beach** ist unser **Lieblingsstrand** der Insel. Der Zugang erfolgt über die davor liegende Hotelanlage.
- Es gibt gelegentlich **Sandfliegen** auf Koh Kood. Auch vor Ort verfügbare **Mückenschutzmittel** und/oder **Kokosnussöl** schaffen Abhilfe.
- Von **Mai bis Oktober** schließen viele Unterkünfte und Geschäfte. Viele direkte Bootsverbindungen zu den Nachbarinseln werden dann eingestellt. Die genauen Daten der Einstellung und Wiederaufnahme der Bootsverbindungen variieren im Jahresvergleich.
- Mit vorheriger Anmeldung über Facebook oder Instagram kannst du die Hunde im **Sabai Dog** besuchen und die leidenschaftliche Arbeit des Betreiberpaares unterstützen.

Unterkunft: Entlang der ***Westküste*** und im ***Süden*** der Insel haben sich vorwiegend ***gehobenere Unterkünfte*** und ***luxuriöse Resorts*** angesiedelt. In kleineren Buchten und abseits der Strände findet man ***günstige Unterkünfte.*** Die dichteste touristische Infrastruktur erwartet einen im Einzugsgebiet des ***Khlong Chao Beach.*** Weiter südlich liegen die schönsten Strände der Insel. Am ***Ao Tapao Beach*** und weiter nördlich geht es noch ruhiger zu.

Die Anlage des ***Siam Beach Resort*** stellt eine schöne Alternative zu den teureren Resorts am Bang Bao Beach dar.

Preiskategorie: €€

Die Bungalows und Villen des ***Paradise Beach Resort*** bieten schnellen Zugang zum Ao Tapao Beach. Der rote Swimmingpool der Anlage ist ungewöhnlich. Die Zimmer im Hinterhaus liegen allerdings weit abseits des Strandes.

Preiskategorie: €€€

Kulinarisches: Die Auswahl an Restaurants ist kleiner als auf vielen anderen Inseln in Thailand. Viele Touristen essen vorwiegend in ***hoteleigenen Restaurants.***

Eine gute Auswahl an vegetarischen und veganen Gerichten gibt es im ***Mandala.***

Im ***Pizza & Pasta*** wird hervorragende italienische Küche serviert.

Das moderne ***Kood Vibes*** bietet internationale Gerichte an.

Rund um den Sonnenuntergang empfiehlt sich ein Besuch der ***Hidden Gem by Monkey Bar*** am Bang Bao Beach. Hier werden gute Cocktails und internationale Speisen angeboten.

Auf dem ***Koh Kood Night Market*** wird jeden Abend eine kleine Auswahl an thailändischem und internationalem Streetfood angeboten. Von ***Mai bis Oktober*** schließen der Nachtmarkt und viele Restaurants der Insel.

Der Ao Tapao Beach: Ein beliebter Badestrand mit einigen Resorts in der Umgebung

Aktivitäten

Inselrundfahrten: Geführte Inselrundfahrten führen zu den schönsten Stränden, Wasserfällen und Sehenswürdigkeiten. Unterschiedliche ***Halbtages- und Tagesprogramme*** können über Unterkünfte und Tourenanbieter kurzfristig gebucht werden.

Bootstouren: ***Abgelegene Buchten*** und die ***Mangroven-Khlongs*** der Insel können auf geführten Bootstouren besichtigt werden. Touren können in Unterkünften und bei Reisebüros gebucht werden. Alternativ können ***Kajaks*** und ***SUP-Boards*** ausgeliehen werden.

Tauchen und Schnorcheln: Rund um Koh Kood und in der Umgebung der Nachbarinsel Koh Mak liegen zahlreiche ***Tauch-***

Thailändisches Streetfood auf dem Koh Kood Night Market

plätze mit lebendigen Korallen und ***bunten Unterwasserwelten.*** Der tiefste Tauchplatz ist das Wrack der ***HTMS Chang.*** Tauchschulen bieten Schnuppertauchkurse, Zertifizierungen, freie Tauchgänge und Schnorcheltrips an. ***BB Divers*** und ***Paradise Divers*** sind die bekanntesten Tauchschulen der Insel.

Web: www.bbdivers-koh-kood.com; www.kohkood-paradisedivers.com/de

Strände

Im ***Westen und Süden*** der Insel befinden sich zahlreiche Strände mit weißem Pudersand, angrenzenden Kokospalmen und türkis leuchtendem Wasser. Entlang der ***Westküste*** erhält man schöne Ausblicke in Richtung Sonnenuntergang.

Im tiefen ***Süden der Insel*** liegt der malerische, ruhige ***Ao Phrao Beach.*** Am benachbarten ***Ao Jark Beach*** spenden Bäume mehr Schatten für lange Strandtage.

Weißer Sand, strahlend türkises Wasser und Palmen im Meer erzeugen am ***Haad Khlong Hin*** eine schöne Kulisse. Das Wasser ist hier jedoch häufig zu flach zum Baden.

Weiter nordwestlich befindet sich der ***Bang Bao Beach.*** Der Strand wird malerisch von zwei Landzungen eingerahmt. Mehrere Holzstege führen weit hinaus über das türkise Wasser der Bucht und bieten Ausblicke auf den Postkartenstrand.

Der ***Khlong Chao Beach*** gehört zu den belebtesten Stränden der Insel. Am südlichen Ende befindet sich ein breiter Abschnitt mit weißem Sand. Am nördlichen Ende mündet ein großer Khlong ins Meer. Entlang des gesamten Strands liegen Unterkünfte.

Der nördlich gelegene, kaum besuchte ***Ao Noi Beach*** bietet eine traumhafte Kulisse mit türkisem Wasser und schwarzem Lavagestein. Der Zugang zum Strand ist nur über das vorgelagerte Resort möglich.

Entlang des langen ***Ao Tapao Beach*** haben sich mehrere Resorts angesiedelt. Der Strand ist einer der beliebtesten Badestrände auf Koh Kood. Bei Wind kann es hier jedoch zu stärkerem Wellengang kommen. Am nördlichen Strandende befindet sich ein großer Betonpier. Die südlichen Abschnitte sind kaum bebaut.

Info

Weiterreise nach Kambodscha

Die Provinz Trat grenzt an das **Königreich Kambodscha.** Von den Inseln des östlichen Golfes sind Reisen in das Nachbarland unkompliziert möglich. Der **Grenzübergang Khlong Yai** ermöglicht Reisen an die kambodschanische Küste und auf die vorgelagerten Inseln.

Durchgebuchte Transfers können auf den Inseln des östlichen Golfs organisiert werden. Alternativ können vor Ort Transfers über die **Grenze bei Aranyaprathet** gebucht werden, um zu den **Tempeln von Angkor** und in die **Stadt Battambang** zu gelangen.

Bild 1: Den traumhaften Ao Noi Beach erreicht man durch das davorliegende Resort |
Bild 2: Malerische Kulisse am Bang Bao Beach

1

2

3

Bild 1: Der Khlong Chao Wasserfall | Bild 2: In den Wurzeln des Sai Yai Big Chai Tree findet man kleine Figuren | Bild 3: Aussicht vom Wat Ao Salad auf den sitzenden Buddha

Weiter **nördlich** liegen kleinere Strände wie beispielsweise der **Klong Mad Beach** und der **Yai Kee Beach**. Der **Khlong Han Beach** ist der nördlichste, leicht zugängliche Strand der Insel. Entlang des weißen Strandes befinden sich viele Palmen und nur wenige Unterkünfte.

Sehenswert

Wasserfälle: Am **Khlong Chao Wasserfall** fallen die Wassermassen in ein ausgedehntes Schwimmbecken, das in ein felsiges Flussbett übergeht. Ausgehend vom Parkplatz kann der Wasserfall entlang eines Waldweges leicht erreicht werden.

Der **Khlong Yai Kee Wasserfall** eignet sich häufig ebenfalls sehr gut zum Baden. Eine steile Treppe führt vom Parkplatz zum Wasserfall hinab. Oberhalb des Wasserfalls wird bei **Mr. & Mrs. Coconut** hervorragendes Kokosnusseis aus eigener Produktion verkauft.

Der **Huang Nam Khiao Wasserfall** liegt tief im Inneren der Insel. Entlang eines felsigen Flussbettes befinden sich mehrere Kaskaden. Vom Parkplatz führt eine Treppe zum Wasserfall. Im Februar, März und April können die Wasserfälle austrocknen.

Heilige Bäume: Im dichten Dschungel des Inselinneren befinden sich zwei beeindruckende, **jahrhundertealte** Bäume, die als **Heiligtümer** gelten. Die Bäume sind ausgehend von der Straße zum Huang Nam Khiao Wasserfall gut mit dem Roller erreichbar. Lediglich die letzten Meter führen zu Fuß durch den Wald.

Der beeindruckend hohe und breite **Makayuk Tree** wird häufig hübsch geschmückt. Der nahegelegene **Sai Yai Big Chai Tree** beeindruckt durch sein faszinierendes Wurzelgeflecht. In den Flachwurzeln liegen einige Figuren und Statuen.

Fischerdorf in der Ao Yai Bucht: Das kleine Fischerdorf in der Ao Yai Bucht ist ein **beliebtes Ausflugsziel** im Südosten der Insel. **Seafood-Restaurants** bieten hier fangfrischen Fisch an. Entlang der zuführenden Straße erhält man einen schönen Ausblick auf das Dorf.

Wat Ao Salad: Der Wat Ao Salad wurde oberhalb des Fischerdorfes, im Nordosten der Insel, erbaut. Vom **Aussichtsturm des Tempels** erhält man einen schönen Ausblick auf einen **sitzenden Buddha,** das Dorf und die Bucht. Die Treppen des Turms sind schmal und steil.

Weitere Sehenswürdigkeiten: Im Hinterland des Ao Phrao Beach bietet der **Wat Ao Phrao** einen schönen Ausblick auf die Bucht. Entlang eines kurzen Wanderweges kann der **Khao Rea Rob** erreicht werden. Hier befindet sich ein **Denkmal** für den Prinzen von Chumphon.

Thailand
»inside«

Entwicklung des Massentourismus

» Zahlreiche Reiseziele haben mit Übertourismus und den damit verbundenen Problemen zu kämpfen. «

Streetfood in Thailand

Eine außergewöhnliche Vielfalt von Aromen, Geschmacksnoten und Texturen.

Thailand »inside«

Thailand aktuell

Tourismus

Kultur

Sport

Special: Die Geschichte Thailands

Regierung und Politik

Die innenpolitischen Verhältnisse in Thailand sind komplex und ***Gegenstand fortlaufender Diskussionen*** und ***Umwälzungen.*** Nach langen politischen Unruhen kam es im Jahr 2014 zu einem Militärputsch. Die hierbei eingesetzte Militärjunta, unter Führung des Ministerpräsidenten General Prayut Chan-o-cha, trat mit dem Anspruch an, das ***Land innenpolitisch zu stabilisieren*** und ***freie Wahlen*** abzuhalten. In den Folgejahren wurden der Militärregierung Unterdrückung Oppositioneller und Medienzensur vorgeworfen.

» Die ersten Parlamentswahlen fanden erst im Jahr 2019 statt und wurden von Manipulationsvorwürfen begleitet. «

Die eingesetzte ***Koalition aus 19 Parteien*** verdeutlichte die ***tiefe politische Uneinigkeit*** in Thailand. Prayut Chan-o-cha blieb Ministerpräsident. Die thailändische Opposition stellte die ***Legitimität der neugebildeten Regierung*** fortlaufend in Frage.

» Bei den erneut von Unregelmäßigkeiten überschatteten Parlamentswahlen im Jahr 2023 gewann die Move Forward Party. «

Diese war unter Führung von Pita Limjaroenrat mit ***weitreichenden Reformversprechen*** zur Wahl angetreten. Im Zuge eines langwierigen Prozesses ***scheiterte die Regierungsbildung*** unter Führung der stärksten Partei. Die Ernennung Pitas zum Ministerpräsidenten wurde durch die vom Militär ernannten Senatoren verhindert. Letztendlich wurde eine ***Koalition unter Führung der zweitstärksten Partei,*** der Pheu Thai Party, gebildet. Srettha Thavisin erhielt in beiden Parlamentskammern, im vom Volk gewählten Repräsentantenhaus und im von Militär ernannten Senat die Mehrheit der Stimmen und wurde Ministerpräsident. Srettha Thavisin war der einzige Kandidat und führt seit Herbst 2023 eine ***Koalition aus 11 Parteien,*** zu der zwei pro-militärische Parteien gehören.

» Die Move Forward Party ist kein Mitglied der Regierung. «

Die Regierungskoalition verbleibt Gegenstand fortlaufender Diskussionen.

2023 zum Regierungschef ernannt: Srettha Thavisin

Die Krönung des derzeitigen Königs Maha Vajiralongkorn (Rama X)

Die Königsfamilie

Die thailändische Königsfamilie nimmt eine ***bedeutende historische, gesellschaftliche und kulturelle Rolle*** in Thailand ein. Jahrhundertelang existierten im heutigen Thailand teilweise unabhängige Königreiche, wie beispielsweise Lanna, Sukhothai, Ayutthaya und Thonburi.

Das ***heutige Königshaus der Chakri Dynastie*** geht auf General Phraya Chakri zurück, der im Jahr 1782 Bangkok als Hauptstadt des Königreichs ausrief und fortan als erster König (Thai: Rama I) der Dynastie regierte.

» Phraya Chakri und seine Nachfolger haben die Geschichte des Landes nachhaltig beeinflusst und trugen maßgeblich dazu bei, die Unabhängigkeit Thailands trotz zunehmenden westlichen Einflusses zu bewahren. «

Seit 1932 ist Thailand eine ***konstitutionelle Monarchie***, dessen Oberhaupt seit 2016 Maha Vajiralongkorn ist. Der bisher zehnte König (Rama X) der Chakri-Dynastie ist der einzige Sohn des weiterhin hochangesehenen König Bhumibol Adulyadej (Rama IX).

» König Bhumibol Adulyadej wird weithin als „Vater der Nation“ gesehen. «

Gemeinsam mit seiner Gattin Königin Sirikit hat er von 1946 bis 2016 großen Einfluss auf die wirtschaftliche und gesellschaftliche Entwicklung des Landes genommen.

Abseits zeremonieller Aufgaben übernehmen der König und viele Mitglieder der Königsfamilie ***Aufgaben in Wohlfahrtsverbänden und Naturschutzprojekten.*** Die Königsfamilie ist trotz bestehender Diskussionen hochangesehen. Touristen sollten sich grundsätzlich respektvoll gegenüber Mitgliedern und Darstellungen der Königsfamilien verhalten. **Diskussionen über das Königshaus** verbieten sich im Austausch mit Thais, da diese als ***Majestätsbeleidigung*** interpretiert werden können.

» Kritik am Königshaus wird gesetzlich streng reguliert und steht unter Strafe. «

Das ***Treten auf Münzen und Geldscheine*** ist ebenfalls strafbar und auch das ***Zerknüllen eines Geldscheines*** mit dem Abbild des Königs wird als Majestätsbeleidigung geahndet.

Bergvölker im Norden Thailands

Trotz zunehmender Modernisierung des Landes beheimatet Thailand weiterhin ungefähr eine ***halbe Million Angehörige verschiedener Bergvölker.*** Die Völker der Karen, Hmong, Lhu, Akha, Lawa, Yao, Lisu, Khamu, Htin, Malabi sowie weitere ethnische Minderheiten leben vorwiegend in kleinen Siedlungen Nordthailands und betreiben in Tälern sowie an Berghängen ***Landwirtschaft.***

» Bis heute haben viele Gemeinschaften ihre Traditionen, Sprachen und Lebensweisen weitestgehend bewahrt. «

Angehörige des Akha-Bergvolks beim Pflücken von Teeblättern

Auf Inseln wie Phuket muss man mit Touristenmassen rechnen

Besuche in den Dörfern der Bergvölker bieten Einblicke in diese einzigartigen Gemeinschaften und sollten dennoch ***kritisch hinterfragt*** werden.

> » Der zunehmende Tourismus hat teilweise zur übermäßigen Inszenierung mancher Dörfer geführt. «

Nichtsdestotrotz stellen Thailands Bergvölker einen ***kulturellen Schatz*** dar, der unbedingt erhalten werden sollte. Interessierte Touristen sollten die nicht immer leicht zu findenden ***Projekte*** (Homestays, geführte Wanderungen, Kunsthandwerk) bevorzugen, die von Mitgliedern verschiedener Bergvölker selbst ins Leben gerufen wurden.

Entwicklung des Massentourismus

Die Geschichte des Tourismus in Thailand beginnt in den ***1960er-Jahren.*** Das Land war über viele Jahre hinweg ***Anziehungspunkt*** für eine steigende Anzahl an ***Rucksacktouristen.*** Bis Mitte der 2000er-Jahre wurde der Tourismussektor fortlaufend aus- und umgebaut. Im Jahr 2005 kamen bereits ungefähr 11 Millionen Touristen nach Thailand. Das Land des Lächelns lockte schon damals ***Backpacker, Familien, Pauschalurlauber und Luxusreisende zugleich*** an. In den folgenden Jahren beschleunigte sich das ***Wachstum der jährlichen Ankünfte*** erneut stark. Insbesondere der gehobenere Tourismussektor wurde deutlich ausgebaut.

» Im Jahr 2019 kamen ungefähr 40 Millionen Touristen ins Land. «

Obwohl die Besuchszahlen während der ***Covid-19-Pandemie*** stark einbrachen, erholten sie sich zwischen 2022 und Anfang 2024 wieder deutlich. Inzwischen werden von den zuständigen Behörden wieder neue Rekorde angestrebt.

Der massive touristische Andrang und der damit einhergehende Ausbau der touristischen Infrastruktur bedingen einerseits einen ***deutlichen Anstieg des Bruttoinlandsproduktes*** und gehen andererseits mit ***gesellschaftlichen Problemen*** und ***Umweltverschmutzung*** einher.

Trotz einer wachsenden Mittelschicht klafft die Schere zwischen arm und reich weit auseinander.

Auch am Railay Beach tummeln sich viele Touristen

» Zahlreiche Reiseziele haben mit Übertourismus und den damit verbundenen Problemen zu kämpfen. «

Zu diesen Problemen zählen unter anderem Umweltverschmutzung, Abfallentsorgung, Wassermangel, Verkehrsbelastung, der Verlust traditioneller Lebensweisen und die Kommerzialisierung kultureller Aspekte. Auch die ***Zerstörung von Ökosystemen*** und ***Luftverschmutzung*** stellen das gesamte Land vor große Herausforderungen. Beliebte Reiseziele wie beispielsweise Phuket, Koh Phi Phi, Koh Lipe, Koh Samui und Pattaya können während der **Hauptsaison** in der Regel ohne Ausnahme in einem Atemzug mit dem Begriff **Overtourism** genannt werden und auch zahlreiche weitere Städte und Inseln stoßen immer häufiger an ihre ***Belastungsgrenzen.***

» Thailand versucht deswegen bereits, den Tourismus nachhaltiger zu gestalten. «

Unterkünfte mit ***nachhaltigen Konzepten,*** die ***Förderung lokaler Tourismusprojekte,*** regelmäßige ***Schließungen von Nationalparks,*** die ***Begrenzung von Besucherzahlen*** an einzelnen Sehenswürdigkeiten sowie ***organisierte Aufräumaktionen*** an Stränden und in Wäldern sollen die negativen Auswirkungen des Massentourismus verringern, sind aber häufig nur ein Tropfen auf den heißen Stein. Darüber hinaus ist Greenwashing weit verbreitet.

Auf der Walking Street in Pattaya

Die umstrittene Stadt Pattaya

Die Stadt Pattaya ermöglicht es, nur etwa ***zwei Autostunden entfernt von Bangkok*** schöne Badestrände zu erreichen und empfiehlt sich dennoch bei Weitem nicht für jeden Reisenden.

» Die Entwicklung des einstigen Fischerdorfs zur touristischen Hochburg wurde ab den 1960er-Jahren maßgeblich durch den Vietnamkrieg beeinflusst. «

Die ***US-Luftwaffe*** errichtete in der Umgebung der Stadt eine ***Basis (U-Tapao).*** Die Anwesenheit der Soldaten führte zur Entstehung einer ***Bar- und Rotlichtszene.*** Im Verlauf dieser Entwicklung wurde Pattaya zunehmend als ***Fronturlaubsort*** genutzt. Die touristische Entwicklung Pattayas setzte sich nach Ende des Vietnamkrieges beschleunigt fort.

Heutzutage wird die Stadt weiterhin durch eine ***ausgeprägte Rotlichtszene*** geprägt, die daran interessierte Touristen und Auswanderer aus der ganzen Welt anzieht. Die damit einhergehenden ***Probleme,*** wie eine erhöhte Kriminalitätsrate, Drogen, Menschenhandel, Ausbeutung von Prostituierten, Diebstahl, Betrug und Gewalt, machen Pattaya zu einer ***stark umstrittenen Stadt.***

» Trotz des schlechten Rufes der Stadt setzt sich das Wachstum des Tourismussektors fort. «

In Pattaya sowie am benachbarten Jomtien Beach trifft man überraschenderweise immer wieder auf ***Badeurlauber und Familien.*** Abseits des pulsierenden Nachtlebens auf der abendlichen Walking

Street, der Bars und der Clubs der Stadt, befinden sich in der näheren Umgebung einige sehenswerte Tempelanlagen, wie beispielsweise der hölzerne **Sanctuary of Truth.** Die unmittelbar vorgelagerten Inseln bieten schöne Kulissen.

Für den Großteil der Reisenden, die auf der Suche nach **schönen Stränden in der Nähe der Metropole Bangkok** sind, empfehlen sich jedoch die deutlich ruhigeren Festlandstrände abseits des Einzugsgebietes Pattayas sowie die kleine Insel Ko Samet.

Elefanten-tourismus

Der Großteil der thailändischen Elefanten wird **von Menschen gehalten** und der damit verbundene Elefantentourismus ist **Gegenstand fortlaufender Diskussionen** im In- und Ausland. Die Haltung der Tiere bedingt einen hohen finanziellen Aufwand, der heutzutage in Thailand vorwiegend durch Touristen gedeckt werden muss.

» Der Spagat zwischen der Zurschaustellung von Wildtieren und der Forderung nach tiergerechten Haltungsbedingungen ist hochkomplex. «

Historisch gesehen dienten viele Elefanten als **Arbeitstiere in der Land- und Forstwirtschaft.** Das Holzfällverbot aus dem Jahr 1989 entzog vielen Elefantenbesitzern die wirtschaftliche Grundlage zur Haltung der Tiere. Hierdurch und in Anbetracht der stark zunehmenden touristischen Nachfrage nach direktem Kontakt zu Elefanten kam es zur **Gründung dutzender Elefantencamps und Zirkussen** im Land. Mittlerweile ist hieraus eine umsatzstarke Industrie entstanden.

Artgerechte Haltung ist in Elefantencamps oft Auslegungssache

Elefanten sind im **Buddhismus** hochangesehen. **Weiße Elefanten** gelten als heilig und werden bis heute der Königsfamilie übergeben. Dennoch werden Elefanten häufig unter Anwendung von **quälerischen Methoden** gefügig gemacht, damit diese die schweren Reitsättel für Touristen tragen oder eine Vielzahl an Kunststücken vorführen.

Elefantenhaken sind Führungswerkzeuge, die häufig nur in der Abwesenheit von Touristen verwendet werden. Die Diskrepanz zwischen der Nutzung als

Führungswerkzeug oder als Folterinstrument ist im Vergleich unterschiedlicher Camps stark ausgeprägt.

Privatwirtschaftliche Initiativen führen zu einer ***stetigen Zunahme an Elefantencamps,*** die ehemaligen Arbeits-, Reit- und Showelefanten ***möglichst tiergerechte Haltungsbedingungen*** bieten sollen. Diese Camps verzichten in der Regel auf das Reiten beziehungsweise die Nutzung schwerer Sättel, auf das gemeinsame Baden mit den Tieren und zahlreiche weitere typische Aktivitäten. In der Regel übernehmen diese Camps und Auffangstationen zusätzlich die ***Aufklärung ihrer Besucher*** über die Probleme des Elefantentourismus in Thailand.

» Die korrekte Auslegung eines nachhaltigen und tiergerechten Elefantentourismus bleibt jedoch umstritten. «

Die tatsächlichen Haltungsbedingungen in einzelnen Camps sind für Touristen kaum zu bewerten und selbst unter der stark gewachsenen Anzahl an vermeintlich „artgerechten" Angeboten tummeln sich ***viele schwarze Schafe.*** Zudem sind auch vorgebliche Vorzeigeprojekte der Kritik von Tierschutzorganisationen ausgesetzt.

» Die oftmals geforderte, generelle Auswilderung der mehrheitlich in Gefangenschaft aufgewachsenen Tiere ist jedoch kaum realisierbar. «

Letztendlich ist jeder Elefant, der sich von Touristen berühren lässt, darauf trainiert Menschen zu folgen.

Vor dem Besuch eines Elefantencamps oder einer Auffangstation sollte man sich als bewusst Reisender ***intensiv mit den verfügbaren Angeboten auseinanderset-***

Vor dem Besuch eines Elefantencamps sollte man sich gut über die dortigen Haltungsbedingungen informieren

zen. Die international renommierten Projekte in der Umgebung der nordthailändischen Stadt Chiang Mai, des ***Elephant Nature Parks*** und die ***Elephant Special Tours*** des Deutschen Bodo Förster, ermöglichen es, die faszinierenden Tiere hautnah, unter guten Haltungsbedingungen, zu erleben und dabei ausführlich über die Problematik des thailändischen Elefantentourismus aufgeklärt zu werden.
Web: www.elephantnaturepark.org
www.elephant-tours.de

Buddhismus und Religion

Der Buddhismus ist ein integraler Bestandteil der thailändischen Kultur. Ungefähr ***95% der Bevölkerung*** sind ***Anhänger der Theravada-Schule.***

» Trotz der rasanten Modernisierung der Gesellschaft nehmen Religion und das Streben nach gutem Karma eine elementare Rolle im Alltagsleben der meisten Thais ein. «

Buddhistische Grundsätze bestimmen die Etikette des Landes und viele ***buddhistische Jungen*** sollen wenigstens einige Monate ihres Lebens als ***Mönch*** in einem Kloster verbringen. Prächtige Tempel (Thai: Wat), Traditionen und Feiertage begegnen einem in Thailand täglich und auch nach zahlreichen Reisen wird man stets von Neuem von der Vielschichtigkeit des Buddhismus in Thailand überrascht. Im Süden des Landes nimmt der Anteil an Muslimen zu. Die Provinzen des tiefen Südens, an der Grenze zu Malaysia, sind sogar vorwiegend muslimisch geprägt.

Mönche

Mönche werden in Thailand verehrt und übernehmen ***bedeutende Aufgaben*** bei Trauungen, Begräbnissen und weiteren gesellschaftlich bedeutenden Ritualen. Berühmte Mönche sollen teilweise sogar ***übermenschliche Kräfte*** besitzen. Mönche tragen orangene oder ockerfarbene Roben, haben kahl rasierte Köpfe und befolgen 227 Verhaltensregeln. Die gesellschaftlich hochangesehenen Mönche beim ***morgendlichen Bettelgang*** zu sehen, ihren ***abendlichen Gebetsgesängen*** zuzuhören oder kaum bekannte, beein-

Typisches Erscheinungsbild eines buddhistischen Mönchs

Das Lieblingsgetränk des Erdgeists Phra Phum: Rote Limonade

druckende Tempelanlagen zu erkunden, erzeugt nicht selten nachhaltige Erinnerungen.

» In vielen Tempelanlagen werden Mönchssprechstunden angebote. «

In den Sprechstunden erhält man erstaunliche religiöse und kulturelle Einblicke und wird dazu angeregt, sein eigenes Denken und Handeln zu hinterfragen.

Kalender und Feierlichkeiten

Während der Feierlichkeiten zum thailändischen ***Neujahrsfest Songkhran***, im April, finden im ganzen Land religiöse Zeremonien statt und an vielen Orten werden ausgedehnte Wasserschlachten veranstaltet. Das buddhistische ***Lichterfest Loy Krathong*** zieht im November (manchmal auch schon Ende Oktober) Touristen aus der ganzen Welt an. Die vom gregorianischen Kalender abweichende ***buddhistische Zeitrechnung*** ist in Thailand geläufig.

Götter- und Geisterglaube

Der zusätzliche Glaube an weitere Götter und der Geisterglaube sind im gesamten Land verbreitet.

» Die Vielzahl an Amuletten, Glücksbringern und Ritualen ist beachtlich. «

Insbesondere die kleinen ***Geisterhäuser*** vor vielen Gebäuden fallen einem als Tourist direkt ins Auge. Da der ***Erdgeist Phra Phum*** am besten mit roter Limonade und Süßigkeiten besänftigt wird, versorgen die Anwohner sie regelmäßig mit derlei Köstlichkeiten.

Das Lichterfest Loy Krathong

Im November (in manchen Jahren bereits im Oktober) findet das weltweit bekannte Lichterfest Loy Krathong statt, das seinen ***Ursprung vermutlich in Indien*** nimmt. Im Rahmen der Feierlichkeiten werden ***handgefertigte Körbchen*** (die „Krathongs") auf Flüssen, Seen und Kanälen abgesetzt. Die meisten Körbchen werden aus dem ***Strunk von Bananenstauden*** hergestellt und mit ***Bananenblättern, Blumen, Kerzen und Räucherstäbchen*** verziert.

» Das Ritual symbolisiert das Ablassen von negativen Gefühlen und dient der Bitte um Glück und Erfolg im folgenden Jahr. «

Bunte Körbchen zieren zu Loy Krathong die Gewässer

Rund um die mehrtägigen Feierlichkeiten entsteht in vielen Städten eine ***volksfestartige Atmosphäre.*** Besonders bekannt und dementsprechend auch bei Touristen beliebt sind die ***Feierlichkeiten in Sukhothai, Ayutthaya*** und in ***Chiang Mai.*** In Chiang Mai werden zeitgleich die Feierlichkeiten zu ***Yi Peng*** abgehalten. Gemäß einer Tradition aus Zeiten des Lanna-Königreiches werden unzählige ***schwebende Fackeln*** in den nächtlichen Himmel aufsteigen gelassen. Der touristische Andrang rund um Loy Krathong ist in vielen Teilen des Landes sehr groß.

Das Neujahrsfest Songkran

Das thailändische Neujahrsfest Songkran wird vom 12. bis zum 15. April abgehalten und dient der ***Reinigung und Erneuerung,*** um das kommende Jahr einzuläuten.

» Im Jahr 2023 wurde Songkran sogar in die UNESCO-Liste des immateriellen Kulturerbes der Menschheit aufgenommen. «

Am Abend des 12. Aprils putzt man Wohnungen und Häuser. Am folgenden Morgen werden ***Opfergaben*** in buddhistische Tempel gebracht. Am Nachmittag reinigt man ***Buddha-Statuen*** und ***hochrangige***

Mönche, indem sie **mit Wasser übergossen** werden. Häufig werden die gewaschenen Buddha-Bildnisse im Anschluss auf **Prozessionen durch die Stadt** getragen, um es einer Vielzahl an Gläubigen zu ermöglichen, die Statuen selbst mit Wasser zu reinigen. Rund um die Feierlichkeiten werden in den Tempeln und innerhalb der Familien weitere Rituale abgehalten.

» Songkran ist ein freudiges Fest und bietet Touristen faszinierende Einblicke in die Kultur Thailands. «

Abseits der von Ruhe geprägten Reinigungsrituale verwandeln sich große Teile des Landes rund um Songkran in eine **große Wasserschlacht.** Auf den Straßen bespritzen sich Menschen mit Wasserpistolen, Eimern und Schläuchen. In großen Städten und in touristischen Hotspots wird dieser moderne Brauch teilweise exzessiv betrieben. Der damit einhergehende **Alkoholkonsum** führt alljährlich zu einem deutlichen **Anstieg an Unfällen.** Vor allem im Straßenverkehr kommt es häufig zu vielen Verletzten und Toten.

Die Feierlichkeiten haben sich zu einem **Touristenmagnet** entwickelt und ermöglichen es Gästen, einen atmosphärischen und zugleich ausgelassenen Aspekt der thailändischen Kultur zu erleben. Aufgrund der hohen Anzahl an Touristen aus dem In- und Ausland sollte man Unterkünfte zu dieser Zeit weit im Voraus buchen.

An Songkran werden Buddha-Statuen und Mönche gereinigt, indem man sie mit Wasser übergießt

Streetfood

Hervorragende Restaurants und Garküchen bieten im gesamten Land ***qualitativ hochwertige Speisen und Getränke*** zu häufig erstaunlich niedrigen Preisen an.

» Viele Straßenrestaurants und Garküchen wurden in den vergangenen Jahren sogar im Michelin-Guide aufgeführt und teilweise mit Sternen ausgezeichnet. «

In großen Städten befinden sich zahlreiche ***international renommierte Restaurants*** für Liebhaber der gehobenen Küche. Aufgrund des ausgezeichneten Preis-Leistungs-Verhältnisses und der allgegenwärtigen Verfügbarkeit des Streetfoods in Thailand, lohnt es sich für viele Bewohner des Landes nicht, selbst zu kochen. Dementsprechend belebt geht es in Lokalen und vor Garküchen häufig zu. Die ***Vielfalt an Gerichten, Geschmacksnoten, Aromen, Texturen und regionalen Besonderheiten*** der thailändischen Küche ist außergewöhnlich und in dieser Form in keinem anderen Land Südostasiens vertreten.

International bekannt: das Gericht Pad Thai

In den Garküchen kommen oft einfache Mittel zum Einsatz

Garküchen

Garküchen können direkt an einer Hauptverkehrsstraße stehen und in der Regel wird das rasant auf einem ***Gaskocher*** zubereitete Gericht auf ***Plastiktellern*** an ***Klapptischen*** serviert.

» Erstbesucher des Landes sind von der schlichten Dekoration vieler Restaurants und der Einfachheit der meisten Straßenstände häufig abgeschreckt. «

Papaya mal anders: der Salat Som Tam

Die ***hygienischen Verhältnisse*** sind in der Regel jedoch als sehr gut einzustufen. Geschmacklich und hygienisch empfehlenswerte Restaurants und Garküchen werden zudem häufig von Thailändern selbst besucht, was Erstbesuchern des Landes eine zusätzliche ***Orientierungshilfe*** bietet. In größeren Städten werden auch ***geführte Touren*** zu kaum bekannten Restaurants angeboten, die oftmals außergewöhnliche kulinarische Einblicke ermöglichen.

Thailändische Spezialitäten

Zu den bekanntesten Gerichten Thailands zählen ***Pad Thai*** (Bratnudeln mit Tamarindensoße), ***Khao Pad*** (Bratreis), ***Pad Kra Pao*** (scharf gewürztes Hackfleisch mit thailändischem Basilikum), ***Kaeng Phet*** (Rotes Curry), ***Kaeng Khiao Wan*** (Grünes Curry) und dessen geschmacksintensive Variation ***Panang Curry,*** das mit Kartoffeln und optimalerweise am Vortag zubereitete ***Massaman Curry,*** die Suppengerichte ***Tom Yum, Thom Kha*** und ***Khao Soi,*** der scharfe Papayasalat ***Som Tam. Roti*** wird in vielen Restaurants des muslimisch geprägten Südens auch als Beilage serviert.

Hauptgerichte werden in der Regel mit Hühnchen (Thai: Gai), Schwein (Thai: Moo) oder Garnele (Thai: Goong) zubereitet. Rindfleisch wird vor allem im Süden des Landes vermehrt angeboten. Viele Gerichte werden mit ***Kokosmilch und Fischsauce*** zubereitet. Der ***Schärfegrad*** muss für viele Touristen stark angepasst werden. Vor allem im Süden des Landes, aber auch in Bangkok, servieren die Restaurants ***fangfrischen Fisch*** und ***Meeresfrüchte.***

Hauptspeisen werden durch eine Vielzahl an ***Süßspeisen*** ergänzt.

» Bei den meisten thailändischen Desserts steht die Mischung unterschiedlicher Konsistenzen im Fokus. «

Zu den bekanntesten Desserts zählen unter anderem ***Mango Sticky Rice*** und ***Kluai Buat Chi*** (Bananen in Kokosmilch). Pancakes mit Banane und Nutella basieren auf dem Fladenbrot Roti und haben eben-

Das beliebte Dessert Mango Sticky Rice

Erfrischend an heißen Tagen: Shakes und Smoothies aller Art

falls Kultstatus erreicht. Bei Touristen ist vor allem **Kokosnusseis** beliebt.

Besonders schmackhaft sind die zahlreichen ***tropischen Früchte,*** die häufig in Form von **Smoothies** angeboten werden. Besucher des Landes sollten Jackfruit, frische Kokosnuss, Papaya, Ananas, Mangos, Pomelos, Langsat, Longan, Mangostan, Rambutan, Drachenfrucht und auch die Stinkfrucht Durian unbedingt probieren.

Beliebte **Getränke** sind der orangene, mit Milch zubereitete **Thai-Tea**, der Eistee mit Zitrone ***Cha Manao*** und der blaue ***Butterfly Pea Tea.***

Frische Kokosnüsse auf Koh Chang

Thai-Massage

Die Thai-Massage ist weit über die Landesgrenzen hinaus bekannt, entstand vermutlich bereits ***vor ungefähr 2500 Jahren*** und geht auf den ***nordindischen Arzt Shivago Komarpaj*** zurück. Heutzutage bieten ***zehntausende Massagesalons*** Touristen und Einheimischen ihre Dienste an. Zu Unrecht wird die Kunst der Thai-Massage häufig in einem Atemzug mit Rotlichtaktivitäten genannt. Der ***rhythmische Druck*** durch Daumen, Ellenbogen, Knie und Füße in Kombination mit ***passiven Dehnungen*** und ***stehenden Kräften*** soll durch ***Aktivierung bestimmter Energiepunkte*** eine Vielzahl an Beschwerden und Krankheiten lindern. Variationen mit Öl, Kräuterkompressen sowie Fußmassagen ergänzen das vielfältige Angebot an Massagen.

» Thai-Massagen sind entspannend, anstrengend, angenehm und manchmal sogar schmerzhaft zugleich. «

Nicht selten hat man in den Tagen nach der ersten Massage einen ***ausgeprägten Muskelkater.*** Abseits der spürbar heilenden Wirkung für Körper und Geist bietet die Thai-Massage gläubigen Buddhisten ***Zugang zu den vier göttlichen Bewusstseinszuständen*** (Metta: Freundlichkeit, Karuna: Mitgefühl, Mudita: Sich mit anderen freuen, Upekkha: Anerkennung und Gelassenheit). Das Preis-Leistungs-Verhältnis für Thai-Massagen schwankt

Auch Touristen können während ihres Aufenthalts Thaiboxkurse besuchen

deutlich. Sogar in einfachen Blechhütten kann man außergewöhnliche Massagen erhalten.

Nationalsport Thaiboxen

Thaiboxen (Thai: Muay Thai) ist neben dem Ballsport Takraw die ***beliebteste Sportart des Landes*** und ein ***Stützpfeiler der thailändischen Kultur.*** Explosive Tritte und Ellbogenschläge machen die Kämpfe zu dynamischen Spektakeln, die für westliche Beobachter häufig martialisch wirken.

Im gesamten Land befinden sich Muay Thai-Schulen, Trainingszentren und Boxarenen. ***Große Stadien*** wie beispielsweise das Lumpinee Stadion und das Rajadamnern Muay Thai Stadium in Bangkok locken tausende Besucher zu Kämpfen.

» Die bekanntesten Kämpfer sind weit über die Landesgrenzen hinaus Superstars. «

Thaiboxkurse sowie ausgedehnte Aufenthalte in ***Trainingslagern*** haben sich auch bei Touristen zu beliebten Aktivitäten entwickelt.

Die Kampfsportart entwickelte sich angeblich aus den ***Nahkampftechniken thailändischer Krieger.*** Allerdings besteht eine fortlaufende Diskussion zwischen Thailand und Kambodscha über den tatsächlichen Ursprung der Sportart. Heutzutage finden sich Anhänger des Muay Thai auf der ganzen Welt. Der ***Münchener Mark Wieser*** gehört sogar zu den erfolgreichsten Thaiboxern aller Zeiten.

Die Geschichte im Überblick

Frühe Geschichte

Jäger und Sammler sollen bereits ***vor über 40.000 Jahren*** in Süd-Thailand gelebt haben. Ausgrabungen in Ban Chiang, in der Nähe von Udon Thani, deuten darauf hin, dass ***zwischen 1495 und ca. 900 v. Chr.*** eine ***entwickelte Kultur*** im heutigen Nordosten des Landes sesshaft war. Frühe chinesische Quellen erwähnen im ***7. Jahrhundert*** das ***buddhistische Königreich Dvaravati***, das sich ***bis zum 11. oder 12. Jahrhundert*** von der vermeintlichen Hauptstadt Nakhon Pathom in Zentralthailand bis ins heutige Kambodscha erstreckt haben soll.

Wahrscheinlich vom ***8. bis 11. Jahrhundert*** siedelten ***Tai-Völker*** aus dem heutigen Süd-China zunehmend ins heutige Laos, in die heutigen Shan-Staaten Myanmars und in die Chao Praya Ebene des heutigen Thailands über, vermischten sich mit Mon, Burmesen und Khmer und bildeten ***die ersten Tai-Reiche.***

Zwischen dem ***10. und dem 13. Jahrhundert*** fielen große Teile Nordost-Thailands unter die ***Herrschaft der Khmer.*** Zentralthailand wurde hingegen von den ***Mon*** dominiert.

Die Königreiche Lanna, Sukhothai und Ayutthaya

Der Einfluss der Hindu-Reiche der Mon und der Khmer nahm im Laufe des 13. Jahrhunderts zunehmend ab. ***König***

Die Tempelruinen in Ayutthaya zeugen von der einstigen Pracht des damaligen Königreichs

Das Three Kings Monument in Chiang Mai zeigt König Ngam Mueang, König Mengrai und König Ramkamhaeng (von links)

Mengrai besiegte den Mon-Staat Hari-Punjaj und gründete **1296** die ***Hauptstadt des Lanna-Königreiches, Chiang Mai.*** Das nördliche Königreich hatte bis zum Ende des 18. Jahrhunderts Bestand.
Auch die Khmer wurden nach und nach verdrängt und bereits im Jahr **1238** wurde das ***Königreich Sukhothai*** ausgerufen. Unter Sukhothais zweitem König, ***Ramkamhaeng***, wurden das Einflussgebiet stark ausgeweitet.

» In dieser Zeit wurde die noch heute genutzte Thai-Schrift entwickelt und der bis heute dominierende Theravada-Buddhismus etabliert. «

Ramkamhaengs Thronfolger konnten die Dominanz Sukhothais gegenüber dem **1351** ***gegründeten Königreich Ayutthaya*** jedoch nicht behaupten. Im Jahr 1376 übernahm das aufstrebende Ayutthaya infolgedessen das Königreich Sukhothai. **1431** wurde ***Angkor eingenommen*** und Ayutthaya entwickelte sich im Verlauf zu ***einer der wohlhabendsten Städte Asiens.***

Niedergang Ayutthayas und frühe Chakri-Dynastie

Das Königreich Ayutthaya baute weitreichende ***Handelsbeziehungen in Asien und bis nach Europa*** auf. Europäische Händler waren von der Pracht Ayutthayas überwältigt und bereits im Jahr **1511** wurde eine ***portugiesische Botschaft*** in Ayutthaya eröffnet. Bis **1662** folgten ***Holländer, Engländer, Dänen und Franzosen.*** Fortlaufende Konflikte mit dem ***rivalisierenden Burmesischen Reich*** mündeten im Jahr **1767**, nach erbitterten Kämpfen, in der weitestgehenden ***Zerstörung Ayutthayas.***

» Das Königreich Ayutthaya zerfiel. «

Bangkoks Stadtteil Thonburi war einst die Hauptstadt des Königreichs Siam

Die burmesische Siegermacht konnte sich allerdings nicht behaupten.

Und so brachte der einstige Provinzgouverneur von Kamphaeng Phet, ***Taksin***, weitläufige Gebiete des Königreiches unter seine Kontrolle und krönte sich **1769** zum ***König***. Thonburi, heutzutage ein Stadtteil Bangkoks, diente als Hauptstadt des neuen ***Königreiches Siam***. Zahlreiche Feldzüge führten zur ***Wiedervereinigung großer Teile des zersplitterten Königreiches*** und auch das nördliche Lanna-Königreich wurde ein Protektorat Siams.

Nach ***Hinrichtung*** des fortschreitend als psychisch krank beschriebenen Taksins (1782) ergriff ***General Chao Phraya Chakri*** die Macht, rief ***Bangkok als neue Hauptstadt*** des Königreiches aus und regierte fortan als ***König Rama I.*** der bis heute herrschenden Chakri Dynastie. Phraya Chakri und seine unmittelbaren Thronfolger verfolgten das Ziel, die vergangene Pracht Ayutthayas wiederherzustellen und weiteten zunächst die ***Handelsbeziehungen zu China*** stark aus.

» Das einst unbedeutende Dorf Bangkok entwickelte sich kontinuierlich zu einem wachsenden Handelshafen. «

Modernisierung des Landes

König Mongkut (Rama IV) führte zwischen 1851 und 1868 ein ***Bildungssystem nach europäischem Vorbild*** ein und vertiefte die ***Handelsbeziehungen zu europäischen Mächten***. Durch das Gewähren von Handelsprivilegien und Abtreten von Territorien konnte er die ***Unabhängigkeit Si-***

ams gegenüber den rivalisierenden Großmächten Großbritannien und Frankreich wahren.

» Siam etablierte sich so als neutrale Pufferzone zwischen den ausgedehnten Kolonialreichen Burma-Indien und Indochina. «

Sein Sohn ***Chulalongkorn (Rama V)*** setzte den Kurs der Balance und Reformen fort. Während seiner Regentschaft wurden die ***Sklaverei abgeschafft*** und mithilfe europäischer Berater und Mitarbeiter konnten ***moderne Verwaltungsstrukturen*** etabliert werden. Der voranschreitende ***Bau von Eisenbahnlinien*** beschleunigte die Modernisierung Siams.

» Vater und Sohn gelten mit ihrer Politik der Balance und aufgrund des gelungenen Spagats zwischen Tradition und Moderne bis heute als Begründer des modernen Thailands. «

Nach anfänglicher Neutralität stand Siam im ***Ersten Weltkrieg*** letztendlich auf Seite der Alliierten.

Konstitutionelle Monarchie

Westlich unterrichtete Intellektuelle und große Teile des Bürgertums lehnten die ***konservative und nicht reformwillige Politik*** von ***König Prajadhipok (Rama VII)*** zunehmend ab.

Beim Blick aufs heutige Bangkok ist kaum vorstellbar, dass sich die Metropole aus einem unbedeutsamen Dorf entwickelt hat

» Im Jahr 1932 kommt es zum Staatsstreich, bei dem die absolute Monarchie zu der bis heute herrschenden konstitutionellen Monarchie wird. «

Heeresoffizier ***Pibul Songgram*** wird ***Ministerpräsident. 1939*** erfolgt die ***Umbenennung Siams in Thailand.***

Ab Ende **1941** wird Thailand ***durch Japan besetzt*** und erklärt unter Druck der Besatzungsmacht den Alliierten den Krieg. Ein eindrückliches **Mahnmal** dieser Zeit ist die ***Thai-Burma-Railway*** in der Provinz Kanchanaburi, deren Bau schätzungsweise 90.000 Zivilisten und über 10.000 Kriegsgefangenen der Alliierten das Leben kostete.

Nachkriegszeit und 70er-Jahre

Nach ***Ende des zweiten Weltkrieges*** verbündet sich Thailand erneut mit den westlichen Mächten. ***Bhumibol Adulyadej*** wird im Jahr 1946 Oberhaupt des Königshauses und ***1950 gekrönt (Rama IX).***

» Die streng antikommunistische Agenda der Militärführung bedingt eine zunehmende Annährung an die USA. «

Während des ***Vietnamkrieges*** errichten die USA mehrere ***Militärbasen in Thailand,*** die auch als Ausgangspunkt für Bombardements in Laos und Vietnam genutzt wurden. Diese Vorgänge befördern

Die Thai-Burma-Railway wurde im Zweiten Weltkrieg von Kriegsgefangenen errichtet

König Bhumibol Adulyadej ziert die Vorder- und Rückseite vieler thailändischer Banknoten

zwar die ***Entwicklung des aufkeimenden Tourismussektors***, aber auch ***wachsende Probleme mit Drogenkriminalität und Sextourismus.***

Die **1970er-Jahre** stellen eine instabile politische Phase dar, die durch die ***Herrschaft des Militärs*** geprägt wird. **1973** kommt es ausgehend von der Thammasat-Universität zu ***ausgeprägten Protesten***, deren blutige Niederschlagung zum ***Fall der Regierung*** führt. Steigende Kriminalitätsraten, Inflation und Auseinandersetzungen mit kommunistischen Guerillatruppen sowie der muslimischen Minderheit des Südens führen zu ***mehreren Regierungswechseln*** und der erneut durch blutige Proteste begleiteten ***Machtergreifung durch das Militär*** im Jahr **1976.** Der Tourismussektor Thailand wächst währendessen nur langsam.

Wirtschaftswachstum, Spannungen und erneuter Militärputsch

Die **1980er-Jahre** werden durch die ***Führung von Heeresoffizier Prem Tinsulanonda*** geprägt und stellen eine vergleichsweise stabile Phase der thailändischen Innenpolitik dar. ***Grenzkonflikte mit Kambodscha*** führen zur fortgesetzten Annährung an die USA. Ab **1988** führt Chatichai Choonhavan eine ***demokratisch gewählte Koalition.***

» In den 1980er-Jahren beschleunigt sich der Wandel der thailändischen Wirtschaft von einer Agrar-Nation zu einer Industrie- und Dienstleistungsgesellschaft. «

Das Black May Memorial in Bangkok erinnert an die Toten, die bei den Protesten im Mai 1992 ums Leben kamen

Das ***Wirtschaftswachstum*** nimmt in dieser Phase rasant zu. Vor allem die Bedeutung des ***Tourismussektors*** wird dabei immer größer.

Inflation, zunehmendes Auseinanderdriften zwischen arm und reich sowie Korruption führen jedoch zu Spannungen, die im ***Februar 1991*** in einem ***erneuten Militärputsch*** münden.

Politische Instabilität und Wirtschaftskrise

1992 wird ***General Suchinda Kraprayoon*** zum Ministerpräsidenten ernannt. Da der ***Anführer des Putsches von 1991*** zum Zeitpunkt der Wahl kein Mitglied des Parlamentes war, kommt es vor allem in Bangkok zu ***massiven Protesten der Bevölkerung***, die im damaligen Mai brutal niedergeschlagen werden. Die Auseinandersetzungen gehen mit ***zahlreichen Todesopfern*** und der ***Verhaftung tausender Oppositioneller*** einher.

» König Bhumibol interveniert und erzwingt eine Versöhnung zwischen der Regierung und ihren Gegnern. «

Die im Laufe des Jahres ***neu gewählte, militärferne Regierung*** setzt sich zahlreiche ***Reformziele***, um beispielsweise die Lebensbedingungen der ländlichen Bevölkerung zu verbessern und die Kinderprostitution einzudämmen. ***Korruptionsvorwürfe*** führen ***1995*** allerdings zum erneuten ***Scheitern einer thailändischen Regierung*** und auch die Folgekoalition zerbricht schnell. Aus den ***Neuwahlen***

1996 geht der ehemalige Militärgeneral ***Chavalit Yongchaiyudh*** als Premierminister hervor.

Die Korruption und das Missmanagement der 1990er-Jahre geht mit ***fortlaufendem Währungsverfall,*** Exportrückgängen, einem ***wachsenden Außenhandelsdefizit*** und ***Vertrauensverlusten beim Internationalen Währungsfonds (IWF)*** einher. Der Verfall von Immobilienpreisen bedingt gegen Ende des Jahrzehntes Zusammenbrüche großer Grundstücksgesellschaften und schlussendlich wird Thailand stark von der sich verschärfenden ***asiatischen Wirtschaftskrise*** getroffen. Ab Mitte **1997** kommt es zur ***Insolvenz tausender Firmen.*** Im November 1997 tritt der unpopuläre Chavalit Yongchaiyudhs ab. ***Chuan Leekpai*** von der demokratischen Partei wird neuer Premierminister. Der ***Tourismussektor*** verzeichnet trotz der sich verschärfenden Wirtschaftskrise auch während der 90er-Jahre fortlaufendes Wachstum.

Thaksin-Regierung

Thailands Wirtschaft verharrt auch Ende **2000** in der ***Depression.*** Fehlende Auslandsinvestitionen und weiterhin ausgeprägte Korruption lässt die ***Unzufriedenheit*** der Bevölkerung kontinuierlich wachsen. Der Telekommunikationsunternehmer ***Thaksin Shinawatra*** geht als klarer Sieger aus der ***Wahl im Januar 2001*** hervor. Während viele seiner Wahlversprechen nicht umgesetzt werden, nimmt die ***Unterdrückung von Regierungskritikern und Korruption*** zu.

» Der autoritär regierende Thaksin polemisiert fortwährend gegen konservative Kräfte, königstreue Strömungen und das Militär. «

Nachdem seine Regierung 2002 den ***Krieg gegen das wachsende Drogenproblem*** ausruft, kommt es zur Erschießung mehrerer tausend Verdächtiger. Die wirtschaftli-

Dezember 2001: Thaksin Shinawatra (rechts) trifft den damaligen Verteidigungsminister der USA, Donald Rumsfeld (links)

chen Verhältnisse bleiben prekär, der ***Widerstand aus der Bevölkerung*** nimmt zu und auch die Wachstumskurve des Tourismussektors flacht ab.

Tsunami 2004

Am ***26. Dezember 2004*** kommt es zu einem ***Erdbeben im Indischen Ozean.*** Der hieraus resultierende Tsunami trifft auch ***Thailands Ostküste*** und beendet das Leben tausender Menschen schlagartig. Vor allem die auch bei deutschsprachigen Touristen beliebte ***Region Khao Lak*** ist stark betroffen.

» Die Naturkatastrophe traumatisiert große Teile der Bevölkerung nachhaltig und trägt abseits wirtschaftlicher und politischer Missstände zum abflachenden Wachstum des Tourismussektors in den Folgejahren bei. «

Schilder kennzeichnen die Zonen, die bei einem Tsunami besonders gefährdet sind

Erneuter Militärputsch

Thaksins TRT-Partei geht trotz wachsenden Widerstands aus der Bevölkerung als erneuter ***Sieger*** aus den ***Wahlen Anfang 2005*** hervor. ***Anfang 2006*** wird ein ***Gesetz*** erlassen, das es ***ausländischen Investoren*** erlaubt, bis zu 49 % an thailändischen Kommunikationsunternehmen zu halten. Als Thaksin kurz nach Gesetzeserlass sein eigenes Unternehmen für ca. 2 Milliarden US-Dollar verkauft, kommt es zu ***Massendemonstrationen,*** in deren Folge Thaksin das ***Parlament auflöst*** und ***Neuwahlen*** ansetzt.

Die ***Neuwahlen im April 2006*** werden vom Verfassungsgericht für ***ungültig*** erklärt und im Rahmen der Unruhen kommt es am ***19. September 2006*** zum ***Militärputsch.*** Während die Mehrheit der städtischen Bevölkerung den Umbruch begrüßt, überwiegt in der ländlichen Bevölkerung Unmut über das Ende der Thaksin-Regierung.

Gelbhemden, Rothemden und Eskalation

Nach Neuwahlen wird der Thaksin-nahe ***Samak Sundaravej Premierminister.*** Bereits ab 2008 mehren sich ***Proteste aus Bangkoks Elite*** und der ***Bevölkerung des Südens.*** Königstreue Regierungsgegner bilden die ***People's Alliance for Democracy*** (PAD/„Gelbhemden") und versammeln sich in gelber Kleidung über einen Zeitraum von drei Monaten an der Makkawan-Brücke, um den Rücktritts Samaks einzufordern. Die Proteste finden ihren

2008: Proteste der sogenannten Gelbhemden in Bangkok

Höhepunkt am ***26. August 2008,*** als tausende Demonstranten den ***Sitz des Premierministers stürmen*** und Samak im weiteren Verlauf gerichtlich ***zum Rücktritt gezwungen*** wird.

Sein Nachfolger ***Somchai Wongsawat,*** ein Schwager Thaksins, kann die Lage nicht beruhigen. Ab Ende ***November 2008*** legt die People's Alliance for Democracy ***Bangkoks Flughafen Suvarnabhumi*** über knapp zwei Wochen lahm und Wongsawat wird durch den ebenfalls als autoritär geltenden ***Abhisit Vejjajiva*** von der demokratischen Partei abgelöst.

Anfang 2010 formieren sich im Gegenzug ***Anhänger Thaksins*** und ***überzeugte Demokraten („Rothemden"),*** um wiederum die neu eingesetzte Regierung zu stürzen. Die Rothemden agieren zunehmend militant und im Laufe des Frühjahrs kommt es zur wochenlangen Besetzung verschiedener Straßenzüge in Bangkok. Die Proteste gipfeln in der Erschießung von über 90 Menschen und schätzungsweise 2000 Verletzten.

» Das Land verbleibt tief gespalten. «

Erst im ***Juli 2011*** finden ***Neuwahlen*** statt, aus denen ***Yingluck Shinawatra,*** Thaksins jüngere Schwester, mit einer absoluten Mehrheit hervorgeht. Der mittlerweile im Exil lebende ***Thaksin bewahrt seinen Einfluss.*** Trotz der hochkomplexen und instabilen innenpolitischen Verhältnisse kommt es etwa ***ab 2010*** zum rasanten ***Wachstum der jährlichen Touristenzahlen*** und einer damit einhergehenden beschleunigten ***Erholung der thailändischen Wirtschaft.***

Im King Rama IX Memorial Park in Bangkok erinnert einen Statue an den beliebten verstorbenen König

Politische Festigung des Militärs, Bhumibols Tod und weitere Unruhen

Fortlaufende Proteste münden nach den **Wahlen 2014** in einem **Militärputsch** unter Führung von General Prayut Chan-o-cha. Die **Militärjunta** sichert sich im Verlauf weitreichende Einflussmöglichkeiten. Ihr wird ebenfalls die **Unterdrückung Oppositioneller** und **Medienzensur** vorgeworfen. Trotz des Versprechens, das Land innenpolitisch zu stabilisieren, kommt es in Bangkok zu **Bombenanschlägen am Erawan-Schrein (2015) und in einem Krankenhaus (2017)**, bei denen dutzende Menschen ums Leben kommen.

» Als König Bhumibol Adulyadej, die Konstante des Landes, im Oktober 2016 verstirbt, wird die Bevölkerung des gespaltenen Landes in tiefe Trauer gestürzt. «

Sein ***umstrittener Sohn Vajiralongkorn*** wird im darauffolgenden Dezember zum **König** ernannt und im Mai 2019 gekrönt. Erst im **März 2019** werden die von Manipulationsvorwürfen begleiteten ***Parlamentswahlen*** ausgerichtet, die in einem Patt zwischen militärnahen und Thaksin-nahen Parteien münden. Letztendlich wird **General Prayut Chan-o-cha** als ***Premierminister*** einer **Koalition aus 19 Parteien** bestätigt. Die Legitimität und Politik der neu gebildeten Regierung wird erneut in Frage gestellt.

COVID-19-Pandemie

Anfang 2020 spitzt sich die COVID-19-Pandemie zu und im Frühjahr werden ***Thailands Grenzen vollständig geschlossen.*** Das Land implementiert fortlaufende Restriktionen, um die Ausbreitung des Virus einzudämmen. Während im Jahr 2019 knapp 40 Millionen Touristen nach Thailand kamen, brechen die Einreisen 2020 auf ca. 6,7 Mio. und 2021 sogar auf weit unter 1 Mio. ein.

» Die thailändische Wirtschaft schrumpft massiv und bis heute haben viele Menschen mit den gesundheitlichen, psychischen und wirtschaftlichen Nachwirkungen der Pandemie zu kämpfen. «

Erst im Jahr **2022** setzt mit ca. 11 Mio. Einreisen eine ***Erholung der Wirtschaft*** ein, die sich mit 28 Mio. Einreisen im Jahr 2023 fortsetzt. **2024** ist die ***wirtschaftliche Erholung weit vorangeschritten***, jedoch noch nicht abgeschlossen. Die Verantwortlichen im Tourismussektor streben perspektivisch allerdings bereits neue Rekordzahlen an.

Parlamentswahlen 2023

Bei den erneut von Unregelmäßigkeiten überschatteten Parlamentswahlen im Jahr 2023 gewinnt die ***Move Forward Party*** unter Führung von ***Pita Limjaroenrat***. Die Partei tritt mit weitreichenden ***Reformversprechen*** zur Wahl an.

» Im Zuge eines ausufernden politischen Tauziehens scheitert die Regierungsbildung unter Führung der stärksten Partei. «

Sappaya-Sapasathan – das neue Parlamentsgebäude in Bangkok: Seit 2019 tagt hier die Nationalversammlung Thailands

Das Fischerdorf Koh Panyee bei Phuket ist wie viele Regionen im Süden muslimisch geprägt

Die Ernennung Pitas zum Ministerpräsidenten wird durch die vom Militär ernannten Senatoren verhindert.

Der mittlerweile 74-jährige Milliardär **Thaksin** kehrt inmitten der angespannten Phase ***nach 15 Jahren aus dem Exil zurück*** und wird nach seiner Ankunft wegen ***Bestechung und Korruption*** verurteilt, inhaftiert und im weiteren Verlauf in ein Polizeikrankenhaus verlegt.

Es bildete sich eine ***Koalition unter Führung der zweitstärksten Partei***, der von Thaksin und seinen Anhängern unterstützten ***Pheu Thai Party***. Der einzige Kandidat, ***Srettha Thavisin***, erhält in beiden Parlamentskammern, im vom Volk gewählten Repräsentantenhaus und im von Militär ernannten Senat die Mehrheit der Stimmen und wird ***Ministerpräsident***. Er führt seit Herbst 2023 eine ***Koalition aus 11 Parteien***, zu der zwei militärnahe Parteien gehören. Die Move Forward Party ist kein Mitglied der Regierung und das Militär hat weiterhin bedeutenden Einfluss auf Thailands Politik. König Maha Vajiralongkorn unterzeichnet im September 2023 die ***Verkürzung der achtjährigen Haftstrafe Thaksins*** auf ein Jahr.

Gegenwart

Anfang 2024 wird **Thaksin** als einer von mehreren hundert Gefangen aufgrund seines hohen Alters ***auf Bewährung aus der Haft entlassen*** und verlässt das Polizeikrankenhaus. Die politischen Verhältnisse bleiben Gegenstand fortlaufender Diskussionen, von denen Touristen weitestgehend unbehelligt bleiben. Mehrere ***Brandanschläge im tiefen Süden*** des Landes verdeutlichen im Frühjahr, dass der seit Jahrzehnten bestehende ***Konflikt zwischen der Regierung*** und den nach Unabhängigkeit strebenden Teilen der ***muslimischen Minderheit*** weiterhin besteht.

Zeitstrahl

1495 bis ca. 900 v. Chr.

Hinweise auf eine ***erste Hochkultur*** in Ban Chiang.

7. Jh.

Das buddhistische ***Königreich Dvaravati*** erstreckt sich von Zentralthailand bis nach Kambodscha.

8. bis 11. Jh.

Erste Tai-Völker wandern aus Süd-China ins heutige Thailand ein, vermischen sich mit den herrschenden Mon, Burmesen sowie Khmer und bilden erste eigene Reiche.

10. bis 13. Jh.

Große Teile Nordost-Thailands fallen unter die ***Herrschaft der Khmer.*** Zentralthailand wird von den Mon dominiert.

1238

Das thailändische ***Königreich Sukhothai*** wird gegründet und löst die Khmer in Zentralthailand ab.

1296

Die ***Gründung der Stadt Chiang Mai*** etabliert das ***Lanna-Königreich*** und löst die Mon in Nordthailand ab.

1351 bis 1766

Das ***Königreich Ayutthaya*** wird gegründet und übernimmt bereits 1376 das Königreich Sukhothai. Ayutthaya steigt durch den Aufbau von weitläufigen Handelsbeziehungen in Asien und Europa wirtschaftlich sowie militärisch auf.

1767

Ayutthaya wird nach langwierigen Kämpfen von burmesischen Truppen eingenommen und zerstört. Das ***Königreich zerfällt.***

1767 bis 1769

Der einstige Provinzgouverneur von Kamphaeng Phet, ***Taksin,*** bringt weitläufige Gebiete des Königreiches unter seine Kontrolle und krönte sich 1769 zum König. Thonburi wird Hauptstadt des ***neuen Königreiches Siam.***

1782

General ***Chao Phraya Chakri*** krönt sich zum neuen König und verlegt die Hauptstadt Siams auf die gegenüberliegende Flussseite, nach ***Bangkok.*** Er regiert als Rama I. der bis heute herrschenden ***Chakri-Dynastie.***

1851 bis 1910

König Mongkut (Rama IV) und sein Sohn ***Chulalongkorn (Rama V)*** verfolgen eine Politik der Balance und Reformen. Durch Gebietsabtretungen und Handelsprivilegien kann Siam seine ***Unabhängigkeit*** gegenüber Großbritannien und Frankreich wahren. Die ***Modernisierung*** des Landes und der Ausbau der Infrastruktur schreiten in dieser Periode schnell voran.

1932

Ein unblutiger Staatsstreich wandelt die absolute Monarchie zur bis heute bestehenden ***konstitutionellen Monarchie.***

1939

Siam wird in **Thailand** umbenannt.

1941 bis 1945

Thailand wird im ***Zweiten Weltkrieg*** durch ***Japan*** besetzt. Beim Bau der Eisenbahnstrecke nach Burma sterben schätzungsweise 90.000 Zivilisten und über 10.000 Kriegsgefangene der Alliierten.

1946

Bhumibol Adulyadej (Rama IX) wird Oberhaupt des Königshauses und im Jahr 1950 gekrönt. Seine Regentschaft dauert bis zu seinem Tod im Jahr 2016.

1960er-Jahre

Die Beziehungen zu den USA vertiefen sich. Während des ***Vietnamkrieges*** werden auch ausgehend von Thailand Bombenangriffe auf Vietnam und Laos geflogen.

1970er-Jahre

Innenpolitische Spannungen führen zu ***mehreren Regierungswechseln.*** Das Jahrzehnt wird durch die ***Herrschaft des Militärs*** geprägt. Dutzende Menschen kommen bei der blutigen Niederschlagung von Protesten ums Leben.

1980er-Jahre

Der Wandel der thailändischen Wirtschaft von einer Agrar-Nation zu einer ***Industrie- und Dienstleistungsgesellschaft*** beschleunigt sich. Die Bedeutung des

Das Militär nimmt immer wieder großen Einfluss auf die Politik Thailands

Die Enwicklung des Tourismussektors nimmt in den 1980er-Jahren Fahrt auf – heute sind Inseln wie Phuket echte Touristenmagnete

Tourismussektors nimmt zu. Spannungen münden im Februar 1991 in einem erneuten ***Militärputsch***.

1990er-Jahre

Erneut kommt es bei der ***Niederschlagung von Protesten*** zu Todesopfern und Verhaftungen. Mehrere Regierungswechsel, Korruption, Missmanagement, Währungsverfall und Exportrückgänge münden im Zuge der ***asiatischen Wirtschaftskrise*** von 1997 in einem massiven Einbruch der thailändischen Wirtschaft. Das Land verharrt jahrelang in der ***Depression.***

2001

Der gegenüber dem Militär, dem Königshaus und den Eliten kritische Telekommunikationsunternehmer ***Thaksin Shinawatra*** wird ***Premierminister.*** Seine großzügigen Wahlversprechen kann er nicht in die Tat umsetzen. Unterdrückung von Kritikern und Korruption nehmen unter seiner Regierung deutlich zu.

2004

Am 26. Dezember kommt es zu einem ***Erdbeben im Indischen Ozean.*** Der resultierende ***Tsunami*** trifft auch Thailands Ostküste und beendete das Leben tausender Menschen schlagartig.

2006

Ein ***erneuter Militärputsch*** wird von der Mehrheit der städtischen Bevölkerung begrüßt. Große Teile der ländlichen Bevölkerung lehnen das Ende der Thaksin-Regierung ab.

2008

Eine ***Thaksin-nahe Regierung*** wird gebildet. Regierungskritiker formieren sich als ***„Gelbhemden“*** und erzwingen durch mas-

2020 und 2021 bleiben viele der sonst gut besuchten Strände aufgrund der COVID-19-Pandemie leer

sive Proteste und Blockaden Neuwahlen, die letztendlich die demokratische Partei an die Macht bringen. Thaksin entzieht sich einer Verurteilung, indem er ins Exil geht.

2010

Anhänger des ehemaligen Premiers Thaksin gruppieren sich als ***„Rothemden“*** und fordern die Absetzung der Regierung. Proteste münden in der Erschießung von über 90 Menschen und ca. 2000 Verletzten. Trotzdem kommt es zum rasanten ***Wachstum der jährlichen Touristenzahlen*** und einer beschleunigten Erholung der thailändischen Wirtschaft.

2011

Thaksins Schwester ***Yingluck Sinawatra*** gewinnt die Neuwahlen mit einer absoluten Mehrheit.

2014

Fortlaufende Proteste münden nach den Wahlen in einem ***Militärputsch*** unter Führung von ***General Prayut Chan-o-cha.*** Die Militärjunta sichert sich bis heute weitreichende Einflussmöglichkeiten. Der Junta werden ebenfalls Unterdrückung Oppositioneller und Medienzensur vorgeworfen.

2015

Bombenangriff am Erawan-Schrein.

2016

König ***Bhumibol Adulyadejs Tod*** stürzt große Teile der Bevölkerung in tiefe Trauer. Sein Sohn Vajiralongkorn wird zum neuen König ernannt.

2017

Bombenangriff auf ein Bangkoker Krankenhaus.

2019

Die ***Parlamentswahlen*** enden in einem Patt. Letztendlich wird ***General Prayut Chan-o-cha*** in seinem Amt als Premier bestätigt. Die Legitimität der neu gebildeten Regierung wird dennoch in Frage gestellt. ***Maha Vajiralongkorn*** wird in Bangkok zum ***König Rama X.*** gekrönt. Ungefähr ***40 Millionen Touristen*** reisen nach Thailand ein.

2020

Die ***COVID-19-Pandemie*** führt auch in Thailand zu umfangreichen Restriktionen. Die touristischen Einreisen fallen bis ins Folgejahr unter 1 Million Besucher. Die thailändische Wirtschaft schrumpft massiv.

2022

Die stark getroffene Wirtschaft erholt sich langsam, aber stetig. Die jährlichen ***Einreisen*** steigen auf über ***11 Millionen.***

2023

Die ***Move Forward Party*** gewinnt mit umfangreichen Reformversprechen die ***Parlamentswahl.*** Nach einem politischen Tauziehen verhindern die vom Militär ernannten Senatoren die Regierungsbildung. Thaksin kehrt aus dem Exil zurück. Unter Führung der ***Pheu Thai Party*** wird eine ***11-Parteien-Koalition*** gebildet. Die Move Forward Party ist kein Mitglied der Regierung und das ***Militär*** bewahrt seinen Einfluss auf Thailands Politik.

König Maha Vajiralongkorn verkürzt die ***Haftstrafe Thaksins*** auf ein Jahr.

2024

Die ***wirtschaftliche Erholung*** ist weit vorangeschritten. Die jährlichen Einreisen steigen weiterhin deutlich an. ***Thaksin*** wird ***auf Bewährung*** aus der Haft entlassen. Der immer wieder von Gewalt begleitete Konflikt mit der ***muslimischen Minderheit*** des tiefen Südens besteht weiterhin. Die Regierungskoalition bleibt umstritten.

6

Anhang

Literaturtipps

- *Martin Schacht:* **Gebrauchsanweisung für Thailand,** PIPER Verlag, München 2015. Martin Schacht hat das Lebensgefühl Thailands, die Eigenheiten des Landes, wertvolle Tipps für Erstbesucher sowie Einblicke und Empfehlungen, die sogar für erfahrene Thailandreisende Überraschungen bieten, in ein kurzweilig geschriebenes Buch gebannt, das einem auf Reisen durch Thailand in vielen Momenten die Augen öffnen wird.
- *Bernd Linnhoff:* **Thailand unter der Haut,** Oliver Wurm Medienbüro, Hamburg 2022. Der Autor schildert anhand von 31 Nahaufnahmen seine schönsten und bedeutendsten Momente aus 14 Jahren Leben in Thailand. Mit Wortwitz und erstaunlicher Präzision erhält man als Leser tiefgehende Einblicke hinter die touristische Fassade Thailands.
- *Alex Garland:* **Der Strand,** Goldmann Verlag, München 1999. Alex Garland erreichte mit dem Buch „The Beach" und vor allem durch den gleichnamigen Hollywoodfilm aus dem Jahre 2000 mit Leonardo Di Caprio weltweiten Ruhm. Der Roman vermittelt ein einzigartiges Freiheitsgefühl, das bis heute viele Backpacker in Thailand suchen. Die deutschsprachige Übersetzung ist hervorragend gelungen. Im Gegensatz zum Buch hat vor allem der Film einen großen Anteil an der touristischen Überlastung der Maya Bay auf Koh Phi Phi Leh.
- *Andreas Altmann:* **Der Preis der Leichtigkeit,** Piper Verlag, München 2006. Der Autor

Tipp

Sprachführer und Thailand-Karte

- Der **Kauderwelsch Sprachführer Thai – Wort für Wort,** erschienen im Reise Know-How Verlag, ist eine optimale Ergänzung für alle, die die Sprache Thai lernen möchten, mit den wichtigsten Wörtern und Redewendungen für den Reisealltag. Begleitend ist zu diesem Buch ein Aussprachetrainer als mp3-Download erhältlich.
- Eine übersichtliche **Landkarte Thailands auf reiß- und wasserfestem Papier** findet man in der Landkartenserie world mapping project™, erschienen im Reise Know-How Verlag.

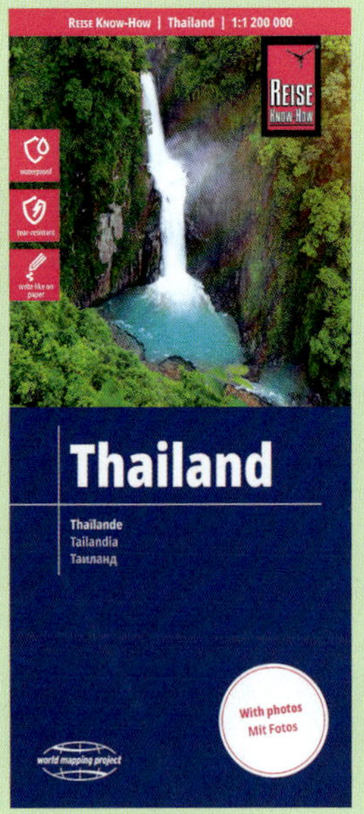

Beim Entspannen am Strand darf ein gutes Buch nicht fehlen

nimmt den Leser anhand kurzweiliger Reportagen mit auf eine Reise durch Thailand und seine Nachbarländer. Wortgewandt und kurzweilig beschreibt er das Lebensgefühl und bedeutende gesellschaftliche Umstände und Ereignisse in Thailand.

- *William Somerset Maugham:* **The Gentleman in The Parlour,** Vintage Publishing, New York 2001. Trotz Erstveröffentlichung des Reiseberichtes einer Rundreise durch das ehemalige Siam und seiner Nachbarländer in den 1930er-Jahren vermittelt der Autor Gefühle, Erlebnisse und Gedanken, die vielen Besuchern Thailands bis heute begegnen.

Kleine Sprachhilfe

Thai und Deutsch unterscheiden sich hinsichtlich Grammatik, Aussprache und Schrift stark voneinander. Die thailändische Schrift besteht aus ***44 Konsonantenbuchstaben,*** die für ungeübte Augen häufig nur ***schwer zu unterscheiden*** sind. Die Bedeutung vieler Worte variiert in Abhängigkeit der Silbenbetonung.

Auf **Englisch** kann man sich im gesamten Land gut verständigen. Vor allem junge Thailänder sprechen sogar in abgelegenen Regionen ausreichendes bis hervorragendes Englisch. Erwartbare Situationen können in der Regel auch mit ***rudimentären Sprachkenntnissen, Zeichensprache*** und der Zuhilfenahme der mittlerweile gut funktionierenden **Übersetzer-Apps** gelöst werden.

Beschilderungen sind häufig zweisprachig oder können ebenfalls mit Übersetzer-Apps gelesen werden.

Zumindest Kenntnisse über **geläufige Phrasen** der thailändischen Sprache sind empfehlenswert. Entsprechend bemühten Touristen wird häufig freudig gegenübergetreten. **Missverständnisse** sind bei der Aussprache vieler Worte allerdings wahrscheinlich.

Am Ende der meisten Sätze und Ausdrücke wird die **Höflichkeitsphrase Kha/Krap** angehängt: Das **R** bleibt in der Regel stumm; Frauen verwenden Kha, Männer verwenden Krap. In Kombination mit englischen Begriffen kann Kha/Krap ebenfalls verwendet werden.

Wichtige Ausdrücke in westlicher Schreibweise

Wichtige Floskeln

Hallo	*Sa Wad Dee Kha/Krap*
Auf Wiedersehen	*La Gone*
Danke	*Khop Khun Kha/Krap*
Macht nichts	*Mai Pen Rai*
Wie geht es dir?	*Sa By Dee Mai?*
Mir geht es gut.	*Sa By Dee*
Viel Glück	*Chok Dee Kha/Krap*
Ja	*Chai*
Nein	*Mai chai*
Bitte	*Ga Ru Nah*
Entschuldigung.	*Kor Tod*
Ich verstehe nicht	*Mai Khao Jai*

Im Restaurant

Nicht scharf	*Mai Pet*
Etwas schärfer	*Pet Nit Noi*
Sehr scharf	*Pet Mak*
Ich esse keine Fischsauce.	*Mai Ghin Nam Pla*
Sehr lecker	*Aroy Mak*
Ich möchte zahlen.	*Check Bin Kha/Krap*

Orientierung

Wo ist...?	*Yuu Tao Rai...?*
Wie viel kostet das?	*Ra Ka Tao Rai?*
Wo ist die Toilette?	*Hong Nam Yu Tao Rai?*
Tempel	*Wat*
Strand	*Haad/Hat*
Bucht	*Ao/Aow*
Berg	*Doi/Khao*
Dorf/Haus	*Wat*
Kanal	*Khlong/Klong*

Zahlen

0	*Seun*
1	*Neung*
2	*Song*
3	*Sam*
4	*See*
5	*Ha*
6	*Hok*
7	*Jed*
8	*Paed*
9	*Kaow*
10	*Sib*
20	*Yi Sib*
50	*Ha Sib*
100	*Neung-Roi*
150	*Neun Roi Ha Sib*
200	*Song Roi*
500	*Haa Roi*
1000	*Neung Pan*

Glossar

- **Ao/Aow** อ่าว: Thailändisches Wort für ***Bucht*** oder ***Meeresbucht.***
- **Baan/Ban** บ้าน: Thailändisches Wort für ***Haus*** oder ***Heim,*** kann als Teil von Ortsnamen, Wohnhäusern oder Unterkünften vorkommen.
- **BTS** (Bangkok Mass Transit System): ***Hochbahnzüge*** in Bangkok.
- **Chedi** เจดีย์: Turmartiges, religiöses ***Bauwerk auf Tempelanlagen,*** dient teilweise der Aufbewahrung von Reliquien. Außerhalb von Thailand häufig als Pagode bezeichnet.
- **Doi** ดอย: Thailändisches Wort für ***Berg*** oder ***Bergketten,*** die in Nordthailand häufig vorkommen.
- **Dugong** พะยูน: ***Seekühe*** haben eine markante, stämmige Körperform und sind bekannt für ihr sanftes und ruhiges Gemüt.
- **Floating Market** ตลาดน้ำ: Traditioneller ***Markt,*** der ***auf Wasserstraßen*** stattfindet. Waren werden von Booten aus verkauft. Heutzutage wurden viele schwimmende Märkte ans Land verlegt und/oder touristisch inszeniert.
- **Full Moon Party** ปาร์ตี้วันพระจันทร์เต็มดวง: Weltweit bekannte ***Strandparty,*** die monatlich zum Vollmond auf der Insel Koh Phangan stattfindet. Die Party zieht Tausende von Partygästen an.
- **Guanyin-Statue** รูปปั้นพระแม่กวนอิม: ***Religiöses Symbol*** im Buddhismus und Taoismus, das die Guanyin-Göttin darstellt.
- **Haad** หาด: Thailändisches Wort für ***Strand*** oder ***Küste.***
- **Hot Springs** น้ำพุร้อน: ***Heiße Quellen,*** die in vielen Landesteilen vorkommen und als natürliche Thermalbäder genutzt werden. Von Thailändern teilweise auch zum Kochen von Eiern genutzt.

Traditionelle Floating Markets sind heutzutage nahezu ausgestorben oder werden touristisch inszeniert

Mit Longtail-Booten kann man schöne Ausflüge zu den vielen Inseln Thailands machen

- **Kaeng Khiao Wan Gai und weitere Currys** แกงเขียวหวานไก: ***Grünes Curry*** basiert auf grünen Chilies. ***Rotes Curry*** (Kaeng Phet) basiert auf roten Chilies und schmeckt dementsprechend intensiver und schärfer. ***Penang Curry*** (auch Panang) ist eine geschmacksintensive Variation des roten Currys und wird von vielen als würziger empfunden. Das mildeste Curry der thailändischen Küche ist das weniger stark verbreitete ***gelbe Curry.***
- **Kathoey** กะเทย: Bezeichnung für ***Transfrauen*** oder ***Personen, die sich als weiblich identifizieren.***
- **Khao Soi** ข้าวซอย: ***Nudelsuppe*** auf Basis einer roten Currypaste, die vor allem in Nordthailand serviert wird. Im Gegensatz zu vielen Suppen in Thailand werden keine Reisnudeln, sondern Weizennudeln verwendet. Die Suppe wird mit frittierten Nudeln, Schalotten, Limette und eingelegtem Kohl garniert. Khao Soi gehört zu den geschmackvollsten Gerichten des Landes und wird teilweise sogar als die „beste Suppe der Welt" bezeichnet.
- **Khlong/Klong** คลอง: Thailändisches Wort für ***Kanal.*** Sowohl künstlich errichte Wasserwege als auch kleinere Flüsse, die oft durch Mangrovenwälder fließen, werden so bezeichnet.
- **Khmer-Architektur** สถาปัตยกรรมเขมร: ***Architektonischer Stil,*** entstanden während der Khmer-Herrschaft im heutigen Kambodscha und in den angrenzenden Gebieten von Laos, Thailand und Vietnam.
- **Koh/Ko** เกาะ: Thailändisches Wort für ***Insel.***
- **Larb** ลาบ: ***Lauwarmer Fleischsalat,*** der ursprünglich aus Laos stammt. Schweine-, Hühner- oder Rindfleisch wird mit Kräutern, frischem Gemüse, Fischsauce und Minze serviert. Vor allem im Norden und Nordosten des Landes weit verbreitet.

- **Longtail-Boot** เรือหางยาว: ***Traditionelles Boot*** mit langem, schmalen Rumpf und Außenbord-Motor.
- **Mango Sticky Rice** ข้าวเหนียวมะม่วง: Der ***Klebereis*** wird aufwändig vorbereitet und mit frischer Mango, Mungobohnen und Kokosnussmilch serviert.
- **Mangroven** ป่าชายเลน: ***Wälder entlang von Küsten und Flussmündungen.*** Bei Flut werden die Wurzeln der Bäume überschwemmt. Bei Ebbe liegen sie häufig frei. Lebensraum für zahlreiche Tierarten und Erosionsschutz für Küsten.
- **Massaman Curry** แกงมัสมั่น: ***Aromatisches, milderes Curry*** der südthailändischen Küche, das mit Kartoffeln serviert wird. Die Currypaste beinhaltet zahlreiche Gewürze, die durch den internationalen Handel nach Thailand kamen. Das Gericht wird stark durch Einflüsse der indischen Küche und der muslimischen Küche geprägt. Idealerweise wird Massaman Curry am Vortag zubereitet.
- **Monsun** มรสุม: Jährlich auftretendes meteorologisches Phänomen in Süd- und Südostasien. Ungefähr von Mai bis Oktober werden ***starke Regenfälle*** häufiger. Regionale Hochphasen des Monsuns und Ausprägungen im Jahresvergleich können deutlich schwanken.
- **MRT** (Mass Rapid Transit): ***U-Bahn-System*** von Bangkok.
- **Mu Kratha** หมูกระทะ: Das ***„Thai BBQ“*** ähnelt dem bekannteren „Korean BBQ“. Ein Tontopf wird mit glühenden Kohlen befüllt und mit einem Grillaufsatz verse-

Durch die Mangrovenwälder Thailands lassen sich interessante Touren unternehmen

hen. Auf der Grillfläche in der Mitte werden Fleisch, Fisch und Meeresfrüchte zubereitet. In der ringförmigen Vertiefung rundherum wird Brühe eingefüllt, in der Gemüse, Pilze oder Tofu gegart werden.

- **Muay Thai** มวยไทย: ***Traditionelle Kampfkunst*** und Nationalsport, der weltweit als ***Thaiboxen*** bekannt ist.
- **Naga-Treppe** บันไดนาค: Treppe, die von Naga-Schlangen flankiert wird. Häufiges ***architektonisches Element*** in Tempeln.
- **Pad Kra Pao Moo Saap** ผัดกะเพราหมูสับ: ***Eines der populärsten Gerichte der thailändischen Küche.*** Schwein, aber auch Huhn, Rindfleisch oder Meeresfrüchte werden gemeinsam mit Thai-Basilikum (auch „Holy Basil"), Sojasauce, Fischsauce und Austernsauce in einem Wok angebraten. Gewürzt wird zusätzlich häufig mit Zucker und vielen Chilies. Viele Restaurants verwenden zudem Gemüse wie beispielsweise Spargelbohnen. Als Beilage werden Reis und in der Regel ein Spiegelei serviert.
- **Pad See Ew** ผัดซีอิ๊ว: Breite, weiche ***Reisnudeln*** werden im Wok zubereitet und vorwiegend mit Sojasauce gewürzt. Häufig wird das Gericht mit aromatischem Pak Choi serviert. Es sticht vor allem aufgrund seiner Textur heraus.
- **Pad Thai** ผัดไทย: Das ***bekannteste Gericht des Landes*** ist vor allem bei Touristen beliebt. Reisbandnudeln werden mit Fleisch, Tofu oder Meeresfrüchten, Ei und einer würzigen Tamarinden-Sauce in einem Wok innerhalb kürzester Zeit zubereitet.

Das populäre Gericht Pad Kra Pao

Walking Streets finden abends statt, hier die Kata Walking Street auf Phuket

- **Sai Ua** ไส้อั่ว: ***Gegrillte, aromatische Wurst aus Schweinefleisch,*** die vor allem in Nordthailand angeboten wird.
- **Som Tam** ส้มตำ: Grüne Papaya, Chili, Gewürze und Fischsauce werden in einem Mörser zerstampft und mit Schlangenbohnen, Karotten, Tomaten und Erdnüssen serviert.
- **Songthaew** สองแถว: ***Pick-up-Trucks*** mit zwei Sitzbänken auf der Ladefläche. Beliebtes öffentliches Verkehrsmittel.
- **Talad/Talat** ตลาด: Bezeichnung für einen ***Markt.***
- **Tom Kha Gai** ต้มข่าไก่: ***Kokos-Suppe,*** die häufig mit Huhn zubereitet wird.
- **Tom Yum Goong** ต้มยำกุ้ง: Die ***Suppe*** besticht durch ihren sauer-scharfen Geschmack. Galgant, Koriander, Pfeffer, Zitronengras und Zitronenmyrte runden den Geschmack ab. Häufig mit Meeresfrüchten zubereitet.
- **Tuk Tuk** ตุ๊กตุ๊ก: Motorisiertes, ***dreirädriges Taxi.*** Oft für kurze Strecken in städtischen Gebieten genutzt.
- **Walking Street** ถนนคนเดิน: ***Fußgängerzone,*** die abends für Fahrzeuge gesperrt wird. Händler bieten hier Kleidung, Kunsthandwerk und Streetfood an. Häufig gibt es Unterhaltung durch Live-Musik und Vorstellungen.
- **Wat** วัด: ***Buddhistischer Tempel*** oder ***Kloster.***
- **Viharn** วิหาร: Häufig prächtig verzierte ***Versammlungs- und Gebetshalle*** in Tempeln.

Reiseführer | CityTrip | MeinTrip | InselTrip

Zugspitze, Foto: Aneta Niemitz

Wohnmobil-Tourguide | Kauderwelsch | Landkarten | Soul Places

Reise Know-How Verlag | www.reise-know-how.de

Reise Know-How
Mit den Büchern aus dem
Reise Know-How Verlag
Thailand entdecken
Reise Know-How
Thailand
Reise Know-How Verlag Peter Rump | Bielefeld
Tanzen auf der Full Moon Party | Schlemmen auf dem Nachtmarkt
Zu Füßen des Big Buddha staunen | Tauchen am Chumphon Pinnacle
Reise Know-How
Insel|Trip
Ko Samui
Ko Phangan
Ko Tao
Reise Know-How Verlag | www.reise-know-how.de

Register

Bildnachweis

Titel: Adobe Stock ©yongkiet

Hinterer Umschlag innen: Der Sri Mariam Man Tempel in Bangkok ©die Autoren

S. 22: Longtail-Boote am Strand auf Koh Phi Phi ©die Autoren

S. 44: Mit dem Roller Thailand entdecken ©die Autoren

S. 66: Die Kho Ku So Bamboo Bridge führt über Reisfelder ©die Autoren

S. 68: Aufstieg zum John Suwan Viewpoint ©die Autoren

S. 74: Der Bua Tong Sticky Waterfall bei Chiang Mai ©die Autoren

S. 80: Ao Soun Yai Beach auf Koh Mak ©die Autoren

S. 86: Am Banana Beach auf Phuket ©die Autoren

S. 90: Ausblick auf Ko Ma ©die Autoren

S. 94: Im Nebelwald im Doi Inthanon Nationalpark ©die Autoren

S. 102: Kalksteinfelsen auf Koh Lao ©die Autoren

S. 108: Der Ao Noi Beach auf Koh Kood ©die Autoren

S. 112: Der Wat Doi Thep Nimit auf Phuket ©die Autoren

S. 118: Am Narima Beach auf Koh Lanta ©die Autoren

S. 124: Die Sandbank am Pearl Beach auf Koh Mook ©die Autoren

S. 344: Jackfruits am Baum ©die Autoren

S. 380: Klares, blaues Wasser auf Koh Tao ©die Autoren

stock.adobe.com: ©kanin (S. 12), ©structuresxx (S. 14 (1)), ©Stephen (S. 14 (2)), ©Junjira (S. 15, S. 357), ©chokniti (S. 17 (1), S. 356), ©kevin (S. 17 (2), ©kittinit (S. 21 (1)), ©flu4022 (S. 145 (1)), ©uthaiphoto (S. 145 (2)), ©pierrick (S. 150), ©Kanomaoi (S. 182), ©Andrey (S. 300), ©anake (S. 317), ©223046 (S. 348), ©dashu83 (S. 351), ©Yuliya Kirayonak (S. 361), ©Konstantin (S. 362), ©Pond Thananat (S. 366), ©Ipsimus (S. 367), ©NUTTANART (S. 372), ©AU USAnakul+ (S. 373), ©tarnrit (S. 376), ©Dmitry Ersler (S. 385)

Wikimedia Commons: ©Pinitkarn Tulachom VOA Thai Multimedia Specialist (S. 346), ©Tris_T7 (S. 347), ©Chainwit. (S. 368), © R. D. Ward (S. 369), ©Mobile World (S. 371)

alle weiteren Fotos: ©die Autoren

Danksagung

Wir bedanken uns bei allen, die uns persönlich und digital auf dem Weg zu diesem Buch begleitet haben. Insbesondere danken wir Dir, Stefan. Deine Empfehlung hat es uns ermöglicht, Jahre der Neugier auf Papier zu bannen. Unser abschließender Dank gilt den Bewohnern Thailands für unzählige Momente des Glücks.

Die Autoren

Vanessa Mosch ist leidenschaftliche Fotografin und entdeckte 2012 durch das Eintauchen in fremde Kulturen ihre Liebe fürs Reisen. Seit 2016 fokussieren sich ihre Fernreisen zunehmend auf Thailand, Kambodscha, Myanmar und Vietnam. Im Jahr 2020 hat sie mit Nils Alexander Kemna die gemeinsame Webseite AlexAsia.de gegründet. Seitdem reist sie als Fotografin und Autorin für ihren eigenen Blog, externe Veröffentlichungen und Gastbeiträge. Sie ist von der Vielfalt und Schönheit Südostasiens begeistert und immer auf der Suche nach den schönsten Perspektiven, Lichtverhältnissen sowie interessanten Geschichten hinter den Bildern.

Nils Alexander Kemna ist seit seiner ersten Reise nach Thailand, im Jahr 2011, von Südostasien fasziniert. Zahlreiche Urlaube, Rundreisen, Langzeitreisen und Aufenthalte in freiwilligen Hilfsprojekten führten ihn seitdem durch große Teile der Region. Seit der gemeinschaftlichen Gründung der Webseite AlexAsia.de im Jahr 2020 reist er im Rahmen gezielter Recherchereisen nach Südostasien, um seine Erfahrungen und Tipps mit interessierten Reisenden zu teilen. Er liebt es, in fremde Kulturen einzutauchen, neue Orte zu erkunden und klügelt mit großer Leidenschaft Reiserouten aus. Aufgrund der leichteren Aussprache in Südostasien wird er vor Ort grundsätzlich Alex genannt.

Impressum

Nils Alexander Kemna und Vanessa Mosch
Reiserouten durch Thailand

erschienen im
Reise Know-How Verlag Peter Rump GmbH
Osnabrücker Straße 79
33649 Bielefeld
Deutschland
+49-521-946490
info@reise-know-how.de

© Reise Know-How Verlag
Peter Rump GmbH
1. Auflage 2024
Alle Rechte vorbehalten.

Printed in Germany

ISBN 978-3-8317-3906-6

Redaktion, Gestaltung und Karten
der Verlag, Thomas Buri
Druck und Bindung
mediaprint solutions GmbH, Paderborn

Bibliografische Information der Deutschen Nationalbibliothek
Die Deutsche Nationalbibliothek verzeichnet diese Publikation in der Deutschen Nationalbibliografie; detaillierte bibliografische Daten sind im Internet über http://dnb.dnb.de abrufbar.

Anzeigenvertrieb
KV Kommunalverlag GmbH & Co. KG,
Alte Landstraße 23, 85521 Ottobrunn,
Tel. 089 928 096-0,
info@kommunal-verlag.de

Alle Informationen in diesem Buch sind von den Autoren mit größter Sorgfalt gesammelt und vom Lektorat gewissenhaft bearbeitet und überprüft worden. Da inhaltliche und sachliche Fehler nicht ausgeschlossen werden können, erklärt der Verlag, dass alle Angaben im Sinne der Produkthaftung ohne Garantie erfolgen und dass Verlag wie Autoren keinerlei Verantwortung und Haftung für inhaltliche und sachliche Fehler übernehmen.

Die Nennung von Firmen und ihren Produkten und ihre Reihenfolge sind als Beispiel ohne Wertung gegenüber anderen anzusehen. Qualitäts- und Quantitätsangaben sind rein subjektive Einschätzungen der Autoren und dienen keinesfalls der Bewerbung von Firmen oder Produkten.

Die Information über und die Bereitstellung von digitalen Zusatzinhalten (z.B. Links, GPS-Tracks o.Ä.) ist eine freiwillige Zusatzleistung des Verlages, auf die kein Anspruch besteht und für deren Richtigkeit aufgrund der Veränderlichkeit solcher Informationen auch nicht gehaftet werden kann. Insbesondere behält sich der Verlag deshalb vor, die Bereitstellung und die Zugriffsmöglichkeit zeitlich zu befristen und den Zugriff hierauf auch vorfristig abzuschalten.

520201

Foto: AdobeStock, EVERST

»Schreiben Sie uns!

Wir hoffen, dass Ihnen dieser Reiseführer gefällt und er Ihnen ein guter Begleiter auf einer außergewöhnlichen und spannenden Reise ist.

Weil ein Reiseführer von Erfahrungen lebt, sind wir an Ihren Erlebnissen interessiert: Haben Sie in unserem Buch ein Restaurant entdeckt, das es nicht mehr gibt, eine Sehenswürdigkeit, die wir noch nicht aufgeführt haben, oder eine falsche Adresse? Dann schreiben Sie uns! **Wir nehmen jeden Hinweis und jede Kritik ernst und arbeiten kontinuierlich daran, die Bücher aktuell zu halten und immer weiter zu verbessern.** Jede Mail wird gelesen und beantwortet. Auch wenn wir nicht jeden Wunsch erfüllen können, machen wir uns immer Gedanken über Ihre Anmerkungen.

Schreiben Sie uns:
per Mail an info@reise-know-how.de oder an
Reise Know-How Verlag Peter Rump GmbH, Postfach 140666, 33626 Bielefeld

Wenn sich Ihre Infos direkt auf das Buch beziehen, würde uns die Angabe der Seitenzahl und der Auflagenzahl bzw. des Erscheinungsjahres Ihrer Ausgabe die Arbeit sehr erleichtern. Besonders hilfreiche Beiträge und Ergänzungen zu den Büchern belohnen wir mit einem Sprachführer Ihrer Wahl aus der über 240 Bände umfassenden „Kauderwelsch"-Reihe.

Herzlichen Dank und gute Reisen
Ihr Reise Know-How Verlag

Liebe Leserin, lieber Leser,

ein unabhängiger Verlag für unabhängig Reisende – das sind wir, der Reise Know-How Verlag aus Bielefeld, eines der letzten Familienunternehmen in der Branche. Obwohl wir zu den größten Reiseführerverlagen Deutschlands gehören, ist der familiäre Umgang miteinander in allen Bereichen des Verlagslebens zu spüren: In der Geschäftsführung in zweiter Generation, in einer wertschätzenden Arbeitsatmosphäre, in der Nähe zu unseren frei arbeitenden Autorinnen und Autoren, im engen Austausch mit unseren Leserinnen und Lesern – und auch in der Zusammenarbeit mit Druckereien in Deutschland, in denen wir ausschließlich und regional unsere Bücher produzieren. Die sollen schließlich erst mit Ihnen auf große Reise gehen.

Alles, was wir in unsere Bücher und Landkarten stecken, soll Ihnen eines ermöglichen: Auf Ihre ganz eigene, individuelle Weise die Welt zu entdecken. Wir wünschen Ihnen viel Freude und unvergessliche Erlebnisse mit diesem Roadtrip-Handbuch.

Es grüßen herzlich
Peter Rump & Wayan Rump